Die Einsamkeit des modernen Menschen

Martin Hecht

Die Einsamkeit des modernen Menschen

Wie das radikale Ich unsere Demokratie bedroht

Bibliografische Information der Deutschen Nationalbibliothek
Die Deutsche Nationalbibliothek verzeichnet
diese Publikation in der Deutschen Nationalbibliografie;
detaillierte bibliografische Daten sind im Internet
über http://dnb.dnb.de abrufbar.

ISBN 978-3-8012-0588-1
Auch als E-Book erhältlich ISBN: 978-3-8012-7032-2

Dreizehnmorgenweg 24, 53175 Bonn

Umschlag: Antje Hack | Lichten, Hamburg
Satz: Rohtext, Bonn
Frontispiz: Standbild aus dem Live-Video »Brother Eye« zur »Space Bubble Show«
der us-amerikanischen Rock-Band The Flaming Lips.
Aufgenommen im November 2020 im Club The Criterion
in Oklahoma City, © Warner Music Group.
Mit freundlicher Genehmigung von THE FLAMING LIPS.
Druck und Verarbeitung: Bookpress, Olsztyn

Printed in Poland 2021

Besuchen Sie uns im Internet: *www.dietz-verlag.de*

Inhalt

Vorwort

Dieser Essay geht auf einen Vortrag zurück, den ich am 23. Januar 2020 auf der 27. Tagung des Bayerischen Promotionskollegs »Politische Theorie« auf Schloss Schney bei Lichtenfels gehalten habe. Das Tagungsthema lautete »Gefahr im Verzug. Aktuelle Herausforderungen an die Demokratie«, mein Vortrag trug den Titel: »Vereinzelung und Radikalisierung. Alexis de Tocqueville und die Demokratie im Internet-Zeitalter«. In diesem Vortrag führte ich aus, wie aktuell vor allem die politische Theorie dieses scharfsichtigen französischen Intellektuellen und Politikers aus dem 19. Jahrhundert heute noch ist und wandte seine Thesen auf den Zustand und die Probleme unserer modernen Gesellschaft an. Dies alles – zumindest für mich – mit so viel Erkenntnisgewinn, dass ich aufgrund dieser Überlegungen die vorliegende Schrift verfasst habe.

Darin zeige ich umfassender, wie sich der moderne Individualismus, der einmal so optimistisch angetreten ist, die Menschen zu befreien, von einem kollektiven Glücksversprechen für alle zunehmend zu einer Gefährdung der politischen Ordnung gewandelt hat und den Zusammenhalt unserer modernen Demokratien zusehends erschwert. Das Buch versteht sich dabei keineswegs als kulturpessimistischen Abgesang auf ein überholtes Konzept oder gar als Aufruf zu einer Zwangseinweisung in alte Gemeinschaftsformen, sondern als eine Aufforderung, über Individualismus neu nachzudenken und einen Relaunch zu wagen, der den geänderten Bedingungen, unter denen sich das »Ich« in unserer Zeit entfaltet, gerecht wird.

Die Grundfrage, die alle diese Seiten durchdringt, lautet: Wie kann man individuelle Freiheit und Brüderlichkeit, die man heute besser »Geschwisterlichkeit« oder schlicht Solidarität nennt, in der modernen Welt miteinander versöhnen?

Mainz, im Frühjahr 2021

Martin Hecht

Einleitung

How does it feel, how does it feel?
To be on your own, with no direction home
A complete unknown, like a rolling stone?

Bob Dylan

Manche sind einsam, manche sind es nicht. Aber die Einsamkeit, über die ich schreiben will, betrifft uns alle: Es ist die Einsamkeit des modernen Menschen. Noch nie so sehr wie heute stehen wir maximal unbeteiligt nebeneinander und sind uns gleichgültig geworden. Jeder macht sein Ding. Aber keiner mehr, so scheint es, unser Ding. Wir leben in einer einsamen Gesellschaft.

Persönliche Einsamkeitserfahrungen gehören zu jedem Leben, wir machen sie, wenn wir verlassen werden, wenn die von uns gehen müssen, die uns lieb sind, aber auch wenn wir es sind, die andere verlassen und eine Verbindung lösen, die einmal innig bestanden hat. Diese Erfahrungen sind überzeitlich. Sie betreffen jeden, früher oder später. Es ist der Lauf des Lebens, der uns immer wieder von den anderen fortreißt – oder die anderen von uns.

Auf diesen Seiten soll es um eine Einsamkeit gehen, in die uns nicht der Lauf des Lebens stürzt, sondern unsere moderne Gesellschaft, und die Werte, denen sie folgt, denen wir folgen. Die moderne Gesellschaft isoliert jeden einzelnen vom anderen und fügt uns zur »Einsamkeit des Lebens« noch eine weitere Form hinzu: eine kollektiv gefühlte Einsamkeit, weil sie jeden betrifft, die Einsamkeit des modernen Menschen.

Was ist Einsamkeit? In der Einsamkeit liegt so viel von einem Nichts, dass die innere Befindlichkeit, die sie beschreibt, kaum zu beschreiben ist. Sie gewinnt Konturen erst, wenn man sie als ein Verlust- oder Entzugsgefühl erfasst. Einsamkeit ist das Gefühl eines grundsätzlichen Mangels, den einer erlebt: und zwar an allen Formen von Verbindungen – an bestehenden oder auch nicht existierenden, aber gewünschten, an persönlichen, aber auch an Verbindungen zu sich selbst, zu eigenen Gedanken oder Tätigkeiten, die einen ansprechen und Erfüllung geben. Denn nicht Zweisamkeit, Dreisam- oder irgendeine Vielsamkeit ist das Gegenteil oder auch Antidot der Einsamkeit, sondern erst eine erfüllende Beziehung: zu anderen Menschen, aber auch zu sich selbst.

Um diese Einsamkeit besser in den Griff zu bekommen, vergleicht man sie am besten mit dem Alleinsein, mit dem sie oft verwechselt wird. Wenn man beide voneinander unterscheiden will, lässt sich, auf eine kurze Formel gebracht, behaupten: Einsam zu sein, ist ein psychischer Zustand, allein zu sein ein physischer. Alleinsein bezeichnet ganz objektiv einen Zustand, von anderen getrennt oder isoliert zu sein, Einsamkeit ist eine Empfindung.

Dieses Gefühl ist dabei mehr als nur der Ausdruck des objektiven Tatbestands, wonach ein Mensch über keine oder nur wenige Sozialbeziehungen verfügt. Einsamkeit ist ein innerer Zustand, dessen gefühlte Tiefe mit Alleinsein zu tun haben kann – aber damit ist noch nicht viel gesagt. Eher geht es darum, sich von denen, die einen umgeben, ob dies nun zahlreiche sind oder nur ganz wenige, nicht wirklich wahrgenommen, erreicht und verstanden zu fühlen. Einen Einsamen einfach in eine beliebige Geselligkeitsgruppe zu bringen, egal, ob am Biertisch oder in der Kaffeerunde, macht den Betreffenden nicht unbedingt weniger einsam. Wer an seiner Einsamkeit leidet, sehnt sich nicht allein nach Stallwärme, sondern nach einer echten inneren Verbundenheit zu anderen, in der er sich erkannt und geschätzt fühlt.

Der Zustand der Einsamkeit, in dem sich Gefühle der Nichtzugehörigkeit, Schutzlosigkeit, Verlassenheit und Heimatlosigkeit finden, stürzt uns letztendlich in ein Gefühl der Leere. Darin ist der Schmerz über das Ausgesperrtsein enthalten sowie die Sehnsucht, dieser Verbannung zu entkommen. Der Einsame ist ein Entfremdeter, ein Außenseiter: er ist draußen. Und das auch dann noch, wenn er mitten unter den Vielen weilt. Und er ist ein sehr bedürftiger Mensch. Oftmals gar ein stolzer Bedürftiger, der sich die eigene Bedürftigkeit nicht gerne anmerken lässt.

Mit der Einsamkeit ist es nicht einfach. Das liegt daran, dass es über sie viele vorgefasste Meinungen gibt, die ihr nicht unbedingt gerecht werden. Eine davon lautet etwa: Einsamkeit sei schlecht für den Menschen, ungesund und schädlich, das Alleinsein sei dagegen beizeiten gut – ein unheilvoller Satz, weil er gleich zwei problematische Aussagen trifft. Denn wenn das Alleinsein nur ein physischer Zustand ist, also eine völlig neutrale Statusbeschreibung, dann kann es weder gut noch schlecht sein. Aber auch wenn man nur am ersten Teil dieses Satzes festhalten möchte, wonach die Einsamkeit für den Menschen schlecht sei, dann ist auch das keineswegs ausgemacht. Denn in ihr können durchaus auch positive Anteile aufgehoben sein. Einsamkeit ist weder gut noch schlecht. Gut oder schlecht können höchstens die Formen sein, die Menschen wählen, um mit ihr klarzukommen. Wenn man nun immer wieder liest, Einsamkeit oder auch nur die pure soziale Isolation seien ein ebenso relevanter Risikofaktor für die Gesundheit wie etwa Rauchen oder Übergewicht, dann ist dies ein haltloser Vergleich: denn nicht die Einsamkeit ist ein Risikofaktor, sondern die häufig gewählten schädlichen Formen ihrer Bewältigung wie zum Beispiel übermäßiger Drogen- oder Alkoholkonsum. Der Vergleich drückt vielmehr aus, dass es vielen Menschen offenbar nicht gelingt, mit ihrer Einsamkeit gut umzugehen.

Einsamkeit hat zwar keinen guten Ruf, aber bei Licht betrachtet hat sie verschiedene Gesichter, darunter auch ein paar freundliche. Sie ist ähnlich der Melancholie ein höchst ambivalentes Gefühl. Menschen können sie als ganz und gar niederdrückend empfinden und dann auch wieder als erholsam oder sogar beglückend. Einsamkeitsgefühle sind etwas sehr Individuelles. Für viele sind sie ein Fluch, aber für andere können sie durchaus ein Segen sein. Oder beides zugleich. Dann ist oder kann Einsamkeit sein, was Sappho über die Liebe sagte: ein »bittersüßes« Gefühl. Und je nach individueller Ausprägung überwiegt mal mehr das Bittere, mal mehr das Süße. Die Frage, ob die Einsamkeit denn nun etwas eindeutig Negatives für den Menschen ist, gelegentlich etwas Positives oder unter Umständen sogar beides, ist am Ende eine weitgehend philosophische – und mehrere Antworten sind möglich. Vielleicht kann man sich auf die

Behauptung einigen: Ja, es gibt auch diese inspirierende und poetische Einsamkeit. Für die meisten Menschen jedoch dürfte sie ein eher unheilvoller Zustand sein, der mehr belastet als guttut.

Obwohl die Einsamkeit als Konzept uneindeutig erscheint, geht es auf diesen Seiten dennoch darum, ihre problematischen Anteile herauszustellen. Für den einzelnen Menschen, der unter ihr leidet, aber in erster Linie für das Gemeinwohl in der modernen Massendemokratie, die durch die allseits um sich greifende Vereinsamung der Individuen in der Gesellschaft zusehends dysfunktional wird, wie man es in der modernen Systemtheorie ausdrücken würde, oder weniger technisch: die dadurch zunehmend herausgefordert und in ihrem inneren Zusammenhalt infrage gestellt wird.

Bei so viel Ambivalenz lässt sich noch eines eindeutig feststellen: Einsamkeit wird ganz allgemein dann als belastend empfunden, wenn sie Menschen unfreiwillig trifft, wenn sie etwas ist, das einem widerfährt, ohne es zu wollen. Der einsame Pilger auf dem Jakobsweg, der Eremit oder Asket, der sich zur inneren Versenkung in die Wüste zurückzieht, sie alle haben ihren Weg selbst gewählt und profitieren wohlweislich von ihrem Rückzug. Einsamkeit schmeckt dann nach frischer Luft, so schrieb Klaus Mann einmal in seinem Roman über Pjotr Iljitsch Tschaikowski, »wenn man zu lange in einem rauchigen Lokal gesessen hat«. Wenn sich jedoch ein Mensch in eine Einsamkeit begeben muss, die er gar nicht erwählt oder erwünscht hat, weil er entweder von Menschen, die er liebt und die ihn lieben, verlassen ist oder ihm die Gemeinschaft mit denen, die er um sich hatte, aus irgendeinem Grund verwehrt ist – wenn die Einsamkeit also ganz und gar ungewollt ist und ihn gänzlich gegen seinen eigenen Willen trifft, dann ist sie schmerzhaft und nur schwer zu ertragen. Wie sehr, dafür gibt es vielleicht kein erschütternderes Zeugnis als Leben und Werk dieses großen russischen Komponisten, der ein ganzes Leben lang unter seiner Einsamkeit so sehr litt und nirgendwo zu Hause war, ein zerrissener Mensch, der zu keinem, der ihn erlöst hätte, Brücken oder Wege fand – wohl auch nicht zu sich selbst.

Unfreiwillige Formen von Einsamkeit kennt das Leben in vielfacher Form. Unfreiwillige Einsamkeit, die einem zudem auch noch ganz ohne jedes eigene Verschulden zustößt, gibt es aber auch jenseits der privaten Sphäre: Sie ist die Folge der modernen Lebensart, der globalen Entwurzelung und Heimatlosigkeit. Diese Einsamkeit wird bewirkt durch die immer radikalere Auflösung von Gemeinschaftsformen, die man gemeinhin der traditionellen Welt zuordnet, und gleichermaßen durch die zunehmende Ich-Fokussierung, die der moderne Individualismus dem Einzelnen auferlegt. Der moderne Mensch ist Opfer dieser Auflösung, und er forciert sie als Täter zugleich: durch seine Selbstbezogenheit, den Wesenszug des Individualismus, und all jene aus ihr resultierenden sozialen Praktiken der Selbstvervollkommnung, zu der ihn diese geistige Kraft zu verpflichten scheint. Er wird nicht nur aus den alten Verbindungen entlassen, sondern gibt diese im Verfolgen individueller Ziele selber preis, weil er seine Prioritäten anders setzt: Ich für mich, du für dich, jeder für sich.

Der Mensch der Moderne hat sich nicht bewusst für diese neue Form der Einsamkeit entschieden, und doch ist sie die klare Konsequenz seines individualistischen Lebensentwurfs. Diese Einsamkeit, die man in der politischen Theorie auch Vereinzelung nennt, weil sie kein persönlicher Schicksalsschlag ist, sondern eine strukturelle Größe, die nicht mehr nur einzelne Unglückliche trifft, sondern alle – sie ist die Einsamkeit des Abgeschnittenseins aller von allen. Sie fühlt sich an wie eine Art Gefangenschaft in einem Raum, der keine Mauern hat, sondern der offen und grenzenlos ist, und dennoch jede Verbindung nach außen zu all den anderen unmöglich macht. In der Moderne, so könnte man es wenden, ist das Individuum befreit, jetzt aber verhaftet in seinem Exil des Ausgesperrtseins.

Es geht hier also um die »Einsamkeit in der Vereinzelung«, eine Einsamkeit, die nicht so sehr als individuelle Begleiterscheinung einer unglücklichen Biografie verstanden wird, sondern als eine Art soziales Virus, das kollektiv über die gesamte Gesellschaft gekommen ist, seit diese in jenes Stadium eingetreten ist, das geprägt ist vom modernen Individualismus. Diese Einsamkeit der isolierten Individuen ist in den Wohlstandsgesellschaften demokratischen Zuschnitts inzwischen omnipräsent und nahezu täglich spürbar.

Greifbar wird dieser aufgelöste Zusammenhalt, wenn man sich ein Bild vergegenwärtigt, das Alexis de Tocqueville gerne gewählt hat. Er spricht beim Prozess der zunehmenden Vereinzelung der Menschen immer wieder von den gelockerten, weniger, dünner oder brüchiger werdenden oder gar vollends zerrissenen »Bande«, die einmal die einzelnen Gesellschaftsmitglieder miteinander eng verbunden haben. Er beschreibt, wie sich diese im Zeitalter der Demokratie erst allmählich lockern, sich langsam immer mehr lösen, bald auseinandergehen und, lose geworden, darauf warten, irgendwann wieder neu geknüpft zu werden.

Kann man diese »kollektive Einsamkeit« messen, also diese eher diffuse und allgegenwärtige Einsamkeit, die sich wie ein Nebel zwischen die Individuen legt, sodass sie die, die um sie sind, nicht mehr sehen können? Ellen Lee, Professorin für Psychiatrie an der University of California in San Diego, hat zusammen mit einem Team knapp 350 Teilnehmer im Alter zwischen siebenundzwanzig und hunderteins Jahren auf Einsamkeitsgefühle untersucht. Bei denen, die sich testen ließen, handelte es sich keineswegs um psychisch auffällige Personen, sondern um Menschen des Durchschnitts, wenn man so will. Mit einem standardisierten Psychotest erfasste das Forscherteam den Grad der Einsamkeit ihrer Probanden und auch deren Lebensumstände. Das Ergebnis überraschte: Drei Viertel der Teilnehmer empfanden sich als mittel- bis hochgradig einsam – erwartet hatten die Forscher maximal 50 Prozent. Ein erstaunliches Ergebnis fand Lees Kollege, der Neuropsychiater Dilip V. Jeste, zumal die Teilnehmer der Studie vorher nicht als besonders anfällig gegenüber der Einsamkeit galten. Sie hatten keine psychischen Störungen oder Erkrankungen und waren auch nicht überdurchschnittlich stark sozial isoliert. Jeste betont: »Unsere Teilnehmer waren ganz normale Leute.« Fazit: Die strukturelle Einsamkeit ist heute in der Mitte der Gesellschaft angekommen. Sie ist ein Thema von uns allen.

Kapitel 1

Befreit zur Einsamkeit

Wertlos, so schien es ihm, wertlos und sinnlos hatte er sein Leben dahingeführt; nichts Lebendiges, nichts irgendwie Köstliches oder Behaltenswertes war ihm in Händen geblieben. Allein stand er und leer, wie ein Schiffbrüchiger am Ufer.

Hermann Hesse, Siddhartha

Armer Robinson

Einsamkeit ist ein Gefühlszustand, den jeder kennt, der tief in die Seele hinabreicht und immer weit zurück in früheste Kindertage. Einsamkeitserlebnisse sind prägende Urerlebnisse, und jeder Mensch weiß ziemlich genau, wie sich Hänsel und Gretel im tiefen Wald fühlten – auch wenn sich die beiden in ihrer Not wenigstens ein bisschen Gesellschaft leisten konnten. Jeder Mensch fühlt mit einem anderen, den die Einsamkeit trifft. Es ist nicht besonders schwer für den Autor einer Erzählung, das Mitgefühl eines Lesers zu gewinnen, wenn man ihm eine Geschichte über einen Einsamen erzählt. Denn der Mensch, selbst in die Welt geworfen und darauf angewiesen, sein Denken und Fühlen mit denen, die ihn umgeben, zu teilen, ist immer berührt und ergriffen, wenn er Geschichten von Einsamen hört, immer wird er mit ihnen leiden und sich mit ihnen identifizieren. Schon dann, wenn kein besonders großer erzählerischer Aufwand geleistet wird, aber erst recht, wenn die Geschichte so angelegt ist, dass ein guter Mensch unverdient in sie gerät: Die früheste Form von menschlicher Einsamkeit, die uns in der Literatur begegnet, ist die durch Unglück entstandene – und die, die uns von anderen absichtsvoll zugemutet wird: Einsamkeit als Verbannung, die man Ausgestoßenen auferlegt, Einsamkeit, die wie Folter oder Einzelhaft empfunden wird.

Sicherlich gibt es sie in den Erzählungen auch einmal als freiwillige Form: Meist aus Gründen spiritueller Selbsterfahrung ziehen sich Eremiten und andere asketische Virtuosen von der Welt zurück in die Stille der Einsamkeit. Aber der normale Mensch meidet diese Form, wo er nur kann, sie ist ihm unheimlich, es graust ihm vor ihr, er betet inständig, dass sie ihn niemals ereilen möge. Denn Einsamkeit ist eine Strafe Gottes.

Ihren frühen literarischen Niederschlag findet die grausame Einsamkeit in *Robinson Crusoe* von Daniel Defoe, einem der berühmtesten Werke der Weltliteratur. Erschienen im Jahr 1719 unter dem Originaltitel: »Das Leben und die unerhörten Abenteuer des Robinson Crusoe, eines Seemanns aus York, der achtundzwanzig Jahre lang ganz allein auf einer unbewohnten Insel vor der Küste von Amerika lebte, nahe der Mündung des großen Orinoko-Stromes, wohin er durch Schiffbruch verschlagen worden war, bei dem alle Mann außer ihm umkamen. Mit einem Bericht, wie er zuletzt auf ebenso merkwürdige Weise durch Piraten befreit wurde. Von ihm selbst beschrieben.« *All alone*, ganz allein, mutterseelenallein. Das Buch ist bis heute ein Weltbestseller, eine Geschichte, die seine Leser, egal ob jung oder alt, seit Jahrhunderten aufwühlt und tief erschüttert.

Robinson Crusoe – das ist nicht nur eine Story, die anfangs des 18. Jahrhunderts den Durst eines wachsenden bürgerlichen Lesepublikums nach Abenteuer stillen sollte, sondern, in der Zeit ihrer Entstehung gar nicht anders denkbar, eine Art Parabel über die schlimmen Folgen menschlicher Hybris. Der Ort der Handlung, eine einsame Insel, unerreichbar für jeden Retter im unendlichen Ozean liegend, erhöht gleichsam die Fallhöhe. Erst hier kann die Einsamkeit in ihrem ganzen Schrecken gefühlt werden, erst hier gelingt ein Ausloten der Abgründe dieses Gefühlszustandes bis in die letzten Tiefen der menschlichen Seele.

Die Einsamkeit Robinsons ist Resultat ungünstiger Umstände, ein brutaler Schicksalsschlag, das größte anzunehmende Unglück, das einem Menschen widerfahren kann. Einsamkeit begegnet dem Leser als Strafe, auch wenn es scheinbar nur ein schlimmer Zufall, ein fürchterliches Unwetter auf hoher See war. »Was habe ich getan?«, fragt der verzweifelte Mann unter Tränen an Gott gerichtet, als er sein Unglück zu fassen versucht. Später wird ihn die existenzielle Krise, die die Einsamkeit in ihm auslöst, zu diesem unerbittlichen Gott führen, an den er sich im Gebet wendet, wenn er ihn immer wieder anfleht, sein Schicksal abzuwenden: Er wird erst durch seine Not ein gläubiger Mensch.

Wofür diese Strafe? Einsamkeit ist die Strafe für die ganz spezifische Erbsünde des modernen Menschen, wie der Literaturwissenschaftler Ian Watt schreibt. Sie besteht darin, »die Bedingungen, unter denen man geboren wurde, anstatt sie hinzunehmen, verbessern zu wollen.« Dies sei ein grundlegender Zug im Lebensschema des Individualismus, so Watt. Robinson verkörpert dieses Schema. Er ist Stellvertreter für Abertausende, die in diesem frühen 18. Jahrhundert in die Weiten der Weltmeere aufbrechen, auf der Jagd nach Gold und Geld – er begeht die kapitalistische Sünde schlechthin. Robinson ist eine Art moderner Ikarus. Die Strafe folgt auf dem Fuß. Für zu viel Kühnheit, überhaupt, für sein tatkräftiges Unternehmen, sein Leben zu verbessern, für den »unsteten Lebenswandel«, für sein Herumtreiben, für seine, wie es im englischen Original heißt: »Foolish inclination of wandering abroad« – anstatt irgendeine innere von Gott auferlegte Pflicht zu tun, die ihm aufgetragen ist. Eine moralische Geschichte, wie könnte es auch anders sein in dieser Zeit, in der in fast jeder Bauernstube ein Gemälde mit einer Genreszene an der Wand hängt, das den braven Mann und seine treue Frau täglich neu ermahnt, es auch zu bleiben. Der Sinnspruch könnte lauten: »Wenn Du nicht sittsam bist und Dich nicht Deines Gottes Auftrag in Bescheidenheit und Demut unterwirfst, wenn Du Dir die Freiheit des eigenen Willens herausnimmst, endest Du in der Verbannung aus Gottes Reich und Güte!« Robinsons Insel ist eine Form der Hölle. Nur Steine, Sand und ein paar Kokosnüsse. Später wird Sartre sagen, die Hölle, das sind die anderen, zu Robinsons Zeiten kennt man diese Form des Zynismus noch nicht oder wagt sie, zumal als Schriftsteller, nicht auszusprechen. Die Hölle, das ist für ihn wie für viele andere das Nichts – oder die Abwesenheit der anderen, der Gemeinschaft. Worin besteht diese Strafe genau? Die Insel ist ein Symbol für ewig währende Isolation, und damit für einen schmerzhaften Dauerentzug an allerlei Stimuli, an Gemeinschaft, an Freuden und dem Glück, das es nur mit anderen gibt. Diese Insel ist zugleich Sinnbild für maximale soziale Deprivation, Schauplatz von Marter durch Monotonie, Langeweile. Die Einsamkeit als Strafe. Wer kennt sie nicht noch aus ganz frühen Tagen, als man im Kindergarten »ins Eck stehen« musste, ausgegrenzt wurde, nicht mitmachen durfte, wenn man irgendetwas angestellt hatte? Den Ausschluss, den Verweis, die rote Karte, nichts fürchtet ein Kind mehr.

Warum erzählt Defoe diese Geschichte? *Robinson Crusoe* trägt Züge eines dystopischen Romans, ganz ähnlich der vielen anderen, die nun in den kommenden Jahrzehnten geschrieben werden. Gegenstand einer Dystopie ist eine irreale Welt, in der jedoch real existierende Bedrohungspotenziale verarbeitet sind und übersteigert werden – so lange bis ein Kosmos entsteht, in der diese nicht mehr nur drohen, sondern tatsächlich herrschen. Scheinbar ist die bedrückende Einsamkeit Robinsons eine Erfahrung, die in der Welt des Jahres 1719 schon angelegt ist. England ist eine Weltmacht, diese Zeit kennzeichnet eine frühe Stufe des weltweiten kolonialen Kapitalismus. Der moderne Mensch greift nach unsagbaren Möglichkeiten, beutet die fernsten Länder dieser Welt aus, nimmt Sklaven, bereichert sich ohne Schranken. Der Sündenfall ist so groß, dass er Reinigung verlangt, Besinnung, Demut. Die Geschichte vom Robinson ist eine Warnung an den modernen Menschen, es nicht zu weit zu treiben.

Robinson ist einer der frühen Individualisten in der Literaturgeschichte, ein unabhängiger Mann ohne Bande, ohne familiäre oder sonstige. Ob er eine Partnerin hat, eine Verliebte oder Verlobte erfährt der Leser nicht. Er ist vielleicht der erste echte Soloselbstständige der modernen Literatur, der dem Leser begegnet, wenn auch noch sehr auf das Ökonomische beschränkt oder von dieser Plattform aus agierend, von diesem Motiv getragen. Er ist der erste »normale« Mensch in der Moderne, der individualistisch ist, all die Künstler, Intellektuellen und jene aus der Gesellschaft Herausgehobenen einmal ausgenommen. Aber solche Virtuosen der eigenen Lebenskunst gab es immer auch schon vorher. Die alte Geschichte von Robinson Crusoe ist die Geschichte des ersten modernen Individualisten. In ihm findet sich jeder wieder. Jeder bangt mit ihm, wünscht ihm nichts so sehr, als dass er wieder unter die Leute kommt, der arme einsame Kerl – und dass er: gerettet wird von seiner Insel. Dass ihm für seine missliche Lage so viel Verständnis entgegenbrandet, hat aber noch eine andere Ursache, denn im Individualismus wird jeder Mensch zu einer Insel.

Gemeinsam einsam

Über hundert Jahre später schreibt ein anderer eine auf ihre Art gruselige Geschichte über die Einsamkeit. Allerdings vollzieht dieser Autor einen denkbar radikalen Kulissenwechsel und verlegt den Schauplatz von einer öden Insel mitten in die wuselige Großstadt, ins Getümmel einer der tiefsten Höllenschlünde aus Stein und Ziegel, in die Rushhour Londons an einem kalten Novembertag. Edgar Allen Poes Held, der sich hier tummelt, hat keinen Namen, er ist anonym wie alles in dieser kalten harten Welt. Er ist nur *The Man of the Crowd*, so auch der Titel dieser Novelle im Original aus dem Jahr 1840. In der deutschen Übersetzung: »Der Mann in der Menge«. Eine eigenartige Erzählung ist das, im Grunde eine ohne wirklichen Plot, eher die Skizze eines furchtbaren Gedankens. Ein Icherzähler sitzt in einem Londoner Café, die einzige behagliche Stätte in dieser Short Story. Er ist allein, liest die Zeitung, beginnt aber irgendwann durch die Scheiben nach draußen zu blicken. Bald gibt er sich der Beschäftigung hin, die Menschen zu studieren, die hektisch und in großem Gedränge in dieser stark bevölkerten innerstädtischen Geschäftsstraße in beide Richtungen aneinander vorbeihasten, einem unbekannten Ziel zueilend, nur in sich und für sich seiend und ohne sich wahrzunehmen.

Irgendwann macht der Erzähler im Café eine interessante Beobachtung: Einer der unzähligen Passanten, die da durchs Bild stürzen, kehrt wieder, immer wieder, mal kommt er von rechts, mal von links. Der Mann, der da seinen Kaffee nimmt, ist bald von dieser Figur, der etwas Unheimliches anhaftet, fasziniert. Er beschließt das Rätsel zu ergründen. Er bezahlt die Rechnung, verlässt das Lokal und heftet sich an die Fersen des Mannes. Er verfolgt ihn in gebührendem Abstand, stundenlang, nur um herauszufinden, was diesen armen Menschen antreibt. Am Ende beschattet er ihn bis in den Abend, ja, die ganze Nacht hindurch und bis zum nächsten Morgen. Dieser Mensch, der nicht müde wird – das wird rasch deutlich – hat offenbar kein festes Ziel. Was er tut? Er sucht nur immer wieder die Menge auf. Ihn zieht es wie von magnetischer Kraft getrieben dorthin, wo sich viele Menschen drängen, und hat er solch eine Ansammlung erreicht, weicht die Verzweiflung in den Zügen seines Gesichts einer gewissen Erleichterung. Aber sobald die Menschen, auf die er trifft, weniger werden, beschleunigt er seine Schritte, es befällt ihn eine leichte Panik, bis er wieder aufgeht in einer größeren Gruppe, in einer Menschenmenge. Dieser Mann verströmt eine schreckliche Einsamkeit. Er ist, daran besteht kein Zweifel, *The Man of the Crowd*. Ein Mensch, von dem Poe schreibt: »Er weigert sich, allein zu sein.« Ein ruheloser, rastloser, getriebener Mensch ist das, den es immerzu in die Menge zieht, dessen innerster Wunsch nach Verbindung sich im Moment des sich Hineinstürzens in das Gewühl aber nicht wirklich erfüllt, sondern bestehen bleibt: Er hat ein Ziel, das Ziel sich zu verbinden, aber eines, das er nie wirklich erreicht.

Edgar Allen Poe ist gewiss kein besonders politischer Schreiber gewesen, aber er erinnert hier doch an einen, der es ohne Zweifel war: an Alexis de Tocqueville. Eine der berühmtesten Textstellen aus seinem Hauptwerk *Über die Demokratie in Amerika*, das in zwei Bänden 1835 und 1840 erschien, hat viel mit Poe gemeinsam. Diese Stelle aus dem zweiten Band wird gerne zitiert und lautet: »Ich will mir vorstellen, unter welchen neuen Merkmalen der Despotismus in der neuen Welt auftreten könnte: Ich erblicke eine Menge einander ähnlicher und gleichgestellter Menschen, die sich rastlos im Kreise drehen, um sich kleine und gewöhnliche Vergnügungen zu verschaffen, die ihr Gemüt ausfüllen. Jeder steht in seiner Vereinzelung dem Schicksal aller andern fremd gegenüber: Seine Kinder und seine persönlichen Freunde verkörpern für ihn das ganze Menschengeschlecht; was die übrigen Mitbürger angeht, so steht er neben ihnen, aber er sieht sie nicht; er berührt sie, und er fühlt sie nicht; er ist nur in sich und für sich allein vorhanden, und bleibt ihm noch eine Familie, so kann man zumindest sagen, dass er kein Vaterland mehr hat.«

Zum ersten Mal taucht in beiden Beschreibungen aus der Mitte des 19. Jahrhundert ein Phänomen auf, das es so – zumindest theoretisch reflektiert – bislang nicht gab: Der Einzelne ist einsam, und zwar inmitten der vielen anderen. Und alle Einsamen sind gemeinsam einsam. In der modernen urbanen Welt hat die Einsamkeit ihr Gesicht gewandelt. Sie ist nicht mehr die Inseleinsamkeit des Robinson Crusoe und auch nicht die Waldeinsamkeit eines Henry D. Thoreau, dieses eigenwilligen Kulturkritikers, Aussteigers und puritanische Hippies, der 1854 mit seinem berühmten Selbsterfahrungsbericht *Walden or Life in the Woods* über sein fast zweijähriges selbstgewähltes Einsiedlertum in der Wildnis von Massachusetts das Kultbuch aller Zivilisationsmüden seiner Zeit veröffentlichte. Die Einsamkeit ist nicht mehr jene, mutterseelenallein, menschen- und gottverlassen zu sein, sondern sie wird jetzt gefühlt inmitten der anderen. Und nimmt man all diese einsamen Wesen zusammen, ergibt sich das Oxymoron von der einsamen Masse, das David Riesman als Titel seines gleichnamigen Werks von 1950 gewählt hat: *The lonely Crowd*. »Die einsame Masse« ist das Porträt einer Gesellschaft, die in der Dämmerung ihrer Zivilisation angekommen ist: durchsetzt von Ängstlichen, deren Hauptimpuls der Wunsch nach Zugehörigkeit zum Wir der amerikanischen Gesellschaft, des amerikanischen Traums ist. Eine Welt ist das, die vornehmlich von »außengeleiteten Charakteren« bevölkert ist, deren Hauptmerkmal die Angst vor dem sozialen Ausschluss ist, die alles tun, um konform zu sein, akzeptiert, integriert, um dem einen amerikanischen Ungeheuer zu entkommen, dass diesem so furchtbar freien Land zusetzt, seit es gegründet wurde: eine Freiheit, die einen manchmal frösteln lässt.

Wenn man heute, bald zweihundert Jahre nach Poe und Tocqueville durch eine Fußgängerzone einer Großstadt in der Rushhour geht, hat sich gar nicht so viel geändert, liest man diese frühen Beschreibungen des modernen urbanen Lebens wieder. Man begegnet den vielen anderen Massenmenschen, neben denen man steht, sie aber nicht sieht, die man berührt, aber nicht fühlt. Jeder ist nur in sich und für sich ganz allein vorhanden, und wahrscheinlich ist jeder Zweite oder Dritte von ihnen mit Ohrstöpseln verkabelt, um mit irgendjemandem übers Mobiltelefon verbunden zu sein, eine Möglichkeit, die dem Tocqueville'schen Großstadtmenschen so wenig zur Verfügung stand wie dem »Man of the Crowd« in Poes Welt. Aber ist das nicht ein Zeichen, dass der moderne Mensch dank mobiler Kommunikationsmedien mit einiger Verspätung nun doch endlich wieder in einer neuen Verbundenheit angekommen ist? Ist das Gespenst der Vereinzelung aus den Schluchten unserer urbanen Geschäftsstraßen verscheucht? Außer einem ersten Anschein spricht dafür nicht viel. Die Dauerverbundenheit über das Mobiltelefon in der Masse ist eher Ausdruck dafür, dass da viel gefühlte Einsamkeit ist, der man entrinnen will. Die Individuen sind wie abgekapselt voneinander, jeder in seiner Welt, gefangen und befangen in einer enormen Vereinzelung, trotz aller Vernetzung. Es scheint, sie sind vielleicht gerade deswegen verkabelt, weil sie den Zustand ohne Verbundenheit so wenig ertragen wie schon die Protagonisten von Tocqueville und Poe in ihren Tagen – und ihm unbedingt entkommen wollen.

Die Vereinzelung in der modernen Massendemokratie, Alexis de Tocqueville hat sie ausgiebig untersucht. Die Einsamkeit in der Gesellschaft der Gleichheit, sie wird für ihn schon damals zu einem der Hauptprobleme der demokratischen Gesellschaft, wie er sie in den Vereinigten Staaten antrifft – und sie ist es bis heute. Alexis de Tocqueville ist der erste politische Theoretiker, der die neue Einsamkeit des individualistischen Menschen in der Moderne benannt hat. Wenn aber bei ihm von »Einsamkeit« die Rede ist, dann meint das nicht, dass er in Amerika nur Gemütsleidende antrifft. Vielmehr meint er damit »Vereinzelung« als eine ganz neue Form der Einsamkeit. Die alte, überzeitliche Einsamkeit, die allem lebendigen Wesen droht und sie beizeiten einholt, sie gibt es noch immer, aber es ist jetzt eine ganz neue Form hinzugekommen, eine kollektive Form: Der »Einzelne« ist vom anderen Bürger abgetrennt, abgesondert, isoliert – verfolgt nur noch seine Interessen und die seiner Familie und Freunde. Die Einsamkeit, von der Tocqueville spricht, ist die strukturelle Einsamkeit des Bürgers in der Gesellschaft, die Einsamkeit von uns allen.

Angst vor Autonomie – Sehnsucht nach neuer Symbiose

Individualisierung ist eine Art der Entfremdung. Eine Entfremdung von Seinesgleichen. Sie ist der Preis, die der moderne Mensch für seine neu gewonnene Autonomie bezahlt. Entfremdung bedeutet, sich abzuwenden von einer Sache, ihr nicht mehr zugehörig zu sein. Aber nicht nur von einer Sache, auch von den Menschen. So lautet die Klage des neuen selbstbezogenen Menschen: Ich gehöre nirgendwo mehr dazu!

Je mehr ich *ich* bin, desto mehr bin ich entfremdet vom Wir. Es scheint, der Zugewinn an Individualität kann nur gelingen, wenn sich der Einzelne gleichzeitig von den anderen Individuen distanziert, wenn er ihnen fremd wird. Diese Entfremdung des Menschen aus den traditionellen sozialen Bindungen ist der Grundzug der modernen Vergesellschaftung, der sich tendenziell so sehr breit macht, bis der soziale Kitt fast nur noch aus wechselseitigen Interessen besteht und sich fast alles auf Nützlichkeitsbeziehungen reduziert. Ohne Entfremdung gibt es keine Individualisierung, keine Freiheit. Diese Beobachtung ist der Urmoment aller Vergesellschaftung, anschaulich zu studieren etwa im Verhalten des modernen Großstadtmenschen, der sich in einem »Pathos der Distanz« begegnet – einer Art Panzer, der ihn schützt und den sozialen Verkehr regelt – der aber auch, wie in Edgar Allen Poes Kurzgeschichte, die Verbindung untereinander erschwert oder vollends unmöglich macht.

Wo sich der Einzelne herausdreht, entfernt und distanziert vom Wir, um sein Ich zu finden und zu erleben, entsteht bald eine Kälte. Die Freiheit, die man errungen hat, ist immer irgendwie ungemütlich. Sie äußert sich in dem Bedürfnis zurückzukehren zum alten Wir, das aber unwiederbringlich verloren ist. Es ist daher kein Wunder, dass sich in der ausgeprägten individualistischen Moderne im Einzelnen das Bedürfnis regt, wieder ins Wir zurückzudrängen, und sei es nur sporadisch oder irgendwie ersatzweise: Wo aus der Ich-

Autonomie bald ein schmerzhaftes Gefühl der Isolierung wird, oder sie zumindest begleitet, ist die Sehnsucht nach einer Wiedervereinigung mit der warmen Masse geweckt. Die Voraussetzung zur dieser Sehnsucht, die erst die Moderne hervorbringt und über die zuletzt der Literaturwissenschaftler Hans Ulrich Gumbrecht in seinem Essay *Crowds* geschrieben hat, ist die gefühlte Einsamkeit des Individuums unter Seinesgleichen. Es verlangt ihn, wie der bekennende Fußballfan und Stadionbesucher Gumbrecht schreibt, nach wiederkehrenden »Ritualen der Intensität«, es verlangt ihn nach dem Bad in der Menge.

Schon Max Weber hat in seiner soziologischen Terminologie die Masse als eine »vergemeinschaftete Menge« erkannt: Sie gibt den isolierten Einzelwesen – wenn auch nur temporär – verlorene Verbundenheitsgefühle zurück, führt sie zurück wenigstens in Vorstufen der alten Behaglichkeit, die sich jetzt, in den Zeiten der Gesellschaft scheinbar nie mehr wirklich einstellen will. Man denke nur an die Love Parade, ein vollbesetztes Bierzelt beim Volksfest oder das Publikum im Fußballstadion, vor allem dann, wenn die einzelnen anonymen Mitglieder der Masse emotionalisiert oder berauscht sind, aufgehen in einen ganzen Massenkörper. Was sie sonst voneinander trennt, verschwindet jetzt, lässt sie zusammenströmen. Man erlebt den anderen endlich nicht mehr abweisend oder gar feindlich, sondern genauso wie sich selbst als einen Teil eines Ganzen, dem man sich gemeinsam verbunden fühlt. Man schenkt sich wie dem Ganzen tiefes Vertrauen und begegnet jedem der Einzelindividuen mit einem Maß an Zuneigung, dessen Tiefe sich aus dem gemeinsamen Massenziel eins zu sein, wie automatisch ergibt.

So wie die individualistische Gesellschaft den Einzelnen in eine Isolation der Selbstautonomie führt, so sehr erschafft sie, wenigstens periodisch, Orte und Gelegenheiten zur Kompensation dieser quälenden Einsamkeit, die sie zuvor noch selbst ins Werk gesetzt hat. Und der Einzelne bedient sich dieses Angebots, je nach Not und Bedürfnis, taucht ein in diese oft gefühlsintensiven Verbindungserlebnisse, in die inszenierte Gemütlichkeit, in der er sich für ein paar Stunden der drückenden Last seiner Isolation enthoben fühlt.

Für die Entwicklung moderner Massen ist der Umschlag von der alten abgeschiedenen Einsamkeit Robinsons zu jener neuen, inmitten der anderen empfundenen von großer Bedeutung. Erst die typisch moderne Einsamkeit des Einzelnen inmitten der anderen weckt seither den permanenten Impuls zur Wiedervereinigung, der in der Masse realisiert wird. Elias Canetti hat diesen Umschlagmoment in seinem atemberaubenden Werk *Masse und Macht* von 1960 beschrieben. Canetti macht den Anfang im Urerlebnis der Angst des Individuums vor seinesgleichen, die es erst einmal zu überwinden gilt. »Nichts fürchtet der Mensch mehr als die Berührung durch Unbekanntes«, schreibt er. »Man will sehen, was nach einem greift, man will es erkennen oder zumindest einreihen können.« Das sind die ersten beiden Sätze dieses Buches. Der Mensch fürchtet den Angriff, schreibt Canetti, und meint mit »Angriff« immer auch ganz konkret das Angefasstwerden: wörtlich den Griff mit der Hand. Deswegen zieht er überall im sozialen Raum Barrieren ein. Umso mehr und strengere, je mehr ihm andere zu nahe kommen. Aber fatalerweise wird er durch diese Schutzreaktionen einsam, gerät in einen Zustand der Abschottung, der ihm genauso wenig behagt. Denn angefasst zu werden kann auch ganz und gar wohltuend sein: »Es ist die Masse allein, in der der Mensch von der Berührungsfurcht erlöst werden kann, sie ist die einzige Situation, in der diese Furcht in ihr Gegenteil umschlägt.«

Den modernen Menschen drängt es im Individualismus nach Distanzierung, zum Schutz seines Ichs und um sich abzusetzen von Seinesgleichen, damit er ganz er selbst sein kann – und zugleich ist ihm dieser Schritt alsbald unheimlich, und es zieht ihn wieder zurück: in die Gemeinschaft, ja, in das höchste Gedränge. Denn nur das Gedränge, in seiner höchsten Dichte lässt die Berührungsfrucht des Menschen umschlagen, weil es ihm Erleichterung von der Angst vor Seinesgleichen verschafft, beobachtet Canetti. Es ist für den modernen Menschen kaum auszuhalten, aber er scheut die Masse genauso, wie er sie sucht. Der einsame Individualist hat sich aus der Nähe zu Seinesgleichen emanzipiert und sucht sie zugleich auf, wo er nur kann, ein Dilemma, mit dem er nur schwer zu leben gelernt hat. Beides, die abweisende Distanzierung zum anderen wie die

Sehnsucht nach Berührung, die typisch moderne Haptophobik wie die Sehnsucht nach neuer Umarmung, Schunkeln, Lichterketten, Menschenketten kennzeichnen ihn und eine immerzu unterkühlt empfundene Freiheit, die er nicht mehr hergeben will und die er, wie es scheint, doch nicht wirklich liebt.

Aber nicht nur die neue Sehnsucht nach Nähe zu all den anderen, sondern auch jene, dass sie bleiben möge, Bestand habe über den Moment hinaus, ist in der Gesellschaft der Freien längst wieder erwacht: die Sehnsucht nach der alten Treue. Um seine Freiheit zu gewinnen, hat sie der moderne Mensch in die Mottenkiste überkommener Tugenden verabschiedet. Aber nach dem Bruch sehnt sich der frei und einsam gewordene nach neuer Unverbrüchlichkeit, die ihm seine Ängste vor der Haltlosigkeit nehmen soll. Auch so ein Dilemma. Es scheint, als überfordere ihn sein übermütiges Switchen, Hoppen und Weiterziehen, sein selbst gewähltes Nomadentum in der Multioptionsgesellschaft, sodass er nach der Befreiung ausgerechnet den Wert neu zu verwirklichen sucht, gegen den er sich zuvor noch so heftig gewehrt hat.

Eine Zeiterscheinung mit erheblichem soziologischem Bedeutungspotenzial, die dem neuen Wunsch nach alter Treue im öffentlichen Raum Ausdruck verleiht, ist die Vielzahl an Vorhängeschlössern an Brückengeländern, die es heute überall gibt und in die die Namen zweier sich Liebenden eingraviert sind. Sie hängen da fest und unverbrüchlich, auf dass die Beziehung ewig halten solle. Zum Ritual gehört es auch, nach dem Verschließen der Liebesschlösser den Schlüssel rücklings über die Schulter in den Fluss zu werfen, wo er bald für immer und unhebbar am Grund liegen möge wie einst der Nibelungenschatz, um dann am besten, wie dieser, einen unsterblichen Mythos zu begründen, der ewig dauern soll: den Mythos der »Everlasting Love«, wie man ihn aus US-amerikanischen Rockschnulzen kennt.

Natürlich sind viele dieser Beziehungen schon längst wieder gelöst, auch wenn die Vorhängeschlösser vielleicht noch immer am Geländer baumeln, in Schmerzen oder auch ausnahmsweise einmal in beiderseitigem Einvernehmen. Dennoch kündet diese Praxis von einem tiefen Bedürfnis nach Haltbarkeit in einer Bindung. Die Liebe soll ewig walten, aber, es scheint, heute kennen sich die Pappenheimer zu gut und wollen der programmierten Beziehungshavarie Vorschub leisten. Die Erfahrungen und schneller werdenden Rhythmen von Verbindung und Beziehungsbruch, neuer Isolation und Einsamkeit sind den Beteiligten so sehr vertraut, dass sie dem von Vorneherein etwas entgegensetzen möchten. Sie statten sich aus mit Symbolen und Treueschwüren gegen den immer schneller werdenden Wandel, der alles mitzureißen droht. Die Liebesschlösser am Brückengeländer sind eine Gegenbewegung zur Schnelllebigkeit und wachsenden Wechselbereitschaft, sie sind vom Wunsch getragen, einen Kontrapunkt zu all den *Shorttime-Dating*-Beziehungen aus dem Internet zu setzen, wo man sich einfach wegwischt und zum nächsten Partner wechselt, wenn man des alten überdrüssig ist. Die neue Sehnsucht nach Treue, sie ist die Kehrseite der »heroischen Isolation«, in die uns der Individualismus unserer Tage hineinbefreit hat: Dem modernen Menschen ist es recht unwohl geworden in dieser Autonomie, sodass er neuen Halt und neue Beständigkeit sucht, die einst einzig jene Institutionen garantierten, die er weit hinter sich gelassen hat.

Einsame Cowboys

Wie die Menschen, so ihre Helden. Ihr Schicksal ist deren Schicksal – und war es zu allen Zeiten. Welcher Art einer sein muss, damit er in den großen Mythen der Menschheit zum Helden taugt und welcher Art eher nicht, unterliegt Wandlungen, seit man sie sich erzählt. Der Held in allen Texten der Weltliteratur ist immer eingebunden in einen Kosmos, der, wenn auch fantastisch überhöht, Züge der Realität aufweist, in welcher der Mythos entsteht. Wo, wie einst, Menschen real nur im Kollektiv zu ihren Triumphen gelangten, war auch der dazugehörige Heldentypus in ihren Erzählungen einer, der neben seinen enormen persönlichen Qualitäten immer eine schlagkräftige Truppe an seiner Seite hatte. Der Held ist der Leader eines Teams, so war es Jahrhunderte, ja, Jahrtausende lang. Odysseus segelt stets mit tatkräftigen Gefährten auf seinen Irrfahrten. Siegfried hat immerhin zwei Wackere an seiner Seite, Dietrich und Dietleib, der Heros ist *Primus inter Pares*. Und wenn man das Neue Testament als Heldenepos lesen will, umgibt auch Jesus mit seinen zwölf Aposteln immer ein Team von Mitspielern, auf die er sich, bis auf einen, bestens verlassen kann – und die ihn bis zum Ende in tiefer Treue durch dick und dünn begleiten.

Mit dem Aufziehen der Moderne vereinsamen nicht nur die Menschen langsam aber sicher, sondern auch ihre Helden. Der Held in der modernen Literatur verliert seine Helfer nach und nach – wie der moderne Mensch auch. Schon Don Quijote hat in Sancho Pansa nur noch einen, und nicht gerade den nützlichsten, den man sich vorstellen kann. Aber es scheint oft auch, als habe der neue Held sie alle bald gar nicht mehr nötig. In der individualistischen Epoche wird der Held vom Teamplayer zum Einzelkämpfer.

Es gibt im Griechischen ein schönes Wort: der »Monóchnotos«. Man kann das Wort mit Eigenbrötler oder Sonderling übersetzen, wörtlich bedeutet es: einer, der nur einen Atem atmet, nämlich seinen eigenen. Das ist einer, der nie einen anderen Menschen so nahe um sich hat, dass es passieren könnte, dass er auch dessen Atem einatmet. Der moderne Held unserer Tage ist so ein einsamer Nur-Eigenatem-Atmer. Er hat keinen engen Freund, der ihm hilft und ihm so nahe kommt, dass er auch einmal dessen Atemluft einatmet, aber er kommt auch nicht in die Gefahr, die Atemluft seines Feindes zu inhalieren. Bevor es dazu kommt, erledigt er ihn. Bruce Willis in *Die hard* ist so einer. Allein gegen alle. Entweder wie er mit martialischer Bravour – oder auf dem Zahnfleisch daherkommend, je nachdem. *Taxi Driver* Robert de Niro, ein zum Heulen einsamer Typ, ist eher von der letzteren Sorte, einer, der in New York im Yellow Cab Selbstgespräche führend seine Bahnen zieht – und sich bis auf die gegenseitigen Beschimpfungen über das Fehlverhalten der anderen im Straßenverkehr mit keinem wirklich austauscht. Michael Douglas in *Falling Down* fällt einem ein; Jim Carrey in *The Truman Show* oder Tom Hanks in *Cast away*, dieser modernen Adaption des Robinson-Crusoe-Stoffs, in der Robinson kein gestrandeter christlicher

Seemann ist, sondern ein gottloser *FedEx*-Manager, der mit dem Flugzeug abgestürzt ist und sich nun auf einer winzigen Insel einrichten muss. Ein tragischer Held ist dieser Chuck Noland, nach dem bald keiner mehr sucht und der als »verschollen« gilt, der auch keinen Freitag als Gesprächspartner findet, sondern nur »Wilson«, wie er einen Volleyball nennt, der am Strand angespült wird und dem er ein Gesicht aufgemalt hat, um mit ihm Gespräche zu führen. Der Einzelne kämpft nun »gegen den Rest der Welt«. Das Road Movie ist das Genre, in dem all die Einzelkämpfer, Desperados, Lonely Cowboys dieser Welt das verlorene Glück suchen oder wahlweise die Erfüllung des amerikanischen Traums – zumeist aber beides gründlich verpassen. Egal, wie der Plot verläuft, die Tragödie ist immer dieselbe. Der Einzelne will nichts so sehr wie unbedingt wieder zurück in die Gemeinschaft der anderen, in ihre Umarmung. Aber er kann es nicht, darf es nicht, er ist ein Ausgestoßener, und was ihm einzig bleibt, ist, seine furchtbare Isolation in Würde zu ertragen – und auf Erlösung zu hoffen.

Der moderne Individualismus, im Kino wie im Leben, ist ein ebenso verlockendes wie gefährliches Unterfangen. Seine Chancen, aber weitaus mehr seine vielfältigen Gefahren und Abgründe, hat der Soziologe Ulrich Beck immer wieder benannt und diese unerbittliche Risikogesellschaft analysiert, zu der sich das ganze soziale Gefüge, in dem sich der Individualist bewegt, in der Moderne mehr und mehr hin entwickelt hat. Die Befreiung ist vollzogen, aber die Freiheit kann unbarmherzig sein. Für alle. Mit dem Individualismus kommt eine neue, sozialbedingte Einsamkeitserfahrung über den modernen Menschen, und es ist nicht gesagt, dass er damit auch gut umzugehen vermag. In dem Moment, indem er sein Schicksal selbst in die Hand nimmt, weht ihm ein rauer Wind entgegen. Es bedarf großer Kraft, großen Mutes und eines hohen Maßes Glauben an sich selbst, um den Kampf gegen die Widrigkeiten aufzunehmen, egal, ob es Seestürme sind wie in Robinsons Geschichte oder Windmühlen, wie bei Don Quijote, dem Ritter von der traurigen Gestalt – auch so ein früher Individualist des 17. Jahrhunderts. Die Widrigkeiten sind programmiert, und wer seine Segel nicht stärkt, bevor er loszieht, wird Schiffbruch erleiden, wer sich nicht warm anzieht, dem wird die Kälte zusetzen. Es sind allesamt mehr oder weniger traurige Figuren, gerade diese ersten Helden der individualistischen Literatur, jeder auf seine Art, und wenn sie am Ende überleben, dann nicht, weil sie es aus eigener Kraft aus der Isolation zurück in den Schoß der Menschheit geschafft hätten, sondern weil ihr gnädiger Gott ein Einsehen hatte. So auch bei Robinson, der zwar am Ende seiner Zeit auf der Insel eigenhändig und mit neuen Gefährten an der Seite eine Meuterei niederschlägt, die ihm erst die Heimfahrt ermöglicht. Aber allein, dass das rettende Schiff überhaupt an seinem Eiland aufkreuzt, ist Gottes Geschenk.

Irgendwann jedoch wandelt sich dieser Typ des einsamen Helden in der Literaturgeschichte. Er erscheint jetzt nicht länger als einer, der an seiner Einsamkeit verzweifelt oder die ihn am Ende zu Gott führt, sondern der sie nun überwindet, ein triumphierender Einsamer, der sich trotz seiner misslichen Lebenslage zäh behauptet, sich aus seiner Not herauskämpft und zwar aus eigener Kraft, nicht weil Gott Gnade walten lässt, sondern weil er sich nur auf sich verlässt und ganz gut damit fährt.

Egal, ob bemitleidenswerte Kreatur, die gebrochen wird und der Einsamkeit unterliegt, oder harter Hund, dem der Schmerz der Einsamkeit nichts mehr anhaben kann, weil er ihr trotzt – immer spielt im Hintergrund dieser Geschichten leise aber vernehmbar eine Melodie der Sehnsucht von der Rückkehr in die Gemeinschaft, in den Kreis der Freunde, in die Verbindung zu anderen lieben Menschen. Auch in den heutigen Formaten, im heutigen Kino. Weil scheinbar in allen diese Sehnsucht schlummert, taugen heute tatsächlich nicht mehr alle möglichen Stories von einsamen Helden zum Blockbuster, sondern genauso auffallend viele Abenteuergeschichten, die die schöne alte Erinnerung an den Helden in der Gruppe wiederaufleben lassen, egal, ob noch bei *Wickie und den starken Männern*, bei *Asterix und Obelix*, wo ein ganzes gallisches Dorf das Team abgibt, oder auch noch bei der realen *Tour de France*, wo der Held Helfer hat, die ihn, wenn es gut geht, den Berg hinaufziehen und die scheinbar nichts glücklicher macht, als dass ihr Kapitän ins gelbe Trikot fährt. Egal, in welcher Zeit diese Stories angesiedelt sind, egal, ob in

Mittelalter-Fantasy-Filmen oder bei genuinen Ritterepen, auch solchen, die in der Zukunft angesiedelt sind wie *Star Wars*, *The Avengers* oder *Game of Thrones*.

Der einsame Held berührt den modernen Menschen, weil der sich mit ihm identifiziert und weil er seiner tiefen Sehnsucht nach Verbundenheit Ausdruck verleiht. Und sein Team, die Clique, die Bande berührt ihn, weil es dort Tugenden gibt wie: sich aufopfern für die anderen, Fürsorge, Treue und Eintracht, und er sich im Grunde immer wohler fühlt in der Mannschaft, als sich alleine durchzuschlagen. Das sieht man regelmäßig am Ende des Films, wenn schon der Abspann läuft und alle nach all den überstandenen Abenteuern feiern: Spätestens jetzt genügt sich der moderne Held, der einsam, aber tapfer bis in die Haarspitzen seinen Weg geht, nicht mehr. Allein feiern geht nicht. Für die Party braucht es eine feiertaugliche Truppe. Am besten ganz viele, dazu ein großes Fass Bier, einen Ochsen am Spieß, der sich über dem Feuer dreht, und jede Menge guter Stimmung, die natürlich nur zusammen aufkommt.

Ende des Mannschaftssports

Aber auch Mannschaften ändern sich im Individualismus. Zum Beispiel beim Fußball. Die Einzelindividuen werden scheinbar wichtiger. Die Mannschaft – nicht als sportlicher Zweckverband, sondern als soziale Gemeinschaft – tritt mehr und mehr zurück. Zwar steht zu bezweifeln, dass der Satz »Elf Freunde müsst ihr sein!« auch in alten Fußballzeiten einmal wirklich unumschränkt gegolten hat, dennoch lässt sich, wenn man eine Genealogie des Torjubels – überhaupt des Jubels über eine sportliche Leistung – entwirft, die These vertreten: Wenn Cristiano Ronaldo heute ein Tor schießt, schießt er es zu einem höheren Anteil »nur für sich selbst« als etwa ein Stürmer wie einst Gerd Müller, wenn der vor fünfzig Jahren für seinen FC Bayern München traf.

Besonders in der Art, wie der Schütze nach seinem Tor jubelt, drückt sich dieser Wandel aus. Sie hat sich seit den Anfängen des modernen Massensports stark verändert. Denn der Wandel des Torjubels spiegelt eine Entwicklung der Gesellschaft wieder. Wie diese individualisierte er sich. Heute bietet ein Torerfolg dem Schützen auf dem Feld die Möglichkeit, sich wenigstens ein paar Sekunden lang ganz eigen zu inszenieren. Das erscheint umso bedeutungsvoller, zumal ja der gesamte restliche Ablauf eines Fußballspiels wenig Raum für individuelle Gesten bietet.

Die Choreografie des Torjubels nach einer individuellen Inszenierungsidee ist sporthistorisch gesehen ein noch sehr junges Phänomen. Noch in den 1960er- und 1970er-Jahren des letzten Jahrhunderts konnte man kaum einen Unterschied entdecken in der Art, wie Spieler jubelten. So reglementiert das gesamte Spiel war, so reglementiert war die Art des emotionalen Ausdrucks beim Torerfolg, der für alle mehr oder weniger verbindlich zu sein schien. Man vollführte Luftsprünge, drehte sich dabei im Kreis, warf die Arme in die Höhe, machte eine Art Freudentanz, der, wie es schien, nicht so sehr dem Stolz über die eigene Fußballkunst entsprang, sondern mindestens genauso sehr eine große Dankbarkeit ausdrückte, dass einem dieses rare Erfolgserlebnis *geschenkt* wurde. Es steckte darin noch ein kräftiger Schuss jener Kindlichkeit, die jeder Freude innewohnt, ein viel kräftigerer jedenfalls, so scheint es, als all den heutigen durchinszenierten Emotionsausbrüchen im Fußballstadion. Das alles zeugte aber nicht nur von einer weitgehenden Abwesenheit einer eigenen Inszenierungsidee im Jubel, sondern auch vom Überhang einer gefühlten Mannschaftsidentität. Man jubelte so, wie es auch die anderen taten – und verspürte scheinbar keinen besonderen Drang, sich darin von den anderen zu unterscheiden. Man lief nach dem Torerfolg zur Mannschaft in den Kreis der Kameraden und *ließ* sich im Kreise der zehn Freunde bejubeln.

Heute bejubelt der Torschütze, wenn er *gescored* hat, nicht nur die Führung, den Ausgleich oder den Anschlusstreffer, sondern, viel mehr als früher: sich selbst – dafür, dass er es geschossen hat. Und er tut dies nun meist auf eine eigene Art, er gestaltet den Jubelauftritt individuell. Manche diese Formen verdichten sich bald zu wiedererkennbaren choreografischen Mustern, die zum Markenzeichen dieses Spielers werden. Um seine Individualität auszudrücken, gibt es auch eine andere einfachere Form, die sich inzwischen durchgesetzt hat. Der erfolgreiche Spieler läuft nach dem Torerfolg zur Eckfahne, dreht seinen Fans den Rücken zu und deutet mit den abgespreizten Daumen auf seinen Namen, der da auf der Rückseite seines Trikots über der Nummer prangt. Die Botschaft ist klar: »Ich, und kein anderer, habe das Tor gemacht.« Manchmal küssen jubelnde Fußballer nach dem Torerfolg auch noch das Vereinsemblem auf der Vorderseite des Trikots, das da an der Brust prangt, aber eigentlich ist es so: Für welche Mannschaft sie treffen, ist nicht mehr so entscheidend wie früher. Und so ist es fast üblich geworden, sich nach dem Torerfolg das Trikot vom Leib zu reißen und begleitet von einem Urschrei den stählernen Athletenkörper in die Kurve zu recken – auch wenn es dafür die gelbe Karte gibt. »Seht her, ich habe den Sieg errungen!« – das ist die Botschaft, die Mannschaft kommt danach. Das ist auch ziemlich logisch, denn schon nächstes Jahr spielt man womöglich für einen anderen Club, zur Not beim direkten Rivalen, den man gestern noch ausgepfiffen hätte.

Der Profi ist zum Söldner geworden, er kämpft, egal, für welchen Herrn. Ein Gerd Müller, der nach dem Torerfolg in die Fankurve gerannt wäre und auf seinen Nachnamen auf dem Trikot gedeutet hätte, das wäre in seiner Zeit schlicht undenkbar gewesen. Nicht nur, weil es erst lange nach seinem Karriereende üblich wurde, den Namenszug der einzelnen Spieler über der Rückennummer aufzudrucken, sondern weil es nicht in die Zeit gepasst hätte, dass ein Einzelspieler seine Leistung derart über die der Mannschaft stellt.

Individualisierung im Fußball – wie in allen Mannschaftssportarten – bedeutet eine zunehmende Betonung der persönlichen Eigenleistung des einzelnen Spielers, die sich gerade im Torerfolg und der Art zu jubeln, zeigt. Bejubelt wird heute mehr und mehr die eigene Leistung, die Verdienst der eigenen Persönlichkeit, des eigenen Charakters ist. Aus dem Jubel, sich und allen eine Freude beschert zu haben, wurde Schritt für Schritt eine inszenierte Machtdemonstration des Ichs. Die triumphale Ausdrucksform des neuen Willens zur Macht, die geballte Faust hat die in den Himmel fliegenden Arme ersetzt. Das martialische »Yeaaah!« hat den alten »Tooor!«-Schrei abgelöst. Die neue Jubel-Grimmigkeit ähnelt nun viel mehr den Gesten, die man aus dem Kino kennt. So feiern die mit Maschinengewehren umgürteten Kriegshelden der Hollywoodfilme ihre Siege. Auch der Fußballer ist zum Einzelkämpfer geworden. Cristiano Ronaldo steht am Ende der Entwicklung. Das Jubeln dieses Spielers ist zu einer einzigen Imposanzgebärde geworden. In seiner Welt gibt es keine Widerstände mehr, nur noch die höchsten Triumphe, zu denen ein Mensch überhaupt fähig ist.

Dennoch, das Ich will nicht beim Triumph stehen bleiben, auch nicht beim höchsten. Tief im Innern sehnt sich auch der Terminator nach Verbindung, nicht nach Trennung. Sogar beim Fußball. Die Luft in den Höhen des individuellen Triumphs ist sehr dünn und es zieht auch den modernen Individualisten nach dem Erringen der Trophäe zurück in die Gefilde der warmen Gemeinschaft mit den treuen Freunden und Gefährten. Das sieht man schon am Ende des Matches, wenn die Spieler beider Mannschaften ihre Trikots tauschen und sich umarmen. Der englische Schauspieler und Fußballfan John Cleese hat einmal bemerkt, dies sei für ihn der bewegendste Moment bei einer Fußballübertragung, »weil er daran erinnert, dass das, was uns verbindet, stärker ist, als das, was uns trennt.«

So wie der Mannschaftsgeist im Sport im Zeitalter des Individualismus langsam aber sicher verpufft, so verpufft er auch in der Pop-Musik. In der Musik gibt es, bis auf einen *Song Contest*, kein direktes Gegeneinander der Akteure und keine Notwendigkeit, sich zu einer schlagkräftigen Truppe verbinden zu müssen. Weil es diesen Zweck nicht gibt, macht man anscheinend lieber immer häufiger allein Musik. Die Kapelle, die Combo oder eben die »Band«, egal ob im Rock, Pop oder Jazz, ist ein Auslaufmodell – in den Charts genauso wie in den Hobbykellern und Garagen, wo sich die Musiker einst zur Probe getroffen haben. Wer genau hinsieht, erkennt ein ganz ähnliches Entwicklungsmuster wie bei den Heldenmythen in der Moderne, denn auch die Pop-Band war einmal eine Legende des Kollektivs. So wie eine Mannschaft bei der Tour de France zusammengesetzt ist aus unterschiedlichen Charakteren, die alle zusammen und jeder mit seinen ganz individuellen Qualitäten, den Triumph am Berg oder auf der Ziellinie auf den Champs-Elysées in Paris sichern, so die Band auf der Bühne. Da gab es den schnoddrig-stoischen Bassisten, Slowhand, den hitzigen, flippigen Fingerschnellen an der E-Gitarre, den chaotischen Intellektuellen mit Nickelbrille an den Keyboards, den Umsichtigen an den Drums, die ordnende Hand, die die nötige Sicherheit und Struktur gibt und die wiederum der Sänger und Band-Leader braucht, um sein Bestes geben zu können. Egal, ob im Internet auf YouTube oder im Livekonzert, die Bands sterben aus. Jeder singt seinen Rock'n' Roll oder Rap allein vor sich hin, vor der Webcam seines Bildschirms oder, wenn es dazu kommt, vor einer Jury, die bei Gefallen den Buzzer drückt. Rock'n' Roll wurde als Gemeinschaftsveranstaltung der Übermütigen erfunden. Das war einmal.

Seltsam im Nebel zu joggen

Vereinsamung gibt es auch im Freizeitsport. Früher ging man nach Feierabend in einen Sportverein, wenn man sich »körperlich ertüchtigen« wollte. Der Sinn der Sache war klar und eindeutig. Es ging darum, mit anderen zusammen Spiel und Spannung zu erleben, zu schwitzen und nachher im Sportheim noch auf ein Getränk zusammenzusitzen. Auch den Lauf gab es anfangs nur in der Horde, bei der Bundeswehr oder, wenn im Verein, dann zum Aufwärmen vor dem Ballsport. In den 1950er-Jahren entstanden bei uns die ersten Dauerlaufgruppen, die ihre Runden bald nicht mehr nur auf der Aschenbahn rund um den Sportplatz drehten, sondern durch Parks, auf Straßen und öffentlichen Plätzen, wie man das heute kennt. Der Neuseeländer Arthur Lydiard, der von Beruf eigentlich Schuhmacher und Milchzusteller war, gilt als der Erfinder des Joggens. Er soll 1961 den ersten Joggingclub in der Geschichte gegründet haben. Von Neuseeland schwappte die Welle über in die USA, und von dort in die ganze Welt.

Ein Läufer, der einsam vor sich hin trottet, war einmal völlig undenkbar. Es sei denn, man hatte eine Funktion, war ein Herold oder Kurier und hatte eine wichtige Botschaft im Gepäck, wie etwa der Laufbote Pheidippides, der 490 vor Christi Geburt nach zweitägigem

Dauerlauf den Spartanern die dringende Bitte der Athener um militärische Unterstützung im Krieg gegen die Perser überbracht haben soll. Irgendwann begannen immer mehr Menschen ohne Gruppe loszulaufen und ohne Botschaft, um ganz allein ihre Kilometer zu absolvieren. Bis es viele Tausende, ja, Millionen wurden. Joggen ist die Paradedisziplin der individualistischen Gesellschaft. Nicht nur weil jeder für sich läuft, sondern weil Joggen längst weit mehr geworden ist als ein Sport: Körperarbeit. Joggen ist, jeden Tag erneut den Selbstbeweis anzutreten, dass man dranbleibt, noch nicht aufgeben hat, sich fit hält, die Kampfbereitschaft erhält. Joggen ist, einen Vorteil für den ökonomischen Ausscheidungskampf zu erzielen, indem man an seiner Ausdauer arbeitet – und an seiner persönlichen Attraktivität für die bestmögliche Selbstvermarktung. Joggen hat aber auch eine mentale Dimension, die dem individualistischen Projekt zugutekommt. Man ordnet beim Laufen sein Leben, und wenn nicht das, dann seine operativen Gedanken, verarbeitet die alten und bereitet neue vor, schmiedet Pläne, Projekte, sucht nach Problemlösungen und nach allerlei guten Argumenten, die einem für die vielfältigen Lebenslagen und Tagesgeschäfte, die nach dem Laufen warten, einen Vorteil verschaffen. Man kann der eigenen Leistung mit der App am Oberarm nachhelfen, seinen Puls messen und vergleichen, wie sich die Zahlen entwickeln, man kann andere überholen auf der Strecke, man kann telefonieren oder Geschäfte einfädeln. Joggen ist Boden-gut-machen, sich absetzen, gegenüber den Undisziplinierten einen Vorsprung herauslaufen. Joggen ist Training, Joggen ist Arbeit, Joggen ist einsames Kämpfen um den Erfolg.

Am Ende ist einsames Joggen eine Metapher für das ganze Leben. Nicht nur für Individualisten, sondern für ausnahmslos alle. Denn es gibt auch die ganz tiefe existenzielle Einsamkeit, die alle betrifft: der Mensch ist einsam, weil er Mensch ist. Am Ende ist jeder einsam, wie Hermann Hesse in seinem Gedicht sagt: »Seltsam im Nebel zu wandern! Leben ist Einsamsein. Kein Mensch kennt den andern, Jeder ist allein!« Ein Rest Einsamkeit bleibt immer. Einen Rest davon wird der Mensch nie los, selbst noch im höchsten Glück innigster Verbundenheit. Einsamkeit, so gesehen, ist sein Schicksal, weil er

Mensch, weil er Individuum ist. »Es kämpft jeder seine Schlacht allein!«, sagt Friedrich Schiller. Jeder lebt für sich allein. Und, nach Hans Fallada: Jeder stirbt auch für sich allein und empfindet darin die unauflösbare Einsamkeit als *conditio humana*.

Kapitel 2

Was uns alle einsam macht

Einsam und immer unterwegs, knabbert er den letzten Keks, der letzte Cowboy kommt aus Gütersloh und sucht die Freiheit irgendwo.

Thommie Bayer

Gesellschaft der Selbstbezogenen

Die Einsamkeit des modernen Menschen entstammt zwei gewaltigen sozialen Kräften, die sich gegenseitig bedingen und verstärken. Dies ist einmal jene Abstoßung durch die Gemeinschaft, die das mündig und selbstbewusst gewordene Individuum bald aus ihren Reihen weist, und es ist die ganz autonom vollzogene Befreiung des Einzelnen, der die Aufforderung zum Rausschmiss aus den Reihen der Altvorderen gar nicht benötigt, weil er längst selbst beschlossen hat zu gehen.

Einerseits ist die Rede von der Auflösung der alten, traditionellen ehemals unkündbaren Gemeinschaftsformen, deren Bindekraft in der Moderne kontinuierlich nachlässt und die mehr und mehr durch viel fragilere Bündnisse des freien Willens ersetzt werden – und andererseits vom Ich, das sich aus den Institutionen emanzipiert und das Ideal seiner Selbstbestimmung und Entfaltung Schritt für Schritt in konkreten Lebensentwürfen verwirklicht und somit den alten Gemeinschaften zusetzt. Beide Kräfte verstärken sich gegenseitig in ihrer Wirkung auf dem Weg in die Vereinzelung des modernen Menschen. Das Grundproblem ist: Das Arbeiten an der Ich-Entfaltung geht stets auf Kosten des Wir-Gefühls. Je mehr einer seine Identität als Ich fühlt und ausagiert, umso weniger diejenige als Teil des Wir. Ein scheinbar unlösbares Dilemma, mit dem die Moderne zu kämpfen hat, seit der Mensch aus seiner selbst verschuldeten Unmündigkeit herausgetreten ist – und, selbstbewusst geworden, nach den Sternen greift, die nur noch seine, aber nicht mehr die der anderen sein sollen.

Heimatverlust und Identitätswandel

Der Mensch in der modernen Demokratie fällt aus den alten traditionellen Verbindungen und Sozialordnungen. Was bleibt ist Atomisierung statt Brüderlichkeit. Man hat diesen Prozess auch Dekorporierung genannt, ein Begriff, den der Historiker Werner Conze in den 1970er-Jahren in die Diskussion eingeführt hat. Also die Auflösung einer personal-korporativ gegliederten Herrschaftsordnung mit institutionell verankerten Gemeinschaftsformen wie ständischen Vereinigungen, Zünften, Bruderschaften, aber auch die Gemeinden gehören dazu. In der bürgerlichen Gesellschaft setzt sich dieser Prozess fort und erreicht nun bald auch die Verbindungen des freien Willens, also Vereine, Parteien, Clubs – immer weniger fühlen sich zugehörig, schon gar nicht mehr von der Wiege bis zur Bahre, wie dies einmal üblich war. Später kommt der Verfall der Großfamilie hinzu, der Sippe, und heute ist längst auch die bürgerliche Kleinfamilie gefährdet – und bekommt von neuen, in ihrer Besetzung immer schneller wechselnden Patchwork-Kombinationen neue Konkurrenz.

Alexis de Tocqueville konnte das noch viel schöner formulieren: »Die Aristokratie«, schreibt er, »bildete aus allen Bürgern eine lange Kette, die vom Bauern bis zum König hinaufreichte; die Demokratie zerbricht diese Kette und sondert jeden Ring für sich ab«, schreibt er. Einsamkeit ist also das Resultat einer äußeren Entwicklung, des Erodierens von institutionalisierten Formen von außerprivaten, politischen Verbindungen in der modernen Gesellschaft. Der moderne Mensch streift allein und auf sich gestellt durchs Leben, durch die Kälte einer urbanisierten Weltgesellschaft. *Bowling Alone* heißt das schöne Buch des US-amerikanischen Soziologen und Politikwissenschaftlers Robert Putnam aus dem Jahr 2000 über den US-amerikanischen Individualismus – und den Niedergang der »American

Community«. Heute beklagen Politikwissenschaftler wieder »abnehmende Bindungswilligkeit« der Einzelnen, egal zu welcher Art Gemeinschaft, ob Verein, Partei, Kegelclub – mit dem traurigen Effekt: Der moderne Mensch schiebt seine Kugel zunehmend allein auf seiner Lebenskegelbahn. »Gemeinschaft« ist mehr und mehr ein Begriff von gestern. Zu »Gesellschaft« wird alles in der Moderne. Der Mensch ist maximal auf sich gestellt. Oder mit Tocqueville zu sprechen: »So lässt die Demokratie jeden nicht nur seine Ahnen vergessen, sie verbirgt ihm auch seine Nachkommen und trennt ihn von seinen Zeitgenossen, sie führt ihn ständig auf sich allein zurück, und droht ihn schließlich ganz und gar in der Einsamkeit seines eigenen Herzens einzuschließen.« In der Moderne geht die Brüderlichkeit verloren – so sie denn einmal geherrscht hat. Das ist Kernbestand traditioneller Kulturkritik. *Liberté, Égalité, Fraternité.* Die *Fraternité*, die Brüderlichkeit – sie ist, manche sagen bis heute, die große, nicht eingelöste Forderung der französischen Revolution.

Als zweites Element kommt die Schwächung, ja, das weitgehende Verschwinden traditioneller Wir-Identitäten in der modernen Gesellschaft hinzu. Denn wo die Gemeinschaft geschwächt ist, ist es bald das Identitätsgefühl. Die Einsamkeit der Vielen begegnet uns in der Moderne als Heimatlosigkeit, von der Martin Heidegger sagte, sie sei »der Grundzug der Moderne«. Damit ist Entwurzelung gemeint, im Sinne eines Verlusts von Verortung, aber eben immer auch im Sinne eines Verlusts an heimatlicher Identität und Geborgenheit.

In der traditionellen Gesellschaft hatte jeder seinen sicheren Platz gehabt, ganz unromantisch, ob es ihm nun gepasst hat oder nicht. Man war der, zu dem man geboren wurde. Dies betraf Stand, Beruf, Angehörigkeit zu einer Gemeinde, einer Großfamilie, eines Clans, einer Konfession. Man war Schwabe, Ostwestfale, Sachse, mehr noch, man war Mainzer, Lübecker, Regensburger, ein Bürger aus Bamberg oder Bautzen. Das ist, was man traditionelle lokale Identität nennt. Sie war weitgehend überindividuell festgelegt und galt ein Leben lang. Davon ist nicht mehr allzu viel geblieben. Mit ihrem Lebensort identifizieren sich heute die meisten höchstens noch für die Dauer eines Bundesliga-Derbys, mit der Angehörigkeit zu einer konfessionellen Gemeinschaft für die Dauer eines Weihnachtsgottesdiensts.

Wer oder was bin ich? Wozu gehöre ich? Man selbst sein, zu wissen um die eigene Unverwechselbarkeit und die Bejahung derselben – das ist Identität. Der Volkskundler Hermann Bausinger hat einmal formuliert: »Der Zustand, in dem einer seiner selbst gewiss ist und von den anderen seiner Bezugsgruppe voll akzeptiert ist, das ist Identität«, und weiter: »Im übertragenen Sinn hat er dann Heimat.« Die moderne Entwicklung befreit den Einzelnen zwar aus alten Zwängen, der Identitätsverlust wird aber zusehends auch zum Problem. Der moderne Mensch ist zur Selbstgestaltung seiner Identität befreit, aber nun zugleich auch ganz auf sich gestellt, ja, dazu verdammt, für Ersatz zu sorgen. In der alten Heimat ist diese Form der Identität gratis, heute muss er sie sich aneignen. Das ist nicht einfach.

Heute definiert sich der Einzelne nicht mehr durch die Zugehörigkeit zu sozialen Gruppen und Institutionen, sondern, wie der Soziologe Markus Schroer formuliert hat, durch die Bezüge zu sich selbst. Aber welche sind das? Wer bin ich? Wo reihe ich mich ein? Neue kollektive Identitätsformen folgen keinen vorformulierten Konzepten mehr, die man per Sozialisation übernimmt und sich mehr oder weniger unbewusst aneignet, sondern sie müssen jetzt in Eigenregie konstruiert werden.

Individualistische Identität heißt: der zu sein, der ich bin – oder der, der ich glaube zu sein. Woher weiß ich aber, wer ich bin? Wer sagt mir denn, dass der Lebensentwurf, den ich mir erwählt habe, mir auch entspricht? Eine Gewissheit gibt es nicht. Identitätsfindung im Individualismus ist eine Dauerbaustelle, Unsicherheit und fehlende Orientierung sind konstante Größen. Die Antworten auf diese Fragen muss man aus sich selbst schöpfen, und wem das nicht gelingt, der kann in der modernen Gesellschaft auf einen Markt zurückgreifen, auf dem die Individualismusindustrie jede Menge Identitätsangebote macht, die zum Download bereitstehen. Oder man guckt es bei anderen ab. Wie gehen die vor? Wenn man es so oder so ähnlich macht, dann liegt der Schluss nahe, dass es so nicht verkehrt ist, sondern irgendwie individualistisch.

Splendid Isolation?

Zum Dritten ist die Einsamkeit der Preis, den der Einzelne für seine innere Befreiung bezahlt, für seine Flucht oder auch den selbst gewählten Abschied aus der Gemeinschaft, eben für seinen Individualismus, der ihm als Wert nun höher steht als alle Tradition. Alexis de Tocqueville hat diesen Individualismus ein »überlegendes und friedfertiges Gefühl« genannt, »das jeden Bürger drängt, sich von der Masse der Mitmenschen fernzuhalten und sich mit seiner Familie und seinen Freunden abzusondern«. Der Begriff ist bei ihm eindeutig negativ konnotiert, er gebraucht ihn so ähnlich, wie wenn heute ein um sich greifender Egoismus beklagt wird. Er ist verwandt mit dem, was der politische Philosoph und Zivilisationskritiker Jean-Jacques Rousseau »amour-propre« genannt hat, die Selbstsucht oder Selbstliebe, die, wie er meinte, den Mensch in der modernen Gesellschaft »verdorben« habe. Freiheit führt zu Individualisierung – und die macht uns auf dem Weg zur Selbstverwirklichung einsam. Die moderne Gesellschaft der Gleichheit drängt uns zur Unterscheidung, zur Absetzung und Besonderheit. Sich zu verwirklichen, anders zu sein, hat immer einen isolierenden Effekt und belässt den modernen Menschen bald nur noch in Konkurrenzverhältnissen zu Seinesgleichen, also jeder gegen jeden. Das ist die Denkfigur.

Mit welchen Zielen aber ist der Individualismus angetreten? War die unheilvolle Entwicklung zur Isolation der Einzelnen schon in seinem Grundsatzprogramm angelegt? Der Individualismus ist eine Idee der Renaissance. Der Geist des Humanismus und sein neues Menschenbild, das er propagiert, haben ihn als Lebensentwurf aus der Taufe gehoben, ihn attraktiv gemacht, bis er seinen Siegeszug bald um die ganze Welt antrat. Der Mensch rückt sich selbstbewusst in den Mittelpunkt seiner Lebensgestaltung und emanzipiert sich von allen alten Ordnungen, die ihm viele Vorschriften machen, aber nicht länger legitim erscheinen. Er erstreitet sich eine ganz und gar individuell begründete Würde, die ihn auszeichnet, weil er Mensch ist, nicht weil sie ihm von Gott gewährt wird. Und er maßt sich schon bald an, für sich Grundrechte in Anspruch zu nehmen, die nicht von Gott verliehen sind, sondern ihm aufgrund seiner menschlichen Natur zustehen – nicht zuletzt jenes der Ich-Entfaltung, der freien Entfaltung der eigenen Persönlichkeit, wie es im Artikel 2 des Grundgesetzes heißt. Der Individualismus ist im Kern eine Emanzipationsbewegung, die noch viel älter ist. Sie setzt schon in der Antike ein. Aber erst im Humanismus mündete sie in ein Programm, das mit der Befreiung des Menschen ernst machte – und begann, das Ideal eines selbstbestimmten Lebensentwurfs in der Welt zu realisieren.

Seine Legitimität bezieht der Individualismus aber nicht nur aus einem neuen Selbstverständnis und aus der selbstbewussten Erkenntnis, dass es Rechte gibt, die einem zustehen und, davon abgleitet, die Möglichkeit, ein eigenes Leben zu führen, ein Leben, das ich will – und nicht eines, das andere für mich wollen. Seine Legitimität bezieht diese neue Idee auch aus der Illegitimität der überkommenen Verhältnisse. Die alte Nähe wird als Enge erlebt, die verpflichtende Geborgenheit mehr und mehr als Zumutung. Wenn man heute zu sehr auf die Vorzüge der traditionellen Epoche verweist und darin auf die vielfältigen Gemeinschaftsformen, die einem Menschen ein Leben lang Sicherheit, Schutz und Heimat gaben, dann vergisst man nur allzu gerne, dass dieser Zusammenhalt nicht so sehr vom freien Willen, sondern vom Vorherrschen relativ starrer, unkündbar festgesetzter Institutionen garantiert war. Ausscheren führte zu drakonischen Zwangswiedereingliederungen, schonungslos und ohne falsche Rücksichten. Der Platz am warmen Ofen der Tradition war erkauft durch eine immer auch leidvolle Unfreiheit. In der traditionellen Epoche kommen sich alle sehr nahe, sie sind verurteilt zu einer Gemeinschaft, die sie aber gar nicht unbedingt wollen. Man könnte auch sagen, die einzelnen Mitglieder der traditionellen Gemeinschaft können einander auch dann nicht entkommen, wenn ihnen danach ist. Weil die Beziehungsverhältnisse überindividuell geregelt sind und weil der moderne Mensch solchen Zwängen bald nicht mehr gehorchen will, entsteht der Wunsch nach Distanzierung, der sich bald in konkreten Absetzungsbewegungen Bahn bricht. Der Individualismus, der das Ich betont, seine Entfaltung und

Verwirklichung und den Wunsch in sich trägt, dem eigenen Willen zu folgen, ist also erst einmal eine defensive Bewegung. Es gilt, die Unantastbarkeit des Ichs zu schützen, vor jeder Vereinnahmung durch andere missliebige Eindringlinge, um endlich sein zu dürfen, wer man sein will. In der Gründungsidee des modernen Individualismus steckt nicht so sehr die übermütige Idee von mehr persönlichem Lustgewinn, sondern der ganz nüchterne Wunsch, äußere Übergriffigkeit und Fremdbestimmtheit abzuschütteln. Er ist eine Distanzierungsbewegung, man zieht sich zurück, bringt sein Ich in Sicherheit, errichtet Schutzwälle gegen die anderen.

In dieser Schutzbewegung liegt aber auch schon der Keim der Vereinsamung. Das Ich, das sich nun im Schutz einer neuen Idee, die immer allgemeingültiger und attraktiver wird, entfalten kann, merkt bald, dass etwas zu seinem Glück fehlt: Denn die Befreiung bedeutet, Abschied von den anderen zu nehmen, und indem es die alten Verbindungen durchtrennt, spürt das Ich erst, dass es allein zurückbleibt. Auf die kürzeste Formel gebracht: So wie die Freiheit in der Gesellschaft mit einer gewissen Kälte erkauft wird, war zuvor die Unfreiheit der Preis für die Wärme in der Gemeinschaft.

Aus der Perspektive des Staatsmanns oder politischen Theoretikers, der das Gemeinwesen im Blick hat, entsteht damit ein nicht minder gravierendes Problem, das sich nun auf das Ganze bezieht: Individualismus führt zu einem Kollektiv, dessen Individuen eine zunehmend antisoziale, antibürgerliche Haltung aufweisen. Die Welt wird unsolidarisch. Und so wird diese neue revolutionäre Idee, die sich allmählich durchsetzt, bereits im frühen 19. Jahrhundert, also in den Anfängen des demokratischen Zeitalters, zum Problem – zumindest für eine wachsende Zahl von Skeptikern. Neben dem glückvollen autonomen Menschen zeichnen Kritiker zunehmend ein Bild eines Menschen, der unter dieser Entwicklung leidet. Neben der Individualisierung in all ihren positiven, befreienden Effekten, wird nun auch die Ambivalenz oder gar Kehrseite der Medaille deutlich, die bedrohliche Dimension für das moderne Gemeinwohl.

Das Ich als AG – Vereinsamung durch Kapitalismus

Jede Erklärung der Tendenzen zur Vereinsamung des modernen Menschen, die nur einseitig das Schicksal des Einzelnen in den wechselnden Gemeinschaftsformen betrachtet, die der Individualismus noch belässt, muss solange unvollständig bleiben, solange nicht auch die entscheidende Ordnungsmacht miteinbezogen wird, unter deren Bedingungen der Einzelne in der modernen Gesellschaft zu leben gezwungen ist. Es wird niemand bestreiten, dass es der Kapitalismus ist, der die wohl bedeutendste und folgenreichste Macht darstellt, die auf den Menschen der modernen Demokratie einwirkt.

Der Kapitalismus als Wirtschafts- und Gesellschaftsordnung, in der privat organisiertes Eigentum an Produktionsmitteln herrscht und der Markt der Ort des Umschlages von Waren und Gütern ist, mit dem Ziel der Beteiligten, Gewinn zu erzielen und zu maximieren, ist nicht nur die den modernen Menschen prägendste gesellschaftliche Macht unserer Zeit, sondern gleichermaßen jene, die die Vereinsamung der Individuen wie keine andere Kraft vorantreibt. Er vereinzelt die Menschen einer Gesellschaft, die lebensmächtig wurde, weil er als die herrschende und alles durchdringende Wirtschaftsform – zumal im Zeitalter der Globalisierung – die entscheidenden Faktoren, die zu Vereinsamung führen, geradezu fordert. Erst die typischen Umstände des modernen Lebens wie Entwurzelung, Mobilität, Flexibilität und allumfassendes Konkurrenzdenken führen zu wirtschaftlichem Erfolg und zu jenem entscheidenden Vorsprung gegenüber den Mitbewerbern auf dem freien Markt, der sich auszahlt – aber eben auch zum Zerreißen der Verbindungen zu all den ursprünglichen Gemeinschaften, in die der moderne Mensch hineingeboren wird.

Der Kapitalismus ist ein Wirtschaftssystem, das strukturelle Einsamkeit erzeugt. Viele vereinzelte Individuen, die sich in neiderfüllten Sozialbeziehungen gegenüberstehen, sind für die Aufrechterhaltung dieses Wirtschaftssystems weitaus wichtiger als sozial gebundene Individuen – auch wenn die hohe Zahl an Einzelakteuren die gegenseitige Missgunst erhöht und den sozialen Frieden gefährdet.

Konkurrenz belebt in einer Marktwirtschaft immer das Geschäft, je schrankenloser sie organisiert ist, umso mehr. Und maximal, wenn jeder einzelne gegen den anderen antritt, um ihn zu übervorteilen. Für das Gedeihen des Kapitalismus eignet sich nichts besser als eine unumschränkte Individualkonkurrenz – und die braucht den isolierten Menschen. Die Summe der Einzelegoismen bringt zwar keinesfalls das größtmögliche Glück der größtmöglichen Zahl der Menschen hervor, wie dies der englische Philosoph Jeremy Bentham einst, von liberalem Überschwang berauscht, geschlussfolgert hat, aber das kapitalistische Denken motiviert die vielen Einzelnen immens, weil es unmittelbar am egoistischen Einzelinteresse ansetzt, und zwar bei allen, den Überlegenen, um ihre errungenen Vorteile zu bewahren, und den Unterlegenen, um es erneut und so lange zu versuchen, bis vielleicht auch sie zu den Gewinnern zählen. Um überhaupt funktionieren zu können, braucht der Kapitalismus einen ökonomischen Individualismus, viele Einzelne, die miteinander konkurrieren, die getragen und motiviert werden von einer Leistungsethik, die sie fortwährend in die Gesellschaft hineintragen.

Solisten der Leistung

Den modernen Kapitalismus gibt es bekanntlich nicht deswegen, weil er den Menschen unumschränktes Glück gebracht hat, sondern weil er sich als Form des wirtschaftlichen Vernunftdenkens gegenüber möglichen Alternativen durchgesetzt hat – und seither von denen, die von ihm profitieren und ihm ihre Macht verdanken, politisch zäh verteidigt wird. Seinen scheinbar unaustilgbaren Fortbestand verdankt er vor allem dem Umstand, dass man es nicht versäumt hat, ihn auch ethisch abzusichern. Denn seiner Marktethik wurde bald auch die religiöse Ethik angepasst, am Ende das Gottesbild. Es entstand ein Gott, der nur den Strebsamen und Erfolgreichen im ökonomischen Wettkampf Zutritt in sein himmlisches Reich gewährte, ein Gott, für dessen Reich man sich im Diesseits erst qualifizieren musste, einer, der nur die in sein Reich einließ, die in der Konkurrenz auf Erden siegreich waren.

Max Weber hat die Geschichte dieser protestantischen Ethik und des Geists des Kapitalismus rekonstruiert. Er, den viele einen Anti-Marx genannt haben, obwohl er dessen Erkenntnisse eher ergänzt als widerlegt hat, hat sich ein Leben lang für die psychologischen Urkräfte interessiert, die den modernen Kapitalismus in all seinen entfesselten Formen, wie wir sie heute kennen, überhaupt möglich gemacht haben. Als Motor des kapitalistischen Wirtschaftsstrebens erkannte er eine wirkungsmächtige Ethik, nämlich die des europäischen Protestantismus. Während der Katholik seine Gewissheit, in Gott geborgen zu sein, nicht von seiner Wirtschaftsleistung abhängig machte, sondern auch dann guten Gewissens die Hände in den Schoß legen konnte, wenn seine Tagesbilanz nicht ganz so beeindruckend ausfiel, stand sein protestantischer Nachbar – zumal in tiefgläubigen Zeiten – ganz anders unter Bewährungsdruck. Während der Katholik sich in der Sicherheit wusste, dass ihm sein Herr seine menschlichen Schwächen immer großherzig verzeihen würde und dass ihm im Unterschied zu seinem protestantischen Kollegen die Beichte, das Bußsakrament zur Verfügung stand, um auch bei Verfehlungen in den ersehnten Zustand glückvoller Sündenfreiheit zu gelangen, hatte es der Protestant viel schwerer. In der urprotestantischen, puritanischen Sicht von Gott und der Welt gab es nur eine beschränkte Anzahl von Plätzen im Jenseits, und es war keineswegs sicher, ob einer zu den Auserwählten gehören würde. »Gnadenpartikularismus« nannte Weber diesen angenommenen Numerus Clausus im jenseitigen Paradies. Die Annahme dieses Limits sorgte unter den Protestanten, bewusst oder unbewusst, für ziemlichen Stress. Das Paradies war nur für die Besten reserviert, und der Wettbewerb um die begehrten Plätze war keineswegs Ausdruck von Kampfeslust, sondern von purer Verzweiflung. Religiöse Erlösung, das war die zentrale Beobachtung, wurde im Verlauf der Entwicklung dieser kollektiven Ethik an individuelle Leistung geknüpft: Auf dem Weg in die Moderne individualisiert sich die Religion, nur die Besten kommen an.

Nun wäre es aber vorschnell anzunehmen, es hätte für den fleißigen Puritaner die Möglichkeit bestanden, sich durch Leistung einen

Platz zu sichern. Zumal man in vielen altprotestantischen Dogmen wie etwa in Calvins Prädestinationslehre glaubte, es sei vorherbestimmt und stünde eh schon fest, wer einst in Gottes Reich eingehen dürfe und wer nicht. Die Idee war also eher: persönlicher wirtschaftlicher Erfolg müsse Ausdruck von Gottes Segen, ja, ein Zeichen der Erwähltheit des Betreffenden sein. Diese Vorstellung spornte den einzelnen nicht nur zu vermehrter wirtschaftlicher Aktivität an, sondern bald zur Ausprägung einer rationalen Methodik, die bald die gesamte Lebensführung erfasste. Im Zentrum allen Tuns stand die Frage, wie zeige ich mir und den anderen an, dass ich einer der Erwählten bin? Die Antwort: Indem ich etwas leiste – und zwar mehr als meine Mitmenschen, indem ich mehr erwirtschafte als mein Nachbar, erfolgreicher bin, besser. Die protestantische Ethik setzt eine unerbittliche Konkurrenz in Gang, die schließlich eines der entscheidenden Schwungräder antreiben sollte, das den Kapitalismus erst richtig in Fahrt brachte: der Ehrgeiz des Einzelnen, erfolgreicher zu sein als der andere – aber nicht aus Selbstzweck, sondern um die eigene Erwähltheit vor aller Augen sichtbar zu machen.

Dem Wirtschaftsstreben des protestantischen Menschen liegt also eine religiöse Ethik zugrunde. Was aber geschah, als sich die Religion als lebensgestaltende, die gesamte Lebenswirklichkeit des Menschen durchdringende Kraft im Zuge der Modernisierung abschwächte und sich die Welt säkularisierte? In einer Zeit nachlassender Glaubenskraft emanzipierte sich diese Ethik alsbald, formuliert Weber, von ihren »religiösen Stützen«. Mit der Entzauberung der Welt durch einen fortschreitenden, alles erfassenden Rationalismus verschwindet allmählich die göttliche Durchdringung der Welt. Was blieb nach dem »Verdorren« der Glaubenskräfte, wie er es nannte? Bürokratismus und Kapitalismus in einer steril durchverwalteten Welt. Nachdem sich das Ethos der Lebensführung im Kapitalismus dieser religiösen Stützen entledigt hatte, so Weber, bemächtigte sich die übriggebliebene, innere Berufspflicht in unverminderter Rast- und Ruhelosigkeit der Seele des modernen Menschen, sie prägt und unterjocht ihn bis heute. »Der Puritaner wollte Berufsmensch sein, wir müssen es sein.«

Noch im frühen Protestantismus, der den modernen, rationalen westlichen Kapitalismus auf den Weg gebracht hat, sei »die Sorge um die äußeren Güter« nur wie ein dünner Mantel gewesen, den man jederzeit hätte abwerfen können, »aber aus dem Mantel ließ das Verhängnis ein stahlhartes Gehäuse werden«. Der religiöse Geist ist entwichen. Was geblieben ist, und was Weber vor allem in den USA, dem Gebiet der »höchsten Entfesselung« des Kapitalismus zu seiner Zeit, sieht, ist nur noch eine Art gottloser Leistungswettbewerb, »der Erwerb von Geld und immer mehr Geld«, aus dem letztlich eine Art symbolische Veranstaltung wird: »Der Mensch ist auf das Erwerben als Zweck seines Lebens, nicht mehr das Erwerben auf den Menschen als Mittel zum Zweck der Befriedigung seiner materiellen Lebensbedürfnisse bezogen.« Er verweist wiederum auf die Vereinigten Staaten von Amerika, denn dort neige das seines religiös-ethischen Sinnes entkleidete Erwerbsstreben heute dazu, »sich mit rein agonalen Leidenschaften zu assoziieren, die ihm nicht selten geradezu den Charakter des Sports aufprägen«. Der entfesselte Kapitalismus wird weit jenseits der Notwendigkeiten der Lebensreproduktion seiner Akteure zum sinnentleerten Wettkampf, es geht nur noch um höher, weiter, besser.

Was man heute fast vergessen hat: Am Anfang der Entwicklung stand eine durch und durch religiöse Idee. Ausgerechnet eine religiöse Ethik sollte in der Analyse Max Webers am Ende »zu einer unerhörten inneren Vereinsamung des Individuums« führen, in der es nur noch hieß: jeder für sich, einer gegen alle. Es kommt nur auf Dich an, Du bist verantwortlich dafür, ob Du erlöst wirst oder nicht, Du bist allein, keiner hilft Dir, Du bist Deines Glückes Schmied – und niemand anderes. Das ist das Credo der kapitalistischen Religion, die auferstanden ist im alles durchdringenden Neoliberalismus unserer Tage, in maximaler Schärfe und Mitleidlosigkeit und die den Menschen so sehr vereinzelt wie keine Bewegung zuvor.

Das Problem einer einseitig agonalen Erfolgsethik ist die am Ende destruktive Neigung des extremen Individualisten, auf Gedeih und Verderb gewinnen zu müssen – und nicht verlieren zu dürfen. Wo ich mich allein über den Erfolg definiere, wo meine gesamte Ich-

Identität nur über Erfolgserlebnisse erzielt und immer wieder bestätigt wird, ist jede Niederlage mehr als nur eine Niederlage, sondern ein Anschlag auf meinen Selbstwert. Personifiziert findet sich diese ausschließlich agonale Erfolgsethik idealtypisch in Gestalt von Donald Trump, dieser vor lauter Erfolgsbesessenheit letztlich gescheiteren Figur der Zeitgeschichte, ein Charakter, für den es im ganzen Leben nur die Kategorien des Gewinnens und Verlierens gibt – und für den nur das Gewinnen zählt. Für einen solchen Charakter gibt es nicht mehr die Möglichkeit, Niederlagen als Teil der Lebensgeschichte zu akzeptieren, sondern nur: jedes Scheitern zu leugnen, damit ich der bleiben kann, der ich sein will.

Gewinnen zur Ich-Aufwertung

Der Kapitalismus ist eine Wirtschaftsform, der es nicht um Bedürfnisbefriedigung geht, sondern vor allem um Gewinnmaximierung. Die Gewinne, die einer erwirtschaftet, werden jedoch nicht allein zu einem Vorrat, aus dem sich wieder neue Gewinne erzielen lassen, sondern wirtschaftlicher Erfolg wird im Kapitalismus zur entscheidenden Quelle des individuellen Selbstwerts des Einzelnen. Man akkumuliert, ist wirtschaftlich erfolgreich und wertet sich dadurch insgesamt als Person auf. In früherer Zeit war dieser Selbstwert nicht unbedingt stabiler, dafür war er von mehreren Größen abhängig, was ihn krisenunempfindlicher machte. Heute, so scheint es, hat sich das, was einem Menschen einmal an Identitätsressourcen zur Verfügung stand, sehr stark verengt auf dieses eine Feld wirtschaftlichen Handelns. Das Gewinnen im Kapitalismus wiederum, einst nur ein Teil des Lebens, übt nun weit mehr Funktionen aus als rein wirtschaftliche, greift über auf das ganze Leben. Von einer sektoriellen Handlungsorientierung weitet es sich aus zu einer die gesamte Lebensführung bestimmenden Ideologie. Vom Erzielen eines möglichst hohen ökonomischen Ertrags geht es über auf alle anderen Bereiche und entscheidet bald über die ganze Lebensbilanz.

Der US-amerikanische Sozialphilosoph George H. Mead hat in seinem Buch *Geist, Identität und Gesellschaft* von 1922 darüber geschrieben, was die gesellschaftlichen Voraussetzungen und ursprünglichen Motive sind, die an der Entstehung von Identität im Menschen beteiligt sind. Für ihn sind das Sprache, Spiel und Wettkampf. Deren Zusammenwirken, so lautet seine These, mache die Identität einer Persönlichkeit aus. *Play* im Englischen meint »Spiel« im Sinne von zusammen spielen, als Ritual des Gemeinschaftserlebens, was das Vorherrschen von Empathie voraussetzt. *Game* dagegen meint die kompetitive Variante, den »Wettkampf«, also gegeneinander zu spielen, mit dem Ziel, einen Gewinner zu ermitteln. Zu gewinnen, stärker oder schneller zu sein als der andere, ist eine sehr frühe, im Grund die erste infantile Identitätsform: im kindlichen Wettkampf, der siegreich oder auch in der Niederlage endet, spürt sich das eigene Ich zum ersten Mal – und zwar als dem anderen überlegen oder aber als unzureichend, als Verlierer.

Es scheint, als lebten heute im modernen Menschen die Identitätsanteile wieder vermehrt auf, in denen es um Wettkampf geht. Anders ausgedrückt: scheinbar immer mehr in den wiederkehrenden Erlebnissen des Gewinnens spürt und reproduziert er Identität. Im Gewinnen findet er Selbstbestätigung und das Gefühl, richtig zu liegen, selbst so sein zu können, wie er es will. Der *Winner*, egal wo und in welcher Disziplin, ist demnach das umschwärmte Ideal unserer Zeit, der *Loser* die Lachnummer, ein bedauernswerter Mensch in Schmach und Schande. Gewinnen jedoch tut man nie für sich allein. Gewinnen ist immer sieghaftes Sich-Vergleichen mit anderen.

Gewinnen ist nie nur spielen. Das liegt im Wesen jener Auseinandersetzung, die man einen Kampf, auch einen Wettkampf nennt. Einen Kampf geht man in aller inneren Härte an. Nahezu jede menschliche Tätigkeit oder Verhaltensweise kennt ein Abgleiten in den Witz, in die ironische Brechung oder Überhöhung. Allein beim Versuch zu gewinnen, im Wettkampf, genauso wie in seiner direkten Form, der direkten physischen, gewalttätigen Auseinandersetzung zwischen zwei Kontrahenten, herrscht nur der tiefe Ernst. Kein Wunder, im Kampf geht es ums Ganze. Wie todernst der Wettlauf unter Selbstbezogenen ist, sieht man daran, wie wenig Humor in den Räumen vorherrscht, in denen Menschen unbedingt gewinnen wollen.

Schönheitswettbewerbe im Fernsehen, etwa *Germany's Next Topmodel*, der ganze Körperkult, den die Kosmetikindustrie fortwährend zelebriert oder schon der ganz alltägliche Betrieb in einem durchschnittlichen Fitness-Studio – sie alle teilen ein Merkmal: Es geht in ihren Hallen todernst zu. Der Kabarettist Gerhard Polt hat einmal über die Morgengymnastik im Frühstücksfernsehen gespottet und angesichts der bitteren Mienen der Vorturnerinnen bei all den anstrengenden Dehn- und Hüpfübungen gemeint, es sei schon brutal, dass Gesundheit so traurig mache. Und wer etwa beim Zirkeltraining im Stadtpark den kompromisslosen Anweisungen des Fitness-Trainers zuhört, denkt an Einpeitscher und Drill aus dem Militär. »Hol alles aus Dir raus!«, brüllt er mit strenger Miene seinen Aspiranten ins Gesicht bei einer Veranstaltung, die alle paar Jahre neu heißt: früher Aerobic, Cardio und jetzt *Functional Training*. Humorlosigkeit ist ein Grundzug des Individualismus geworden, kein Wunder, es geht ja um so viel.

Noch nie so sehr wie heute ist es im normalen zivilen Leben einer Gesellschaft um das Siegen gegangen, um das Gewinnen, nicht in einer Disziplin, sondern im ganzen Leben. Früher wollte man den Erzfeind besiegen, im Krieg oder wenigstens im Fußballländerspiel, ganz martialisch. Zu siegen war das Kriegsziel einer Nation, aber individuell wollte kaum einer derart triumphieren. Nicht im Beruf, nicht in der Gesellschaft. Im Sport natürlich schon, aber, das ist die These, da ging es immer auch um andere Dinge, die heute allesamt in den Hintergrund zu rücken scheinen. All seine anderen Funktionen wie Körperertüchtigung, Spaß an der Bewegung und vor allem am Spiel sind ersetzt durch das absolute Siegenwollen und, im Zeitalter seiner Hyperkommerzialisierung, das Siegenmüssen. Es ging noch nie im Sport so wenig um Sport wie heute und noch nie so sehr ums Gewinnen. Der *Winner*, nicht der Sportler, ist ein zeitprägender Identifikationstypus geworden, der so vielen als Vorbild dient.

Die Fetischisierung des Gewinnens hat dabei längst auch Eingang in die Lehrpläne gefunden. Etwa beim Sportunterricht in der Grundschule, bei den ganz Kleinen. Jedes Kind läuft gerne schnell, springt gerne in die Luft und wirft gerne einen Ball. Im Schulsport wird ihm diese Freude gründlich ausgetrieben. Wer schon einmal bei einer Schulsportstunde in der ersten oder zweiten Klasse zugeschaut hat oder sich an die eigene Zeit in jenen zu allen Zeiten nach demselben kalten Angstschweiß riechenden Turnhallen erinnert, weiß es wieder: Alle geben alles, was sie haben, was sie können. Wer sehr weit wirft, bekommt eine eins, wer nicht so weit wirft eine drei und wer am wenigsten weit wirft ein »mangelhaft«. Wer am schnellsten rennt, bekommt eine eins, wer alles gibt, aber der Langsamste ist, »mangelhaft«. Wer weiter hüpft, ist besser als der, der es nicht so weit schafft. Was zählt, ist nicht der erbrachte Einsatz beim Rennen, Springen oder Werfen, sondern wie schnell einer rennt, wie weit er springt oder wie weit einer den Ball wirft. Es wird nicht die individuelle Leistung ausgezeichnet, sondern eine genetische Veranlagung prämiert, die die Glücklichen mit mehr Muskeln und mit zur Bewältigung der Anforderungen geeigneteren Körperproportionen und Hebelverhältnissen zur Ausübung dieser Sportaufgabe zufällig in höherem Maß ausgestattet hat als die, die hier durchfallen. Wer die körperlichen Voraussetzungen mitbringt, hat Glück, wer anders geboren ist, Pech und bekommt dafür eine schlechte Zensur. Durch eine solche Prämierungspraxis wird das Motiv im Sportunterricht ausgewechselt. Ursprünglich war es Freude an der Bewegung, jetzt ist es die Erwartung von Wertschätzung und vor allem die Vermeidung von Abwertung durch die Autoritäten der Lehrer und die Klasse. Die Lektion ist klar: Vom erfolgreicheren Körper geht die Prämierung auf den ganzen Mensch über. Am Ende stehen da wenige überglückliche kleine Gewinner und sehr viele traurige Verlierer.

Fazit: Im Kapitalismus wird das Eigeninteresse geheiligt, es zu verfolgen wird zum Lebensziel. Die kapitalistische Leistungsethik führt zur Vereinsamung, weil in ihr die Idee einer Solidarität keinen Platz mehr hat. Wo nur die Besten ans Ziel kommen sollen, ist nie an alle gedacht. Das ist der Grund, warum Wettbewerb immer vereinzelt. Zwar zeigt die Geschichte, Wirtschaftsmodelle, die auf Kooperation setzen, würden dieselben oder sogar für alle viel bessere Erfolge erzielen, aber für solche Gedanken gibt es in dieser Ideologie keinen Platz. Der Liberalismus als die dem Kapitalismus übergeordnete bürgerliche Ideologie überantwortet alles in die Zuständigkeit des Individuums – und fährt den Staat, die Gemeinschaft, die Perspektive, die an das Wohl aller denkt, auf ein Minimum zurück, immer im Bemühen, die Spielräume für die Einzelnen so groß wie möglich zu halten. Aber wo er so ganz allein agiert und von allen so verlassen ist, entsteht für den Einzelnen ein gewaltiger Druck, alles schaffen zu müssen, ganz allein. Es gibt keine Hand mehr, die mit anpackt, wenn alles zu viel wird, und schon gar keine, die einen auffängt, wenn man fällt.

Die Einsamkeit des Kapitalismus betrifft nicht nur den wirtschaftenden Menschen, sondern auch den konsumierenden. Auch er vereinsamt. Das neue Konsumdenken, das in den demokratischen Gesellschaften seit der großen neoliberalen Wende vor zwanzig, dreißig Jahren überall auf der Welt in ganz neuer und nie dagewesener Dynamik um sich greift, bedeutet ja nicht, die Freude daran wiederentdeckt zu haben, mehr und besser zu essen, zu trinken und zu verbrauchen, um seine unmittelbaren Lebensbedürfnisse zu befriedigen. Es bedeutet vielmehr, in einem neuen Maß über das Erwerben von Produkten, die man gar nicht braucht, die eigenen Autonomie- und Selbstwertgefühle zu stärken. Konsum ist am Ende nur noch eine destruktive Ausdrucksform von Selbstbezogenheit. Er hat unter Einsamen scheinbar eine stabilisierende Funktion für den Selbstwert. Er wird zur Ersatzbefriedigung, und er kann es nur da werden, wo tiefe Einsamkeit und Isolation unter den Individuen vorherrschen, die verhindern, dieselbe Stabilisierung aus anderen Quellen zu schöpfen, etwa aus sozialen Anerkennungserlebnissen durch die Gemeinschaft mit anderen.

Zerfall von Familie und Freundeskreis

Auch der österreichische Nationalökonom und Harvard-Professor Joseph Schumpeter hat die moderne Vereinsamung als eine Folge kapitalistischen Erwerbsstrebens identifiziert. In seiner klassischen Schrift *Kapitalismus, Sozialismus und Demokratie* von 1942 hat er beschrieben, wie das kapitalistische Denken aus jedem

Gesellschaftsmitglied über kurz oder lang eine Art privaten Einzelunternehmer macht, egal, welcher Erwerbsarbeit es nachgeht. Er zeigte, wie unter dem Druck der kapitalistischen Ideologie bald auch die Familie geopfert wird. Sie löse sich mehr und mehr auf, denn vor allem Kinder erwiesen sich auf dem Weg zum kapitalistischen Erfolg immer öfter als Hindernis. »Sobald Frauen und Männer«, schrieb er, »die utilitaristische Lektion gelernt haben, sobald sie die Gewohnheit annehmen, die individuellen Vor- und Nachteile jeder voraussichtlichen Folge von Handlungen abzuwägen oder sobald sie in ihrem Privatleben eine Art unausgesprochener Kostenrechnung einführen, müssen ihnen unvermeidlich die schweren persönlichen Opfer, welche Familienbindungen und namentlich Elternschaft mit sich bringen, ebenso wie die Tatsache bewusst werden, dass gleichzeitig – abgesehen vom Fall der Bauern und Landwirte – die Kinder nicht mehr ein wirtschaftliches Aktivum sind.« Kinder sind mehr und mehr, wie man heute modisch sagen würde, missliebige *Game Changer*, sprich: Störfaktoren auf dem Weg zu Karriere und finanziellem Erfolg. Sie kosten Geld und bedeuten einen »Verlust an Behaglichkeit, an Sorgenfreiheit und an Möglichkeiten, andere Dinge von zunehmender Anziehungskraft und Mannigfaltigkeit zu genießen«. Schumpeter wendet sich an seine Leser und stellt ihnen die rhetorische Frage: »Warum sollten wir unsere Wünsche stutzen und unser Leben arm machen, um in unserem Alter beleidigt und verachtet zu werden?« Statt in Haus und Häuslichkeit lebe der Gegenwartsmensch lieber in kleinen mechanisierten Haushalten, in kleinen Appartements, und habe den Großteil der häuslichen Verrichtungen und des ganzen Lebens nach außerhalb verlegt. »Gastfreundschaft«, so schließt der Autor, werde »in zunehmendem Maße im Restaurant oder im Café gepflegt«.

Wenn man davon ausgeht, dass dem Individualismus eine Sprengkraft innewohnt, die alle Gemeinschaftsformen einbezieht, dann ist es nur zwingend logisch, dass er nicht nur die Familien, sondern auch die Freundschaften, die man eingeht, betrifft, verändert oder zumindest gefährdet. Alexis de Tocqueville schweigt zu diesem Thema. Es fällt auf, dass er die Freundschaft und die Familien ausnimmt, wenn er über die Einsamkeit der Individuen spricht. Ja, er betont sogar, dann, wenn alle Bürger die Verbindung zueinander verloren hätten, seien die eigenen Kinder und persönlichen Freunde für den modernen Menschen alles, was ihm bleibt: »Sie verkörpern für ihn das ganze Menschengeschlecht.« Eine wirklich dramatische Auswirkung des Individualismus auf den inneren Kreis der Beziehungen, also auf Partnerschaft und Ehe, Familie und Freundschaften, ist eine Erscheinung erst der zweiten Hälfte des 20. Jahrhunderts. Sie gab es zu Tocquevilles Zeit noch nicht, zumindest nicht als ein erkanntes soziales oder politisches Problem. Aber diese Form der Einsamkeit – ausgelöst durch den zunehmenden Verlust von Lebenspartnern und Freunden – kommt heute noch erschwerend hinzu. Die Statistiken, in denen die Zahlen für Scheidungen und Trennungen festgehalten werden, sie sind hinreichend bekannt.

Wie aber ist das mit der Freundschaft? Lässt sie im Prozess der Vereinsamung des modernen Individuums genauso Federn wie alle anderen Gemeinschaftsgebilde? Oder ist sie vielleicht doch die eine starke, vielleicht letzte Festung inmitten eines tosenden Ozeans, der alles wegzureißen droht? Lässt man die Erscheinungsformen der Freundschaft durch die Geschichte hindurch Revue passieren, dann fällt auf, dass Freundschaften zwar immer schon Bündnisse der freien Wahl, sogenannte Wahlverwandtschaften waren. Sie waren dennoch in der traditionellen Epoche den Institutionen von Gemeinschaft weitaus ähnlicher als heute. Dies leistete gerade einem zu schnellen Zerwürfnis Vorschub. Sich einzukriegen war den Beteiligten nach einem Konflikt vielleicht stärker aufgegeben, als dies heute der Fall ist, wo Beziehungen scheinbar früher beendet werden und weniger Aufwand zu ihrer Rettung betrieben wird.

Die Soziologen Monika Keller und Wolfgang Edelstein haben in ihren Arbeiten zu moralischen Verpflichtungen und Verantwortungsgefühlen in Freundschaftsbeziehungen argumentiert, dass auch in Freundschaften als Verbindungen des freien Willens über kurz oder lang ein moralisches Grundempfinden einzieht, das sie in Gebilde verwandelt, in dem ein System von verinnerlichten Verpflichtungen regiert. Das heißt, der freie Wille tritt im Lauf der gemeinsamen Beziehungsgeschichte zurück – und die betreffenden Beziehungen werden denjenigen Formen wieder ähnlicher, die man etwa von der Familie oder Verwandtschaft kennt. Das mag so sein. Dennoch dürfte in Freundschaften strukturell immer eine bestimmte Reserve an freiem Willen übrig sein, die sicherlich größer und von mehr Konstanz ist als jene, die die ganz engen familiären Bindungen beispielsweise zu Vater, Mutter oder zu den eigenen Kindern bestimmt. Und selbst wenn Freundschaftsbeziehungen durch moralische Sicherungsmechanismen gestärkt werden – auch sie leiden, wie die Familie, unter der allgemeinen Individualisierung und Kapitalisierung. Auch sie erweisen sich als zunehmend dysfunktional für eine auf Vereinzelung abzielende Wirtschafts- und Gesellschaftsverfassung und geraten in die Defensive. Die vielfach beschriebenen Faktoren des demografischen Wandels, gewachsene Flexibilität und Mobilität lassen das Führen und Pflegen von Freundschaften über einen längeren Zeitraum hinweg heute weitaus schwieriger erscheinen, als dies in vergleichsweise statischen Frühformen von Gesellschaft einmal der Fall war.

Obwohl inmitten einer Gesellschaft, in der immer mehr Beziehungen auf Kalkül und Berechnung beruhen, die Freundschaft als Insel immer wichtiger wird, macht der moderne Mensch heute die Erfahrung von Einsamkeit auch in den Wahlbeziehungen, im Freundeskreis, unter Seinesgleichen. Die Selbstbezogenheit der Einzelnen erstreckt sich heute auf immer mehr Gebiete und auch auf die Freizeit des Lebens. Sie nimmt immer mehr Zeit und Raum ein, sodass immer weniger für die anderen bleibt. Vielleicht ist es eine der bittersten Einsamkeitserfahrungen dieser Epoche, wenn man von vertrauten Menschen umgeben ist, aber inmitten vieler Worte und Gesten das untrügliche Gefühl hat, nicht wirklich wahrgenommen zu werden als der, der man ist oder zu sein glaubt. Sogar noch dann, wenn man denkt, es mit Menschen zu tun zu haben, die da sind, um zu erfüllen, was man sich wünscht: Tiefe, Anteilnahme, eine persönliche Ebene. Die Erlebnisse, in denen sich Individualisten in ihrer Freundschaft verpassen, häufen sich, so scheint es. Kontinuität und

Beziehungssicherheit schwinden, alles wird kurzlebiger, fragiler. Die alte Freundin aus Kindertagen, der Schulfreund, den man noch aus den ganz frühen Klassen kennt und beibehalten hat – solche Erscheinungen sind heute selten geworden. Genauso Freundschaften, die über Jahrzehnte hinweg Bestand haben und die die immer schnelleren Wechsel von Job, Ort und persönlicher Umgebung überdauern. Stattdessen ist immer häufiger die Rede von »Networking«, jener neoliberalen Variante des alten Freundschaftsbegriffs, ein Ausdruck, den viele längst mit dem Erleben von echter Freundschaft verwechseln, obwohl er genau besehen eher von Nutzenerwägungen gesteuerte Beziehungsmodelle bezeichnet, in denen nicht sonderlich viel Liebe stecken muss und die in einem Freund in erster Linie einen Erfüllungsgehilfen der eigenen Karriereziele erkennen.

Die Soziologin Eva Illouz hat ein kritisches Buch über das Eindringen der kapitalistischen Mentalität in die Sphären der Liebe geschrieben und ist zu dem dramatischen Schluss gekommen, dass nicht einmal mehr diese einst heiligen Bereiche unseres Menschseins von ökonomischem Kalkül und berechnender Nutzenerwägung freigehalten sind. Ein Buch, das sich mit der Gefährdung der Freundschaft durch den Kapitalismus in der neoliberalen Epoche beschäftigt, steht freilich noch aus. Fest steht, dass trotz aller Sehnsucht nach der wahren Form der Freundschaft auch die alte, romantische, die um des Selbstzwecks willen geführt wird, in Bedrängnis gerät. Freundschaften finden in einer Welt, in der viele Formen von Selbstbezogenheit ihren Raum fordern, oft nur noch am Rand statt, in den wenigen Lücken, die die gesellschaftlichen Termine lassen, oder zwischen zwei Besprechungen, in denen man eine Viertelstunde Zeit hat und wenn sich, wie man heute auf Neudeutsch sagt, ein kleines Zeitfenster öffnet, das noch unbelegt ist.

Aber auch das trifft zu: die Gefährdung der Freundschaft durch den Einzug von immer mehr Nutzenerwägungen hat bei vielen eine neue Suche nach tiefer gehenden, verbindlicheren Formen ausgelöst. Freundschaft, in den Tagen des Individualismus, ist nichtsdestotrotz so gefragt wie nie, weil sie sich für all die entwurzelten Selbstbezogenen als ein letzter sicherer Ort mit hoher Lebensqualität erweist. Und für manche ist die neue Konkurrenz vieler unechter Freundschaftsformen sogar so etwas wie eine willkommene Herausforderung, ihre bestehenden Freundschaften einem Härtetest zu unterziehen. Der Wert einer solchen »wahren Freundschaft« steigt, wo sie noch herrscht.

Sozialer Zusammenhalt: Geld statt Gefühl

Georg Simmels berühmter Essay *Die Philosophie des Geldes* von 1900 ist vor allem deswegen ein interessantes Buch, weil es nicht auf volkswirtschaftlicher Ebene dargelegt, welche Folgen der Kapitalismus für die moderne Gesellschaft hat, sondern weil sich der Autor für die spannende Frage interessiert, was die Geldwirtschaft aus den menschlichen Beziehungen macht. Am Anfang steht eine weitreichende Beobachtung: Die Moderne ist geprägt vom Eindringen der Geldwirtschaft in immer mehr Lebensbereiche. Geld wird immer dominanter, zwängt sich überall zwischen die Menschen und verdrängt andere Verbindungsformen. In Berlin etwa, Simmels Lieblingsstudienort, oder anderen hektischen Großstädten seiner Zeit sieht er Erwerbstätige am Werk, die gar keinen inhaltlichen Beruf mehr ausüben, um Geld zu verdienen, sondern das Geldverdienen selbst als Beruf verfolgen. Es sind die Prototypen der heutigen Investmentbanker und Fondsmanager, an die wir uns längst gewöhnt haben. Irgendwann verabsolutiert sich das Geld für das Wertebewusstsein, argumentiert er, es wird vom Mittel zum Selbstzweck. »Nicht die Qualität der Sache ist hier der eigentliche Träger des Wertes, sondern das eigentliche Motiv ist die Tatsache ihres Besessenwerdens.«

So verwandelt hat Simmel das Geld erkannt als einen für den modernen Menschen durch und durch unheilvollen Stoff. Er sieht im Geld nicht nur ein Mittel für den Zahlungsverkehr, sondern eines, das immer bestimmender wird, das Menschen verbindet und doch gleichzeitig innerlich voneinander trennt, immer mehr und immer radikaler. In seiner Sicht verändert der Eintritt des Geldes in die Beziehungen der Menschen diese Beziehungen selbst, weil es andere konstitutive moralische und emotionale Elemente zunehmend ersetzt. Geld wird zu einem neuen, vollkommen neutralen Verbindungsmittel, es schafft unzählige, aber immer mehr ethisch indifferente unpersönliche Verbindungen, es objektiviert alles, es ist »charakterlos«, wie Georg Simmel sagt. Denn nicht die Person sei etwas wert, sondern das Geld, schreibt er einmal. Dies hat für die Gesellschaft eine »Abflachung des Gefühlslebens« zur Folge, wobei das einzige Gefühl, das durch diesen Prozess gestärkt wird, das soziale Machtgefühl ist, zumindest für die wenigen, die das Glück haben, dass sich das Geld unter ihren Händen vermehrt. Aber am Ende haftet ausgerechnet diesem völlig *sterilen* Verbindungsmittel doch etwas Schmutziges an. Geld stinkt, sagt man, und die meisten Menschen haben nach der Berührung mit Geld den Wunsch, sich die Hände zu waschen, auch wenn dies aus rein hygienischen Gesichtspunkten vielleicht gar nicht gefordert wäre. Diese intuitive Reaktion hängt damit zusammen, dass schon die Reduzierung auf eine nackte Neutralität oder Sterilität, die die Wirkung des Geldes als einzig verbleibendes soziales Verbindungsmittel erzielt, für das gute Verhältnis zwischen den Menschen eine toxische Wirkung hat. Sterilität im Sozialverkehr wird, selbst wenn alles noch so korrekt abläuft, als unhygienisch empfunden, weshalb es sich überall dort, wo man wenigstens etwas Herz zeigen will, eingebürgert hat, die Irritation der Kälte dadurch zu durchbrechen, dass man am Ende dem Wirt Trinkgeld gibt oder dass dieser umgekehrt den Gast zu einer Runde einlädt, die aufs Haus geht.

In der Gesellschaft der modernen Geldwirtschaft stehen sich innerlich unverbundene Individuen gegenüber, die ihre Beziehung immer mehr – und irgendwann nur noch – über den Geldverkehr organisieren und reproduzieren. Der Wert einer objektivierbaren Tausch- und Zweckbeziehung ist dabei unübersehbar, besteht darin doch die Möglichkeit zur (gerechten) Messbarkeit, zum nachvollziehbaren Vergleich und zur Nachvollziehbarkeit des Wertes zu gelangen. Auch geht Simmel auf die unbestreitbaren Vorteile der Entwicklung ein, die etwa darin bestehen, dass sie dem modernen Menschen erlaubt, sich über unliebsame Sozialbeziehungen hinwegzusetzen, dass sie ihn unabhängig macht, ja, ihn zu ungekannter Autonomie und Selbstverwirklichung befreien kann.

Dennoch, der Preis ist die Einsamkeit. Der moderne Mensch wird zum Kalkulierer seiner Existenz – und handelt immer mehr unter dem Gesichtspunkt von reinen Nutzenerwägungen, was all jene Beziehungsformen in die Defensive zwingt, die dem Gefühl entstammen und die man aus reinem Selbstzweck eingeht: in der Gemeinschaft etwas zusammen zu unternehmen, Freundschaften zu pflegen oder auch alle Formen gemeinschaftlichen politischen Handelns.

Man kann, mit Simmel, noch weiter gehen. Denn am Ende kann man sich mit Geld wieder die Gefühle kaufen, die es einst ersetzt hat, wenn auch in völlig unechter Form. Man betrachte nur einmal das Umsichgreifen der Freundlichkeit im heutigen kapitalistischen Geschäftsgebaren. Nie zuvor war der Anteil der bezahlten Form an Freundlichkeit im öffentlichen Raum so hoch wie heute. Wer schon einmal in München, Mailand oder Paris beobachtet hat, wie in den Luxus-Label-Läden in der Maximiliansstraße, in der Via Monte Napoleone oder rund um die Champs-Elysées schwerreiche Großeinkäufer, die zum Shoppen gleich in Clanstärke anrücken, vom Personal der von ihnen frequentierten Boutiquen verhätschelt werden, dürfte keinen Zweifel mehr haben. Wer Geld hat, kauft sich die Freundlichkeit einfach mit dazu. Übrigens, ganz ohne dieselbe erwidern zu müssen. Wer viel hat, kann fordernder auftreten, arroganter, unverschämter. Es wird ohne zu murren hingenommen, ja, ein solches Verhalten gilt vielfach schon als charakterliche Visitenkarte, die auf einen dicken Geldbeutel schließen lässt.

Es stimmt, man muss im Restaurant nicht mit dem Kellner befreundet sein, der einen bedient. Das Beherrschen eines korrekten Umgangs, der auf das Persönliche verzichtet, kann absolut erwünscht und angenehm sein. Auch muss Charme oder Freundlichkeit nicht immer authentisch sein, Freundlichkeit, die einem etwa in US-amerikanischen Restaurants begegnet, wo sich Kellnerinnen gerne mit Vornamen vorstellen und erst einmal fragen, wie es einem geht. Das Problem ist nicht die völlig legitime umsatzsteigernde Wirkung von Freundlichkeit, sondern der Mangel an derselben, wenn nicht sofort erkennbar ist, dass sich ihr Einsatz in Zählbarem niederschlägt. In Georg Simmels Kosmos ist die Gesellschaft der Selbstbezogenen längst in einer solchen von aller heiteren Liebenswürdigkeit bereinigten Welt angekommen. Der Rest an Wir-Gefühl in einer Gesellschaft, die nur noch eine Art äußerer Organisationsrahmen des Marktes zu sein scheint, hat sich in die Heimlichkeit privater Hinterzimmer verzogen.

Soziale Anerkennung im Kapitalismus

Man könnte annehmen, die individualistische Epoche sei eine Zeit des ungebremsten Egoismus, der keine Ethik mehr kennt. Mit den religiösen Stützen hätte sich der moderne Mensch auch seiner ethischen entledigt. Das stimmt nicht. Der Motor, der den modernen Individualisten antreibt, ist noch immer von einer Ethik angetrieben. Es wäre unzutreffend zu denken, aus der alten christlich-humanen, sei bald die protestantisch-individualisierte Ethik geworden und aus dieser am Ende gar keine mehr, sondern nur mehr der pure Egoismus. Gesellschaftliche Ideale der Lebensführung, auch in der Moderne, sind niemals nur äußerliche stilistische Größen, sondern stets von einer inneren Idee motiviert.

Genau besehen regiert auch noch den rücksichtslosesten Individualisten eine, wenn auch verborgene Ethik der Lebensführung: freilich eine, die nur dem Ich verpflichtet ist und nur schwer den Namen verdient. Dennoch, der Individualismus ist nicht nur eine einzige Autonomiebewegung, die dem lang unterdrückten Ich endlich zu seinem späten Recht verhilft, sondern immer auch eine Art Religion, die wie die alte, an Gott orientierte, das Leben des modernen Menschen lenkt. Sie motiviert ihn, unermüdlich an seiner Selbstvervollkommnung zu arbeiten. Das Ich der Gegenwart definiert sich nicht mehr über die Fülle der frommen Gedanken und guten Taten, sondern über den Grad des Erfolgs, der eingefahren wird, über seine individuelle Bilanz und über die Güter, die den Erfolg anzeigen – und für alle äußerlich sichtbar sind. Ein einseitig quantitatives Erfolgsverständnis steht am Ende der Entwicklung, eine individualistische

Erfolgsorientierung, die sich nicht mehr so sehr die Frage stellt, *worin* ein Erfolg erzielt wird, sondern in der vor allem zählt, *dass* er sich einstellt. Erfolg um des Erfolgs willen – denn Erfolg ist heute, was soziale Anerkennungserlebnisse sichert.

Obwohl der Individualismus wie keine geistige Bewegung zuvor auf Eigeninitiative, Selbstbewusstsein und Selbstvertrauen, auf den eigenen Weg setzt, hat es wohl noch nie eine Idee der richtigen Lebensführung gegeben, die so sehr angewiesen ist auf die Bestätigung durch die anderen. In der traditionellen Gesellschaft ist es ein enger Kreis an Personen, die sie dem einzelnen Mitglied spendet. Vielleicht kann man sagen, eine gewisse Grundsicherung an sozialer Anerkennung ist durch die Institutionen gewährleistet, die die traditionelle Gesellschaft hervorgebracht hat. In der modernen Gesellschaft richtet sich dieses Anerkennungsbedürfnis an alle. Die Gesellschaft soll zum Spender von Anerkennung werden, eine Grundsicherung gibt es nicht. Der moderne Individualismus steigert das allgemeine Anerkennungsbedürfnis ungemein, ohne für dessen Befriedigung zu garantieren: Der moderne Mensch will von der Gesellschaft für seine Individualität geschätzt werden, immer wieder und immer wieder neu. Aufmerksamkeit von möglichst Vielen scheint ihn auf die sichere Seite zu bringen. Sie wird zur Schlüsselwährung unserer Zeit: Das Ich findet nur statt, wenn es reflektiert, gespiegelt, bestätigt wird – und doch ist die Anerkennungsnot immer da. Schmerzfreiheit wird nur ganz selten im tosenden Applaus des Publikums erreicht, aber wem wird der schon gespendet?

Weil Anerkennung und Bestätigung äußerst knappe Ressourcen sind, wo alle miteinander konkurrieren, der moderne Individualist aber dringend darauf angewiesen ist, schielt er nach allen möglichen Formen von Vergewisserung. Die erreicht er erst, wenn andere den Daumen nach oben recken. Erst dann scheint er sicher zu sein, er liegt richtig. Die reinste Legierung, das Gold der Anerkennung ist die Liebe, aber er freut sich auch über das kleine Lob oder wenigstens die leise Beachtung. Von Bewunderung und Verehrung träumt er, aber er nimmt auch die Kritik, zur Not selbst die negative, denn er hat die Erfahrung gemacht: Lieber den Verriss, die Verachtung, ja, den Hass als gar nichts. Der moderne Mensch ist isoliert – und gerade deswegen so sehr bedürftig nach Anerkennung, die für ihn zum seltenen Ersatz für die verlorenen Gemeinschaftserlebnisse wird und ihn wenigstens für ein paar Momente von seiner Einsamkeit erlöst.

Kapitel 3

Notsignale – Nehmt mich endlich wahr!

Don't waste your time on jealousy;
sometimes you're ahead, sometimes you're behind,
the race is long, and in the end, it's only with yourself.
Remember the compliments you receive, forget the insults,
if you succeed in doing this, tell me how.

Baz Luhrman

Kampf um Aufmerksamkeit

Wie reagiert der moderne Mensch auf die zunehmende Vereinzelung, der er ausgesetzt ist? Wie darauf, ein Ausgestoßener zu sein, ein Isolierter, ein Verbannter? Wie geht der moderne Mensch – einsam geworden in der Massengesellschaft – mit seiner Lage um? Wie kompensiert er den Mangel an Verbindung?

Die eine Reaktion klang schon im Zitat von Alexis de Tocqueville an: Der einsame Mensch der Moderne zurrt die wenigen Bande, die ihm noch geblieben sind, enger. Wenn die Verbindungen nach außen schwächer werden oder schon zerrissen sind, werden die nach innen umso wichtiger. Das sind vor allem die Bande zur Familie, zu den Freunden, zu den Nächsten. Das Private wird immer wichtiger: Die »Unseren« sind bald alles. Schon Tocqueville hat den vorherrschenden Privatismus in der modernen demokratischen Gesellschaft vehement beklagt – und es ist ein Phänomen, das man etwa bei vielen »Clans« bis heute beobachten kann, die als von allen Außenbeziehungen abgeschottete Privatgemeinschaften inmitten der Massengesellschaft existieren, ohne sich zu integrieren. Der einzige

Zusammenhalt, der zwar nicht durchgängig, aber tendenziell durch die Individualisierung der Gesellschaft enger wird, scheint der des *Inner Circle* der eigenen Sippe zu sein.

Außerhalb des Privaten liegt der Rest der Welt. Und wie gestaltet der moderne Einsame sein Verhältnis zu all den anderen Einsamen in der Massengesellschaft? Es ist keineswegs so, dass ihm die Welt gleichgültig wird. Ohne die anderen ist er nichts. Ohne sie verliert er jeden Halt und jede Sicherheit. Was tut er? Er versucht, wie Robinson, sich bemerkbar zu machen, er sendet – nicht aus Übermut, sondern als Hilferuf – von seiner Insel Leuchtraketen und Signale in die Welt da draußen, er intensiviert seine sozialen Wahrnehmungsstrategien, um beides: *Anerkennung* und *Wertschätzung* zu erlangen. Er tut dies, indem er einen möglichst hohen sozialen Status markiert. Statusverhalten und Statussymbole gibt es in jeder Gesellschaftsform – aber nirgendwo ist so viel davon wie in der modernen Demokratie.

Anerkennung und Wertschätzung – diese Motive sind in der modernen Statusjagd vorherrschend. Sie lenken hier nahezu jeden strategischen Schritt. Man will mit Macht in die Gesellschaft hineinwirken und dafür geliebt werden, man will sich zugleich absetzen und doch dazugehören. Und wie geht das? Früher war eine standesgemäße Lebensführung dasjenige, was Ansehen eintrug. Der Stand, dem man zugehörte, war aber ziemlich statisch, die eigenen Möglichkeiten der Selbstrepräsentation vorgezeichnet. Heute, im Individualismus, ist alles offen. Ich kann aus mir machen, was ich will. Das ist erst einmal ein Vorteil, aber dadurch entsteht auch jede Menge Status-Stress.

Der moderne Mensch will also wahrgenommen werden: von seinen Nächsten, von den Eltern am Anfang des Lebens, von der Familie, dann von den Freunden, von denen, die um ihn sind. Aber auch von den anderen. Aber wer sind die anderen? Keine übergeordnete Institution, keine Gemeinde, kein Stand mehr: denn es sind jetzt alle. Die gesamte Gesellschaft. In der modernen Massengesellschaft ist der Resonanzboden der Ich-Botschaften das ganze Kollektiv geworden, das dem Einzelnen weitgehend anonym begegnet. Die »Kampfzone ist ausgeweitet«, das Publikum gigantisch groß. Es gibt nur noch den

Einzelnen, die wenigen Seinen – und alle anderen da draußen. Vor diesen betreibt der moderne Mensch das soziale Posing, versucht den perfekten Auftritt, die bestmögliche »Performance« hinzulegen, Eindruck zu machen, indem er seine soziale Attraktivität hervorkehrt und sie zu steigern versucht, wo immer es geht. Entscheidend für das Gelingen in dieser Epoche ist nicht mehr die standesgemäße Lebensführung, sondern eine ganz andere Größe: der gesellschaftliche Erfolg. Und dafür tut er alles. »Die Demokratie weckt im Menschen die Vorstellung unbegrenzter Vervollkommnungsfähigkeit«, schreibt Alexis de Tocqueville. »So strebt er, ständig suchend, stürzend, sich wieder aufrichtend, oft enttäuscht, nie entmutigt, immerzu nach jener unermesslichen Größe, die er undeutlich am Ende der langen, von der Menschheit noch zu durchlaufenden Bahn erspäht.«

Statussymbole in der Gesellschaft der Einsamen

Statusobjekte, Statussymbole und generell Statusverhalten spielen schon in der frühen modernen Massendemokratie eine immense Rolle. Schon fünfzig Jahre nach dem Erscheinen von Tocquevilles *Demokratie in Amerika*, im Jahr 1898, legt Thorstein Veblen, US-Amerikanischer Nationalökonom und Begründer der modernen Statusforschung, sein epochemachendes Buch vor: *The Theory of the Leisure Class*. Es ist, wenn man so will, das erste große Werk der US-amerikanischen Geistesgeschichte zum Statusverhalten der Individuen in der modernen Gesellschaft der Vereinzelten.

Statusverhalten und Statusstrategien, das beobachtet Veblen, ein Wissenschaftler mit der Gabe zum Satiriker, nehmen in der US-amerikanischen Gesellschaft einen enormen Raum ein. Ähnlich wie einst die enormen Ausgaben für Luxus in der französischen aristokratischen Gesellschaft, über die der deutsche Nationalökonom Werner Sombart geschrieben hat, seien die Ausgaben für reinen Status jenseits eines streng nutzenorientierten Zwecks zu einem volkswirtschaftlichen Schlüsselfaktor geworden. Veblen beschreibt damit erst einmal, welche enorme Rolle die Erfüllung nicht so sehr materieller, sondern ganz und gar psychischer Bedürfnisse in einer

Gesellschaft der Gleichheit einnimmt – und wie unglaublich viel die Beteiligten bereit sind, dafür zu investieren. Und wenn man sich der unmittelbaren Gegenwart zuwendet, dann zeigen Untersuchungen tatsächlich, dass Veblen topaktuell ist und dass die Bedürfnisse nach Anerkennung und Wertschätzung genauso wie das Ausmaß dessen, was Menschen zu ihrer Befriedigung aufwenden, noch einmal kontinuierlich zugenommen haben. Das gilt sowohl für die Vielfalt an Statusobjekten als auch für den Grad ihres Vorherrschens. Man könnte auch sagen: für ihre Penetranz im sozialen Feld. Mein Auto, mein Haus, mein Boot. Der vereinzelte Mensch will als »besonders besonders« wahrgenommen werden – und investiert in die Steigerung seiner sozialen Bedeutsamkeit so viel wie nie zuvor.

Ich bin ja so wichtig

Wie ist das heute mit der eigenen Bedeutsamkeit? Der realen und der ersehnten? Wird ihr in der Leistungsgesellschaft wirklich Rechnung getragen? In der Wirtschaft, in der Arbeitswelt, im Betrieb? Man kennt ihn aus jedem Kollegenkreis: den Typ, der terminlich »bis ins nächste Jahr völlig zu« ist, der auf Anfrage, wenn überhaupt, dann einen *Time Slot* von maximal fünfzehn Minuten »freischaufeln« kann, in den er einen dann ausnahmsweise »reinschiebt« – oder maximal eine Viertelstunde für einen »blocken« könnte. Wer annimmt, solche Typen seien bemitleidenswerte Menschen, die unter Berufsstress leiden, liegt ziemlich sicher falsch. Eine US-Studie hat einen interessanten Trend offenbart: Demonstrative Vielbeschäftigung ist ein neues Statussymbol. Nicht *Business*, also Geschäft und Beruf, sondern *Busyness*, also Geschäftigkeit, ist so prestigeträchtig wie noch nie. Zur Schau getragener Freizeitmangel ist das Statusmittel unserer Tage: Ich bin so gefragt, ich habe überhaupt keine Zeit. Dazu passt eine Untersuchung der Boston University aus dem Jahr 2015. Ein Team von Wissenschaftlern hat herausgefunden, dass etwa ein Drittel aller Beschäftigten einer internationalen Beratungsfirma den *Workaholic* zur Prestigevermehrung nur simulierte, in Wahrheit aber relativ entspannt durch den Arbeitstag kam. Ihr Fazit:

Schnellredner, Lautsprecher, Dauerhektiker oder wer immer da die Botschaft verströmt »Ohne mich bricht hier der Laden zusammen!«, senden in Wahrheit Statusbotschaften aus und versuchen so, einen oberen Platz in der Firmenhierarchie zu markieren. Sie stellen sich als so überbeschäftigt dar und so, als ob alle etwas von ihnen wollten, sodass sie im Umkehrschluss gar keine Zeit mehr haben, der hohen Nachfrage an die eigene Person Herr zu werden.

Prominente oder solche, die sich dafür halten, haben längst erkannt, dass man heute keine Zeit mehr haben darf, selbst die, die gar nicht sonderlich *busy* sind. Wenn sie von Klatschreportern etwa an Silvester gefragt werden, was sie sich für das nächste Jahr wünschen, antworten sie gerne: »Mehr Zeit für mich und meine Familie zu haben.« Kein Wunder, heute haben auch Arbeitslose oder Sozialhilfeempfänger unheimlich viel Zeit. Dazu will keiner gehören. Über viel freie Zeit zu verfügen, ist ein Schandmal geworden, ein Anzeiger absoluten Misserfolgs. In der individualisierten Gesellschaft kommt es daher auf die Selbstinszenierung von Bedeutsamkeit mittels vorgeführter Zeitknappheit an. Dabei war dies einmal ganz anders. Bis in die frühe Neuzeit hinein war der Müßiggänger hoch angesehen. Nicht arbeiten zu müssen, galt als erstrebenswert. Über viel freie Zeit zu verfügen – und dies nach außen zu zeigen –, trug auch noch bis ins 20. Jahrhundert Prestige ein. Nicht umsonst lautet der Buchtitel von Thorstein Veblen im Original *The Theory of the Leisure Class*, also wörtlich: »Die Theorie der Freizeitklasse« oder »Die Theorie der Klasse, die nicht zu arbeiten braucht«. Heute macht das Gegenteil den Unterschied. Rund um die Uhr »durchgetaktet« zu sein, keine freie Minute zu haben, ja, überall und ununterbrochen Überarbeitungsstress zu verströmen, bringt maximalen Status.

Zum Befund einer neuen coolen *Busyness* passt eine andere Entwicklung, die sich heute wieder empirisch abbilden lässt und über die auch schon Thorstein Veblen geschrieben hat: die steigende Zahl an Servicepersonal, das viele mittlerweile umgibt, ihnen zu Diensten ist – und den Eindruck der eigenen Überbeschäftigung und Zeitknappheit noch verstärkt. Der Kulturwissenschaftler Christoph Bartmann hat mit *Die Rückkehr der Diener* ein ganzes Buch darüber geschrieben, wie sich heute wieder viele Besserverdienende in der Wohlstandsgesellschaft in neo-feudaler Art von einem Heer von Domestiken bedienen lassen. Angefangen bei der Putzfrau über die polnische Pflegekraft für die gebrechlichen Eltern bis hin zum Kindermädchen. Dies nicht nur aus Bequemlichkeit, sondern auch, weil es einem prestigeträchtigen Lebensstil zuträglich ist, indem es einen gefragt und überbeschäftigt erscheinen lässt. Ein anderer, nicht minder wichtiger Grund: Dienstpersonal, egal welcher Art, lässt selbst im kleinen Mann Chefgefühle aufsteigen, und die sind etwas, was das unsichere Ich zur Stabilisierung am liebsten spürt. Seinen Müll könnte eigentlich jeder selber wegräumen, und eine Putzfrau braucht bis auf ein paar wenige Personen des öffentlichen Lebens wie etwa ein Bundespräsident oder der Papst eigentlich keiner. Aber darum geht es offenbar gar nicht. Eine Putzfrau *benötigt* man auch gar nicht. Man kann sie sich leisten. Das ist die eigentliche Motivation, sich eine zuzulegen.

Chefgefühle vermittelt aber auch eine Wichtigkeit, die ein akademischer Titel insinuiert. Der akademische Titel ist in der bürgerlichen Gesellschaft ein mächtiges Statussymbol geworden und eine der angesehensten Formen, seine eigene Geltungssphäre zu vergrößern. In die Erlangung der Würde eines Doktors wird heute enorm investiert, was sich auch statistisch abbilden lässt: Die Zahl der Promotionsabschlüsse an deutschen Universitäten hat laut Erhebungen des Statistischen Bundesamts gegenwärtig den dritthöchsten Wert seit der ersten Erfassung der Zahlen 1953 erreicht. Damals hatten noch 7.745 den Doktor gemacht, 2019 waren es 28.690. Nicht eingerechnet sind in diesen Zahlen all jene Doktoren, die den Titel »ehrenhalber« verliehen bekommen haben. Obwohl sie statistisch nirgendwo erfasst sind, dürften auch sie immer mehr werden.

In der Welt von gestern gab es Bauern, Edelleute und den König. Später kamen Arbeiter dazu. Und die Akademiker. Anfangs nur sehr wenige. Etwa Albertus Magnus, der sich *Doctor universalis* nennen durfte. In der modernen Massendemokratie trifft man heute auf Tausende Doktoren, darunter Kampfsportler wie etwa die ehemaligen Schwergewichtsboxer Vitali und Wladimir Klitschko. Den

Doktorhut zieren daneben auch die Häupter von Immobilienmaklern, Weinbauern, Campingplatz-Betreibern und Gebäudereinigern. Der Doktor ist so sehr demokratisiert wie der Wunsch nach einer individuellen Bedeutung, die auf nichts weniger gründen soll als auf den eigenen unschlagbaren geistigen Fähigkeiten.

Materieller Auftritt – Status mit der Brechstange

Und materielle Statussymbole? Haben sie nicht ausgedient? Vermelden Wissenschaftler seit Jahren nicht immer wieder den Bedeutungsrückgang etwa des Autos als Statussymbol, wie etwa der Politologe Stefan Bratzel von der Fachhochschule für Wirtschaft in Bergisch-Gladbach, der von der »Entemotionalisierung des Autos« spricht? Der Faktencheck bei den Edelmarken unter den Automobilen bringt ein ganz anderes Ergebnis: Porsche hat noch nie so viel Fahrzeuge verkauft wie heute. Allein 2018 etwa 50 Prozent mehr als noch vor fünf Jahren – auch wenn der größte Zuwachs nicht in Deutschland, sondern in China und den USA verzeichnet wurde. Ein Blick in die millionenfach geklickten Rap-Videos zeigt genauso eindrücklich, was angesagt ist: kein Musikclip ohne dickes Auto oder Tiefergelegten. Neben dem Sportwagen als Klassiker des Statusfahrzeugs boomt aber vor allem das Verkaufssegment der *Sport Utility Vehicles*, kurz SUVs. In Deutschland wurden 2013 noch knapp 250.000 dieser Autos neu zugelassen, fünf Jahre später waren es schon 630.000. Nach einer Erhebung des Marktforschungsunternehmens *Puls* ist das Argument, dass es sich dabei um ein Statussymbol handelt, bei fast einem Drittel aller Fahrer unter dreißig Jahren sehr wichtig. Berücksichtigt man weiter, dass die betreffenden Fahrer naturgemäß Angeberei als Kaufmotivation gern verschweigen, leugnen oder zumindest nicht wahrhaben wollen, dann dürfte die tatsächliche Zahl derer, die vor allem aus Statusgründen ihre Kaufentscheidung treffen, noch viel höher sein. Das Motiv, sich mit Statussymbolen zu umgeben, ist naturgemäß ein geheim gehaltenes, manchmal auch, bei eher unreflektierten Menschen, ein unbewusstes, während es für die anderen, etwa die Nachbarn, meist vollkommen klar ist, dass da einer den großen Auftritt hinlegen will, wenn er mit dem neuen Großraumwagen durchs Viertel gleitet. »Das Auto ist nach wie vor als Statussymbol ein großes Thema, und der SUV ganz besonders, weil er ein zentrales Kriterium aller Statusabbildung erfüllt: die Wahrnehmbarkeit«, stellt Verkehrspsychologe Bernhard Schlag von der Technischen Universität Dresden fest, »und was gibt es schon Auffälligeres als so ein riesengroßer Premiumwagen?« Tatsächlich, studiert man die individuellen Motive, die zur Anschaffung eines SUV führen, dann geht es neben einem erhöhten Sicherheitsbedürfnis auf unseren vollgestopften Straßen in erster Linie darum, eigene Überlegenheitsgefühle auszudrücken.

Statussymbole sind so alt wie die Menschheit, auch wenn sie sich immer wieder verändert haben. Thorstein Veblen hat die früheste Theorie dazu geliefert. Seine Grundannahme ist: Der Mensch will nicht nur sein, sondern er will *gelten*. Alle stehen in neiderfüllten Vergleichsbeziehungen zu anderen, und alle streben nach sozialer Anerkennung. Prestige wird dem gezollt, der mächtig ist. Mächtig in der kapitalistischen Gesellschaft ist, wer viel besitzt. Um aber die Anerkennung zu bekommen, muss dieser Besitz wie ein diamantbesetztes Collier oder eben ein großes Automobil sichtbar sein, ja, er muss öffentlich vorgeführt werden. Wichtig ist, wie Veblen sagt, die *conspicious consumption*, der auffallende, demonstrative »Geltungskonsum«. Denn erst wenn es alle wahrnehmen, kann ein Symbol den beabsichtigten Effekt der Unterscheidung haben. Grob vereinfacht: Zum »Angeben« braucht es immer ein Publikum. Das ist der Grund, warum man mehr Ferraris in den Prachtstraßen der Großstädte sehen kann als auf abgelegenen Waldparkplätzen.

Wie sehr der Statusdruck in unserer Zeit zugenommen hat, zeigt eine andere Untersuchung. Nachweisbar ist, dass materielle Statussymbole gerade für jene eine große Rolle spielen, die kaum über sie verfügen. Eine Studie des University College London aus dem Jahr 2017 konnte nachweisen, dass heute gerade extravertierte Menschen mit geringem Einkommen viel Geld in statusträchtige Produkte und Dienstleistungen stecken. Gerade diejenigen, die wenig haben, knapsen demnach von ihren Einkünften prozentual weit mehr ab als

Besserbegüterte, um die Edel-Handtasche zu realisieren oder etwa eine der breiten Schweizer Edeluhren, deren Verkaufserträge sich in den letzten zwanzig Jahren tatsächlich weltweit vervierfacht haben.

Vor fünfundzwanzig Jahren erschien Ronald Ingleharts bekannt gewordene Untersuchung *Kultureller Umbruch. Wertewandel in der westlichen Welt*. Er verkündete einen prinzipiellen »Wertewandel« in den westlichen Industriegesellschaften hin zu mehr postmateriellen Werten. Aber eigentlich lehrte das Buch etwas anderes. Es lehrte vor allem, dass Sozialwissenschaftler, die umfassende weltanschauliche Paradigmenwechsel der Gesamtgesellschaft erklären wollen, nie vorschnell solch große Thesen wagen sollten. Nichts zeigt heute mehr als die Rückkehr eines unumschränkten Materialismus und eine nie dagewesene Konsumideologie, wie unscharf die These vom Um-sich-Greifen neuer Werte und wie spekulativ diese Schrift war, wie sehr Ingleharts Wertewandelthese nur schmale Ränder der Gesamtgesellschaft beschrieb, aber nicht die Allgemeinheit. Was man aus seinen Zeilen lernen kann, ist auch, dass es in einer Gesellschaft immer Werteverlagerungen gibt, die jedoch nie vom einen Extrem zum anderen ausschlagen, sondern sich in weitaus moderateren Pendelbewegungen der individuellen Einstellungen äußern. Die materialistische Konsumgesinnung war noch nie wirklich verschwunden – auch nicht in Zeiten, in denen es so sehr um die ideelle Befreiung des Ichs ging, wie in den 1980er- und 1990er-Jahren des letzten Jahrhunderts, dem Zeitraum, auf den sich Ingleharts Buch bezog. Denn immer geht es nach der Befreiung auch um das soziale Ich, und das bedeutet: die Steigerung, Erhöhung und Vergrößerung seiner Geltungssphäre. Zu diesem Zweck wurde zu jeder Zeit auf alle Ressourcen zurückgegriffen, so sie den einzelnen denn zur Verfügung stehen.

Fake it till you make it

Und für den, der gar keine Erfolge verzeichnet? Auch für ihn ist noch nichts verloren. Der moderne Mensch hat auch für diese Lage vorgebaut. Eine heute massenhaft zu beobachtende Sozialstrategie, um an die Segnungen der Selbstbestätigung zu kommen, auch wenn sie sich im realen Sozialleben nicht einstellen, ist die Nachahmung des erfolgreichen Lifestyles. Ein Beispiel: In den 1960er-Jahren des letzten Jahrhunderts fuhren nur wenige ausgewählte Menschen in scheibenverdunkelten Großraumlimousinen durch die Straßen unserer Metropolen, der Schah von Persien etwa oder Elvis Presley. Heute kann das fast jeder. Die Imitation von pseudoerfolgreichen Lebensstilen hat Konjunktur etwa bei all jenen Ambitionierten, die heute wieder mit großem Aufgebot öffentlich Hochzeit halten. Hier lässt sich das simulierte Leben idealtypisch studieren, an diesem vielleicht wichtigsten Tag in ihrem Leben. Auch wo sie nicht verbreitet sind – Sitten und Gebräuche der Erfolgreichen werden nachgespielt, nachinszeniert. Man sieht nicht nur Uhrenimitate oder solche von Markenkleidung, sondern alles ist irgendwie imitiert, das Lächeln, die Gesten, die Art, eine Zigarette zu rauchen. Man imitiert Wichtigkeit, indem man diejenige Form von sozialer Bedeutung imitiert, die man bei denen beobachtet hat, die man für wohlhabend und einflussreich hält. Man lässt, ganz wie bei Prominenten, ein Dutzend Bodyguards auflaufen, die genau genommen gar keine sind, sondern Neffen und Freunde der Brautleute, die sich ihre schwarzen T-Shirts mit dem Schriftzug einer Fantasie-Security-Firma bedruckt haben und sich um das Paar gruppieren, um so wenigstens den Eindruck eines notwendigen Personenschutzes zu erzielen, der wiederum die Bedeutung und Wichtigkeit des Brautpaares induzieren soll. Auch die Abfolge der Party folgt strengen Vorbildern, die man aus den überall frei verfügbaren Videos prominenter Hochzeiten entlehnt. Am Ende einer solchen Gesamtinszenierung setzt sich der Autokorso mit der gesamten Festgesellschaft in Bewegung, zunächst mitten durch die Stadt, man biegt in eine Schnellstraße ein und sorgt kurze Zeit später für eine Vollsperrung auf der Autobahn, eine Aktion, die man gerne abfilmt und anderntags ins Internet stellt.

Nachahmung wird von einer situativ einsetzbaren sozialen Überlebenstechnik zu einem Charakterbestandteil, zu einer Art Prothese nicht verfügbarer Praktiken. Man kann heute ein ganzes Leben simulieren, das man nicht führt, wenn es einen danach drängt. Arthur

Miller hat in seinem Theaterstück *Tod eines Handlungsreisenden* von 1949 eine solche Biografie beschrieben, das Leben seines Protagonisten Willy Loman, das aus einer einzigen Simulation besteht, man kann auch sagen aus einer großen Lebenslüge. Überzeugend zu performen wird zu einer Lebenskunst im fortgeschrittenen Individualismus. Erst dort, wo sich das Ich – und nur das Ich – durchsetzen soll und der Fall einer Niederlage nicht vorgesehen ist, wird diese Kunst eminent wichtig. Nahezu überlebenswichtig wird sie spätestens dann, wenn alle anderen Strategien gescheitert sind. Die Simulation ist der Notfallkoffer des Individualisten. Alle wollen heute als bedeutsam wahrgenommen werden. Und viele, denen dies nicht vergönnt ist, tun wenigstens so. Es geht mindestens so sehr um Schein wie um Sein, so wie François de La Rochefoucauld es einmal in seinen moralischen Sentenzen und Maximen formuliert hat: »Um seinen Platz in der Welt zu finden, tut man alles, was man kann, damit es scheint, als habe man ihn schon gefunden.«

Survival of the Hippest

Das Vorherrschen von so viel altem wie neuem, tatsächlichem oder auch nur imitiertem Materialismus hat aber auch Auswirkungen auf gängige Statusstrategien all der anderen. Gerade für die Altreichen büßen die klassischen Symbole gegenwärtig immer mehr an Distinktionsfunktion ein. Angehörige des Establishments sind längst gezwungen, sich etwas Neues einfallen zu lassen, um die zahllosen Nachdrängenden auf Abstand zu halten. Die US-amerikanische Politikwissenschaftlerin Elisabeth Currid-Halkett behauptet daher in ihrem Buch *The Sum of Small Things. A Theory of the Aspirational Class*, Veblen sei nicht mehr zeitgemäß. Wer sich absetzen will, müsse anders vorgehen. Statt offenem Materialismus strukturiere heute das Beherrschen eines bestimmten Lifestyle die soziale Hierarchie: also kultureller Konsum, Bildung und ein Leben nach bestimmten ethischen Wertvorstellungen. *Inconspicious consumption* nennt sie die neue Art der Statusrepräsentation. Also »unauffälliger Geltungskonsum«.

Es ist jedoch nicht neu, dass sich neben materiellen längst auch immaterielle Formen der Prestigeabbildung durchgesetzt haben. Schon Veblen war sich darüber im Klaren. Auch er hat schon vor über hundert Jahren darauf hingewiesen, dass nicht allein Juwelen und Pelze den Unterschied machen, sondern genauso Bildung und Wissen, etwa »die Kenntnis der toten Sprachen Südosteuropas« – Altgriechisch und Latein, die, beide in den Smalltalk eingeflochten, zumindest in seiner Zeit noch ziemlich Eindruck machten. Solche Formen der Statuspositionierung sind jedoch keinesfalls »inconspicious«, also unauffällig, sondern auch sie müssen vernehmbar sein. Wenn keiner mitbekommt, dass ich mich für den brasilianischen Regenwald engagiere, große Summen bei Wohltätigkeitsveranstaltungen spende oder mich für George Clooneys »Satellite Sentinel Project« *committe*, dann setzt es mich nicht ab; genauso wenig, wenn ich Unterhosen aus einem zertifizierten venezolanischen Fair-Trade-Unternehmen trage, es aber keiner weiß. Prestigegewinn bringt erst das Kommunizieren darüber, das beiläufige Einstreuen solcher Botschaften. Und so ist es mit dem Personal, das mich umgibt: Statusträchtig ist es noch nicht, eine Klavierlehrerin zu beschäftigen, eine Masseurin und einen *Personal Trainer*, sondern erst, abends im Freundeskreis beiläufig einfließen zu lassen, dass man heute mit der Putzfrau Ärger hatte und das Kindermädchen wieder mal zu spät kam. Zu den Gewinnern gehört heute nicht mehr allein, wer hat, sondern wer sich darüber hinaus richtig inszeniert und dies permanent anderen mitteilt und postet.

Man könnte einwenden: Die moderne Gesellschaft der Individualisten hat sich heute nicht nur in Szenen und ständig wechselnde Lebensstilgruppen ausgefächert, sondern auch in unterschiedliche Geltungsräume, was Statusstrategien und -symbole anbelangt. Das mag teilweise so sein, trotzdem haben sich die traditionellen Formen keinesfalls erledigt. Es spricht sogar einiges dafür, dass gerade das Internetzeitalter für eine allgemeinverbindliche Symbolsprache wieder homogenisierend wirkt, weil es online alle in einer Welt versammelt, auch in einer globalen Statuswelt: mit dem Effekt, dass der Mercedes

Benz für den Gangster-Rapper genauso zum Vorzeigeobjekt wird wie für den Polizeipräsidenten.

Was bedeutet das für das Klima in dieser Gesellschaft? Wer keinen oder wenig Besitz hat, kann zumindest so tun als ob. Bei den Juwelen oder der Armbanduhr erkennt man das Billigimitat aus Fernost nicht sofort, den Porsche kann man vielleicht leasen – oder vom Autohaus übers Wochenende ausleihen. Bei immateriellen Symbolen wird es schon schwieriger. Da braucht es mehr als das nötige ökonomische Kapital, hier ist kulturelles und soziales Kapital gefragt, dazu das Talent zur Inszenierung – und der entsprechende Habitus. Diesen aber, verinnerlicht durch Erziehung und Sozialisation, kann man nicht so ohne Weiteres wechseln wie eines jener Hemden, von denen man noch viele andere im Schrank hängen hat. Oder um im Bild zu bleiben, man kriegt seinen Habitus nicht so leicht aus den Klamotten. Das hat der französische Soziologe Pierre Bourdieu schon vor vierzig Jahren erkannt. Deswegen geht es in einer Gesellschaft, die sich zu mehr Formen immaterieller Statusabbildung hin entwickelt, mindestens genauso gnadenlos zu wie in einer, in der »nur« das Haben zählt.

Wir leben in einer Gesellschaft, die den »neiderfüllten Vergleich« miteinander kräftig stimuliert. Die Einsamkeit der Akteure, die sie bevölkern, führt dazu, dass sie auf immer neue Formen von Bestätigung gesellschaftlicher Art angewiesen sind. Ihr Geltungsbedürfnis ist so sehr gestiegen, dass sich Statusverhalten heute auf immer mehr Bereiche und Situationen des Lebens erstreckt – und in immer stärkerem Maße bestimmt, wer sie sind und wer sie sein wollen. Das isolierte Ich sucht hektisch nach immer neuen Möglichkeiten, den eigenen Selbstwert abzubilden, zur Not indem es die eigene Bedeutsamkeit simuliert. Das aber hat seinen Preis: Auch der Stress um den Status nimmt zu. Der Einsame dieser Tage hat gelernt zu beißen, hat sich festgebissen an all den Zielen und Idealen, ist hart und unerbittlich geworden gegen sich selbst, setzt alle Ressourcen und Kapitalsorten ein, die ihm zur Verfügung stehen. Wie schwer dies fällt, wie quälend und selbstzerstörerisch es ist, wie schmerzhaft die Verausgabung ist, davon kündet die ganze Ratgeberliteratur, die all den Gepeinigten massenhaft zur Verfügung steht. Nie zuvor wurde so sehr zu allen möglichen Formen von »Loslassen« und »Gelassenheit« angeleitet oder, wenn es dafür schon zu spät ist, zum richtigen Umgang mit dem Burnout, der inzwischen zur Berufskrankheit der individualistischen Erschöpften geworden ist, und dennoch, an die anderen adressiert, zu so etwas wie dem ultimativen Prestigemittel unserer Zeit überhaupt.

Pumpen und Pimpen – das Kugelfisch-Syndrom

Die Strategien, nach der Einsamkeit wieder an soziale Anerkennung und Wertschätzung zu gelangen, bleiben nicht auf die Welt der äußeren Güter beschränkt, nicht nur auf materiellen und immateriellen Geltungskonsum. Um noch wirkungsvoller und nachhaltiger seine Notsignale auszusenden, setzt der isolierte Mensch auch seinen Körper ein, als Fläche für vielfältige Botschaften. So sehr wie nie zuvor.

Sportwissenschaftler gehen davon aus, dass mindestens jede vierte deutsche Frau und jeder dritte deutsche Mann im Schnitt zweimal pro Woche ins *Gym* geht. Aber nicht so sehr, wie man annehmen könnte, um etwas für die allgemeine Fitness zu tun, sondern um zu pumpen, wie es im Jugendjargon heißt, um den Körper in die richtige Form zu *shapen*, um gezielten Muskelaufbau zu betreiben. Dabei geht es um das Ideal eines durchtrainierten Körpers und nicht so sehr um die Erhöhung der Kraft der Muskeln, sondern um deren Vermehrung, um Oberflächenvergrößerung. Gerade der männliche Körperkult folgt dabei nicht allein einem Ideal einer neuen empirischen Ästhetik, sondern entspricht mindestens genauso einer sozialen Praktik der Wahrnehmbarkeits- oder Imposanzsteigerung der eigenen Person. Der *body shaper* pumpt sich auf, um größer zu erscheinen, aber nicht, indem er tief Luft holt, sondern indem er die Aufblähung durch gezieltes Körpertraining dauerhaft macht. Diese für alle sichtbare demonstrative Selbstaufblähung setzt sich jedoch auch außerhalb des Körpers fort – überall dort, wo man von seiner direkten Erweiterung sprechen kann. Etwa beim Automobil.

Der Verkehrspsychologe Gerhard Bliersbach hat sich mit dem Phänomen beschäftigt: Auch er nennt das moderne Automobil einen Teil des eigenen Selbst. »Wenn Sie mit ihrem Freund zu einem Parkplatz gehen«, beobachtet er, »werden Sie selten sagen, da hinten habe ich meinen Wagen geparkt, sondern man sagt meistens: da hinten stehe ich.« Das Fahrzeug enthält immer auch die Aspekte von einem selbst. Die eigenen Wünsche, die eigenen Phantasien, die eigene Lebensgeschichte. Der große, starke Wagen, das bin ich oder das ist die Idee, wie ich wahrgenommen werden möchte. Für ihn ist so ein riesiger Geländewagen so etwas wie eine blechgewordene Vergrößerung des eigenen Selbst oder eine Form der »Selbstausstülpung«, wie er das nennt. Vergrößerung der körperlichen Wirkungshülle – das erinnert auch an tierische Verhaltensweisen, etwa wenn Vögel zu Balzzwecken ihre Federn aufstellen. Und auch schon für Veblen war Statusverhalten, Zitat: »eine zivilisierte Form des archaischen Muskelzeigens und Aufplusterns«, wie die Soziologin Ludgera Vogt schreibt.

Tatsächlich eignet sich der Großraumwagen wie sonst wenig andere Lifestyle-Accessoires zur maximalen Selbstausstülpung. Die Zoologin Klaudia Witte von der Universität Göttingen vergleicht die Außenhülle eines SUV mit den Reaktionsweisen von Tierkörpern – und zwar in Extremsituationen. »Diese SUVs, oder Geländewagen, sind natürlich wesentlich auffälliger und größer als die normalen Autos. So etwas wie eine Parallele gibt es da im Tierreich, und zwar in drei verschiedenen Kontexten«, erklärt sie. Zum einen machten sich Tiere größer zur Feindabwehr, um zum Beispiel einen potenziellen Räuber zu erschrecken. Oder eben, um größer zu erscheinen, als man eigentlich ist, um einen Konkurrenten auszuschalten beziehungsweise zu vertreiben. Das Kragenechsen-Männchen etwa spreizt den Kragen ab, um einen möglichen Konkurrenten aus dem Territorium zu verjagen. Der dritte Kontext, der ihr einfällt, ist die Partnerwahl. »Die Männchen wollen, indem sie größer wirken, die Weibchen anlocken.« Imponiergehabe, Drohgebärden – das sind alles Mittel im Darwin'schen »Survival of the fittest«.

Auch Kampffische wenden Körpervergrößerung als Kampfmittel an. »Wenn man die in zwei getrennten Becken hält«, so Witte,

»und diese Becken aneinander führt, dann kann man sehr schön das Kampfverhalten sehen. Die spreizen den Kiemendeckel ab, die spreizen alle möglichen Flossen, die sie haben, die Rückenflosse, die Schwanz-, die Brustflossen, um größer zu wirken und somit den anderen zu vertreiben.« Ein anderes eindrucksvolles Beispiel ist der Kugelfisch, wie er etwa im indischen Ozean vorkommt. Kugelfische pumpen bei Gefahr Wasser in ihre bauchseitige Erweiterung des Magens und werden dadurch kugelrund und etwa so groß wie ein Fußball. Wenn der Feind verschwunden ist, kann der Kugelfisch das eingepumpte Wasser ganz einfach wieder über den Darm ablassen.

In der Welt eindimensionaler Statusabbildung gibt es übrigens nicht nur die Tendenz zur Erhöhung der Oberfläche, sondern auch der Lautstärke: Allen Bemühungen um mehr Verkehrsberuhigung zum Trotz werden heute immer mehr Automobile und Motorräder absichtsvoll laut getunt, was in der Öffentlichkeit eine breite Diskussion über Fahrverbote für solche Kraftfahrzeuge ausgelöst hat, die bestimmte Grenzwerte, zumal in Erholungsgebieten und an Sonn- und Feiertagen, überschreiten. Interessant ist, warum viele der Fahrzeughalter überhaupt auf die Idee kommen, ein lautes Motorengeräusch zu bevorzugen. Auch hier geht es augenscheinlich um ein gesteigertes Wahrnehmungsbedürfnis, das sich ganz neu regt. Denn lange Zeit war ein lauter Motor ein Produktionsdefizit: man war technisch noch nicht so weit, leisere Motoren zu bauen. Heute könnte man es, stellt aber fest, dass es viele Kunden gibt, die gar kein leises Kraftfahrzeug wollen. Der massenhafte Auftritt von mal mehr und mal weniger röhrenden motorisierten Fortbewegungsmitteln, ist ein klares Zeichen. Das Klima wird rauer. Ausgestülpte Autos und dröhnende Motorräder rollen durch eine Gesellschaft, auf deren Straßen ein kalter Wind pfeift. Die Gangart ist härter geworden. Das alles spricht für die These einer verschärften Statusgesellschaft in der modernen Demokratie.

Selbst im Selfie: Das gestraffte Ich

Statussymbole, Oberflächenvergrößerung, Selbstvergrößerung – das alles betrifft aber nur die erste und äußere Schicht, in der sich die Not der Einsamen ausdrückt. In der individualistischen Epoche will der Körper inszeniert sein – und zwar so, dass er einmalig ist. Einmalig attraktiv und ganz besonders. Wie das geht, sieht man, wenn man sich die Selfies ansieht, die der moderne Mensch von sich anfertigt. Ein Selfie ist nicht nur ein Foto mit Selbstauslöser, in dem der Fotograf gleichzeitig das Modell ist. Ein Selfie ist eine Form zeitgemäßer Ich-Inszenierung und, weil nahezu jedes Selfie gepostet wird, eine Antwort auf die Frage: Wie möchte ich von anderen wahrgenommen werden? Ein Selfie ist eine seltene Chance. Denn kein Fotograf stört mehr den Auftritt. Der sich selbst Porträtierende kann sich so geben, wie er will, er kann so auftreten und wirken, wie er will oder wie er meint, dass es zu ihm passt.

Da man sich bei der Aufnahme auch auf dem Touchscreen des Smartphones selber sehen kann, ist ein Selfie eine Art speicherbarer Spiegel, bei dem man die Möglichkeit hat, erst dann den Auslöser zu betätigen, wenn man mit dem Selbstauftritt wirklich einverstanden ist. Junge Frauen im Bikini, junge Männer ohne T-Shirt, die Bilder, die später wieder auf Plattformen wie *Instagram* oder *Facebook* zu finden sind, zeigen tolle Körper, kernig-cooles Männerlächeln oder wahlweise aufreizenden femininen Lidschlag – ganz so, wie man das für angesagt hält oder besser: für maximal erfolgsträchtig im Feld der Selbstvermarktung. Das Selfie ist eine Art Bewerbungsfoto. Sein Ziel ist es, bei den anderen anzukommen. Damit das noch besser klappt, gibt es zur Bildbearbeitung etwa beim Tool *Photoshop* Schönheitsfilter, die letzte Makel tilgen und den erwünschten Eindruck digital optimieren. So vollkommen gemacht, präsentieren sich die vielen Mitglieder etwa bei *Instagram*. Die Macht digitaler Vollkommenheit greift aber längst von der virtuellen in die reale Welt über. Die Grenzen verschwimmen immer mehr zwischen Wunsch und Machbarkeit, zwischen Fiktion und Realität.

Die Folge ist, dass immer mehr junge Frauen beim Schönheitschirurgen vorstellig werden, weil sie das, was ihr Schönheitsfilter im Selfie aus ihrem Gesicht macht, Straffung und Symmetriekorrektur, gesunde Farbe, *cleanness*, Glätte und Glanz nun auch in natura realisieren wollen. Die Schönheitsoperation im Gesicht ist nichts anderes als der Transfer technischer Möglichkeiten zur Bildbearbeitung auf das reale Gesicht. Mit dem Skalpell wird angepasst, was die Selfieoptimierung per Knopfdruck innerhalb weniger Sekunden fertigbringt. Tatsächlich gibt es nicht wenige Influencerinnen mit eigenem *Beautychannel* online, die in natura so ähnlich aussehen wie eine Computersimulation. Immer mehr Menschen empfinden sich heute als defizitär, sie sind nicht mehr zufrieden mit den herkömmlichen Ausdrucksmöglichkeiten. Sie wollen mehr, wollen sich ummodeln und investieren dafür viel. Heute hat das, was man den modischen *Look* nennt, längst die Hülle überschritten, es hat den Körper erreicht. Der Vergleich mit den anderen triggert dabei einmal mehr die Unzufriedenheit mit dem eigenen Auftritt und die Bereitschaft, auch einen operativen Eingriff vornehmen zu lassen.

Die ästhetische Chirurgie als Gehilfin der Realisierung des eigenen Wunschbilds hat in der individualistischen Epoche einen gewaltiges Ausmaß erreicht: War sie früher ein paar schwerreichen Millionärsgattinnen vorbehalten, ein paar hybriden Popstars oder gealterten Hollywoodschauspielern mehrheitlich weiblichen Geschlechts, die, wenn nicht von einer narzisstischen Persönlichkeitsstörung so doch von handfesten Selbstvermarktungsinteressen geleitet waren, so hat nicht nur der Wunsch zu einer ästhetischen Operation, sondern nun auch seine Realisierung die Mitte der Gesellschaft erreicht. Ganz konkret verzeichnete der zuständige Fachverband, die »Vereinigung der ästhetisch-plastischen Chirurgen«, für 2019 einen Anstieg von Schönheitsoperationen in Deutschland um 7,5 Prozent allein gegenüber dem Vorjahr. Die Medizin wird dem Trend gerecht und bildet entsprechend aus. Seit 2005 gibt es in Deutschland den »Facharzt für ästhetisch-plastische Chirurgie«, vorher hieß der Titel »Facharzt für plastische Chirurgie«. Zwar geht es in der praktischen Ausübung dieses Berufs noch immer mehrheitlich um rekonstruktive Chirurgie etwa nach Unfällen, die das Äußere eines Menschen entstellt haben, dennoch wächst der Anteil jener Ärzte Jahr für Jahr, die auch ohne Not »verschönern«.

Als wichtigsten Trend beobachtet der Verband die Entwicklung zu einer immer detaillierteren Perfektionierung der Körperform, sowohl bei Frauen als auch bei Männern. Die beliebtesten Operationen sind derzeit die Behandlungen zur Faltenunterspritzung oder, wo gar keine Falten sind, zur Aufpolsterung etwa der Lippen, die inzwischen von der »In«-Operation der weiblichen *High Society* zum Unterschichten-Stigma mutiert ist. Immer mehr junge Frauen sieht man heute mit operierter Oberlippe, die an einen kindlichen Entenschnabel erinnert. Es wird deutlich: Schönheitsoperationen gibt es längst nicht mehr nur, um den natürlichen Verfall aufzuhalten, Falten und andere Alterserscheinungen zu entfernen, sondern die Beauty-Industrie fordert längst auch den Umbau des ganz normalen, unentstellten Körpers. Harmonie mit dem eigenen Körper, so die zeitgemäße Heilkunde, ist nicht etwas, was uns von Natur aus gegeben ist, sondern erst durch Eingriffe erzielt werden muss. Der Präsident der »Vereinigung der deutschen plastisch-ästhetischen Chirurgen«, Dennis von Heimburg, gibt dabei das Ziel vor, das in einer Pressemitteilung zitiert wird: »Die Behandlungen mit Botulinum und Hyaluron sind eine schnelle und effektive Methode, kurzfristig jünger, dynamischer und frischer auszusehen.« Im selben Pressetext ist zudem vom Eindruck von mehr »Wachheit« im Aussehen die Rede, wenn es um die Ergebnisse von Schönheitsoperationen geht. Interessant ist, dass das Bedürfnis nach mehr Dynamik und Frische offenbar auch schon sehr junge Frauen haben, die gerade eben noch in der Pubertät steckten. Die Vorbilder kommen aus dem Internet. Immer mehr Influencerinnen auf *YouTube* oder *Instagram* präsentieren ein Leben in Faltenfreiheit, dazu Stupsnäschen und wohlgeformte Körperteile – und scheinen damit offenbar einen Nerv der Zeit zu treffen.

Tattoos – Stechen um herauszustechen

Die Körper der Einsamen müssen im Individualismus, so scheint es, nicht nur neu modelliert werden, um wieder glückvoll miteinander in Verbindung kommen zu können, sondern auch bemalt, verziert, geschmückt. Die Haut, die die Körper der Individualisten umgibt, sie ist längst entdeckt und bis in die letzten Beugen und Winkel ausgekundschaftet als eine Art organischer Leinwand, eine allzeit mobile Trägerschicht sozialer Botschaften. Die Zeichen, die sich nach Anerkennung und Wahrnehmung sehnen, werden mehr – wie es auch jene inzwischen allgegenwärtigen *Graffiti* werden, die wie verzweifelte Hilferufe laut und grell unsere Bahnhöfe und Unterführungen zieren oder die fensterlosen Hochhauswände in den Industriegebieten, die man bei einer Zugfahrt vorüberfliegen sehen kann.

Warum steigt die Zahl derer an, die sich ein Tattoo oder gleich mehrere stechen lassen? Geht es nur um Körperschmuck oder steckt mehr hinter dem Tattoo-Boom unserer Tage? Zu Zeiten von Alexis de Tocqueville oder Thorstein Veblen waren Tattoos für Seeleute und Kriminelle reserviert. Als gesellschaftliches Massenphänomen gibt es sie erst seit den 1990er-Jahren. Gegenwärtig geht man davon aus, dass mindestens jeder sechste deutsche Erwachsene und jeder vierte US-Amerikaner ein Tattoo oder mehrere trägt. Tattoos sind normal geworden, anzutreffen in allen Schichten und Milieus, bei Männern wie Frauen, unter Underdogs genauso wie unter schwerreichen Super-Prominenten. Aber warum auf einmal so viel davon?

Es mag überraschen, aber Tattoos sind keineswegs eine Erscheinung der jüngeren Kulturgeschichte. Sie sind sehr viel älter, fast so alt wie die Menschheit selbst. Tattoos gab es und gibt es in nahezu allen traditionellen Stammesgesellschaften – lange bevor sie der moderne Individualismus wiederentdeckt hat. Ursprünglich zeigen sie an, dass da einer in den Kreis der Erwachsenen aufgenommen ist. Ein Jugendlicher hat unter Schmerzen bewiesen, dass er nun ein richtiger Mann ist, ein Krieger oder ein Jäger, ein vollwertiges Mitglied der Gemeinschaft. Solche archaischen Tattoos zeigen eine lebenslängliche

Stammeszugehörigkeit an, freilich ohne dass die Betroffenen in ihren starren, hierarchisch organisierten Gemeinschaften die Wahl hätten, zu der schmerzhaften Prozedur des Stechens »Nein!« zu sagen. Heute sind Tattoos Ergebnis freier Willensentscheidung. Aber, zumal im Zeitalter der modernen Einsamkeit: Sind sie streng genommen nicht auch Notsignale des Ichs, Reaktionsweisen auf eine andere Art äußerer Zwang? Eine Art Druck, der nicht mehr von strengen Traditionen ausgeübt wird, sondern von der Haltlosigkeit, in die die moderne Freiheit uns gestürzt hat?

Heute werden Menschen nicht mehr gegen den eigenen Willen vom Stammesältesten zum Tattoo gezwungen oder gar in die engen Gewänder der Tradition gesteckt – um darin bis zum Ende ihrer Tage gehorsam wandeln zu müssen. Sie sind befreit vom Fremdzwang. Ihr Körper gehört ihnen. Wie einer auf die Welt kommt, ob er einmal ein großer oder kleiner Mensch sein wird, schön oder hässlich, darauf hat er keinen Einfluss, aber Tattoos und Körperschmuck geben ihm heute die Möglichkeit, selber zu bestimmen, wer er sein will und wer nicht.

Tatsächlich steht am Anfang der Idee, sich ein Tattoo stechen zu lassen, der Wunsch nach Unverwechselbarkeit: der, der ich bin oder sein möchte, soll durch das Tattoo klar werden; das Ich soll noch individueller, einzigartiger erscheinen. Ein gesteigertes Bedürfnis nach *Uniqueness* (Einzigartigkeit) regiere die meisten Tattooträger, hat die australische Psychologin Marika Tiggemann in ihren Forschungen herausgefunden. Tattoos betonen die eigene Individualität. Sie zeigen die Eigenart ihres Trägers nach außen, ja, sie sind Steigerungen der eigenen Individualität, oder, wie viele der Betreffenden meinen, vollendet sie erst. Es leuchtet ein, dass in jeder Praktik des sozialen Herausstechens oder von *Uniqueness* immer der Wunsch nach tiefer Gemeinschaft enthalten ist. Auch hier zeigt sich genau besehen: Der Wunsch nach Anerkennung der eigenen Besonderheit ist untrennbar verbunden mit jenem, dafür auch wertgeschätzt zu werden.

Die meisten Tattoo-Träger scheint es nicht weiter zu stören, dass sie sich an modischen Bildern orientieren, die vorgeben, wie die zeitgemäße »Individualität« übersetzt in einen individuellen

Körperausdruck auszusehen hat, und sich am Ende für kommerziell vorgefertigte »angesagte« Symbole entscheiden, die irgendwie »in« sind. Eine konfektionierte Individualität, die am Ende eigentlich eher verhindert, dass sich Individualität ausdrückt, als dass sie sie ermöglicht, eben das Paradox der »modischen Individualität«, es scheint nur ein Problem für Theoretiker zu sein, die über dieses Thema nachdenken, nicht aber für viele Tätowierte selbst. Im Gegenteil, eine »modischen Individualität«, so paradox der Begriff klingen mag, hat unbestreitbare Vorteile: Man ist nicht allein mit dem Individualitätsausdruck, der ja immer auch ein Wagnis ist und andere befremden könnte, sondern man reiht sich in eine Gemeinschaft ein und erfährt das stilistische Gruppenerlebnis als Schutz.

Schon Georg Simmel hat vor über hundert Jahren in seinen soziologischen Untersuchungen dieses vermeintliche Dilemma beschrieben. Seine Beobachtung: Den modernen Menschen drängt es nach mehr Individualität, aber er hat auch Angst vor dem »Statement« einer solchen »heroischen« Einsamkeit. Also sucht er Zuflucht in einem Stil, das heißt in einer allgemein gültigen tolerierten und modischen Inszenierungsform. »Was den modernen Menschen so stark zum Stil treibt«, schreibt er, »ist die Entlastung und Verhüllung des Persönlichen, die das Wesen des Stils ist. Die Individualität hat sich bis zum Umbrechen zugespitzt und in den stilisierenden Formgebungen liegt eine Milderung dieser akuten Personalität zu einem Allgemeinen: es ist, als ob das Ich sich doch nicht mehr allein tragen könne.« Aber egal, ob der angepeilte Ausdruck von »Individualität« durch das Tattoo gelingt, egal, was da genau unter »Individualität« verstanden wird, und egal auch, ob es tatsächlich eigener Ausdruck ist oder nur Fremdbilder sind, derer man sich bedient – entscheidend ist, dass zumindest der Idee nach Tattoos und Piercings Zutaten einer selbst gewählten Inszenierung sind: Man modifiziert den eigenen Körper so, wie man denkt, dass das »Ich« am besten zu Geltung kommt.

Ausschlaggebend für einen hohen Status sind bekanntlich vor allem Einkommen, Bildung, Berufsprestige und bestimmte Fähigkeiten – aber eben zu einem nicht unbeträchtlichen Teil auch die eigene physische Erscheinung. Der Vorteil ist, hier hat der einzelne Zugriff und Gestaltungsmöglichkeit. Eines der Hauptmotive sich tätowieren oder piercen lassen, ist der Versuch, die eigene Attraktivität zu steigern. Man will eine individuelle Wirkungssteigerung erzielen, eine Absicht, die im Grunde immer schon in der Idee des Schmucks enthalten ist. Georg Simmel hat 1908 einen wunderschönen Aufsatz zur *Psychologie des Schmuckes* geschrieben. Sein zentraler Satz lautet: »In dem Wunsche des Menschen, seiner Umgebung zu gefallen, verschlingen sich die Gegentendenzen, in deren Wechselspiel sich überhaupt das Verhältnis zwischen den Individuen vollzieht: eine Güte ist darin, ein Wunsch, den anderen eine Freude zu sein; aber auch der andere: dass diese Freude und ›Gefälligkeit‹ als Anerkennung und Schätzung auf uns zurückströme, unserer eigenen Persönlichkeit als ein Wert zugerechnet werde. Und soweit steigert sich das Bedürfnis, dass es jener ersten Selbstlosigkeit des Gefallen-Wollens ganz widerspricht: durch eben dieses Gefallen will man sich vor anderen auszeichnen, will der Gegenstand einer Aufmerksamkeit sein, die andere nicht zuteil wird – bis zum Beneidet werden hin. Hier wird das Gefallen zum Mittel des Willens zur Macht.«

Die Ambivalenz des Schmucks zwischen Ästhetik und Macht, sie besteht immer unauflöslich ineinander verschlungen in beidem. Schmuck verschönert den Menschen, und er drückt seinen Machtwillen aus, seine Positionierung im Oben und Unten des sozialen Raums. Zum einen will er ausdrücken: »Ich bin mächtiger als Du!«, entweder weil etwa ein Brillanten-Diadem ein hohes ökonomisches Kapital anzeigt, oder, materiell eher wertlos, einen hohen hierarchischen Rang, wie etwa der üppige Federschmuck eines Indianerhäuptlings. Oder er bedeutet Macht insofern, als er das Selbstbewusstsein seines Trägers ausdrückt, die hohe Bedeutung, die er sich selbst beimisst, indem er so das eigene Ich unterstreicht, die eigene Persönlichkeit gleichsam »vergrößert« – statt in Sack und Asche zu gehen.

Heute ist ein Stadium erreicht, in dem Tattoos als »Imposanz-Verstärker« längst den Mainstream erreicht haben. Und was dann geschieht, das kann man schon in der Fußball-Bundesliga studieren: Wo besonders viele damit unterwegs sind, verliert auch das Tattoo immer mehr von seiner Exklusivität anzeigenden Qualität. Wo alle »ein wenig« tätowiert sind, macht der Umfang der tätowierten Oberfläche den Unterschied. Aber auch nur solange, bis alle nahezu am ganzen Körper tätowiert sind. Das ist der Grund, warum man gerade in der Fußballwelt längst Spieler sehen kann, die Arme oder den Oberkörper insgesamt tätowiert haben, um herauszustechen – oder gar den ganzen Körper.

Extreme Selbstinszenierung

Tattoos und Körpermodifikationen sind extreme Formen des Ichs-Ausdrucks, denn sie sind nicht oder nur unter sehr hohem Aufwand revidierbar. Während Protestzeichen und modische Individualitäts-Accessoires in der herkömmlichen Modewelt kommen und gehen, abgestreift und neu angelegt werden, ist die Definierung des eigenen Körpers endgültig – zumindest der Idee nach. Das auch dann noch, wenn viele später diesen Schritt wieder bereuen und alles rückgängig machen wollen. Dennoch, die auf Dauer angelegte, unter Schmerzen erzielte Verbundenheit von Körper und Symbol ist das Hauptmerkmal dieser extremen Ausdrucksformen.

Tattoos sind »auf immer und ewig« eingeritzt, in den Körper eingelassen, unter Schmerzen gestochen. Sie sind drastische Zeichen. Wenn aber Selbstbilder nicht mehr allein durch wechselnden Jargon, Habitus, Kleidungs- und Lebensstil ausgedrückt werden, sondern durch unauslöschliche Formen, dann kann dies nur als ein Zeichen eines extrem gestiegenen Bedürfnisses nach Ich-Ausdruck und seiner sozialen Wahrnehmung gewertet werden. Die Not scheint groß zu sein, und damit auch die Bereitschaft, drastische Signale zu setzen.

Die Tendenz zu immer mehr *Body Modification* und Tattoos hat aber nicht nur etwas mit Wahrnehmungsnot und dem Wunsch nach neuer Wertschätzung zu tun, sondern, einmal mehr, mit Identität. Wer oder was bin ich? Wozu gehöre ich? In der alten Welt der Heimat ist Identität gratis. Heute muss sie sich der moderne Mensch selbst konstruieren – und dies überfordert viele. Tattoos sind einer jener Versuche, die Unsicherheit über die eigene Identität zu überwinden.

Als Identitätsfläche bleibt dafür im Zeitalter schwindender Gruppenidentitäten und Zugehörigkeiten nur noch das eigene Ich. Die Psychiaterin Aglaja Stirn, die über Motive von Tattoos und *Body Modification* geforscht hat, hat einmal den schönen Satz geschrieben: »Wir leben in einer Epoche, in der sich die Menschen zurückziehen: auf den Körper als Heimat.«

Es ist in der modernen bürgerlichen Gesellschaft die Mode, die als Identitätslieferant erst als Konkurrentin zur Tradition auftritt und sie schließlich an Bedeutung überflügelt. Mit ihren sich bald immer schneller abwechselnden angesagten Stilen gibt sie die Formen vor, nach denen man sich inszeniert und dadurch neue Identitäten ausbildet. Das Problem: Traditionelle Identität ist verinnerlicht, quasi mit der Muttermilch eingesogen. Moderne Identitätsformen bleiben dagegen oft nur äußerlich. Als Formen des Stils erreichen sie immer nur die Hülle oder Oberfläche, nicht oder kaum aber das innere Wesen eines Menschen. Tattoos und Piercings gehen tiefer, greifen direkt in den Körper ein, gehen, fast wie die alte traditionelle Identität, wieder richtig »unter die Haut«, modifizieren ihn bleibend und endgültig. Durch diese Beständigkeit schaffen sie etwas Vergleichbares wie die alte Identitätssicherheit – und erst dieses Körperverändernde macht das Tattoo zum genauso dauerhaften Element wie es die Persönlichkeit selbst sein will, der es nun zugeordnet und deren unauslöschlicher Teil es nun wird. Das traditionelle Tattoo war Ausdruck von Identitätsempfinden in archaischen Gesellschaften und versinnbildlichte eine regionale oder stammesgemäße Eigenart. Das moderne Tattoo dagegen ist Identitätsausdruck im »Do-it-yourself«-Zeitalter. Heute bin ich der, den ich aus mir mache. Was ich auf meine Haut einschreibe, wie ich mich definiere: Das bin ich.

Ausweitung der Geltungsblase

In einem Fernseh-Interview gab Barack Obama eine Antwort auf die Frage, was sich rückblickend in seinem Leben am stärksten verändert habe am Tag, als er sein Amt als Präsident der Vereinigten Staaten von Amerika antrat. Er erwiderte: »Von diesem Tag an lebte ich in einer Blase.« Er meinte damit, er habe von diesem Tag an seine Anonymität verloren, ganz egal, wo er sich aufhielt. Die Welt, die ihn umgab, sei stets schon zuvor von allem Möglichen bereinigt gewesen, bevor er sie betrat. Alle möglichen Gefahrenquellen wurden im Vorhinein entschärft, Besucher wurden vorsortiert, ausgesondert. Er beschrieb, wie er immerzu auf künstlichen Abstand gehalten wurde, wie alles vorgefiltert war, und nur das Erwünschte zugelassen wurde. Die ganz normale Interaktion mit Menschen veränderte sich, etwas Trennendes habe sich bald zwischen ihn und die anderen Menschen draußen in der Welt geschoben.

Nicht nur amerikanische Präsidenten leben in einer unsichtbaren Blase. Jeder Mensch tut es. Vielleicht ist die Blase des US-amerikanischen Präsidenten eine der größtmöglichen, die man sich vorstellen kann, dennoch hat sich im Individualismus die Blase, die auch jeden normalen Bürger umgibt, extrem vergrößert. Sie entsteht als eine neue, erweiterte Sphäre der eigenen Individualität und braucht scheinbar immer mehr Platz. Die Blase, die ihn umgibt, vergrößert sich gewissermaßen in dem Umfang, in dem der moderne Mensch sein Ich entfaltet und verwirklicht. Je mehr er dies tut, umso mehr bläht sie sich von innen heraus auf, wie ein Ballon, der mit Luft aufgepumpt wird – oder eben wie der Kugelfisch, der seine Umgebung beeindrucken und einschüchtern will. Die vergrößerte Blase trägt einem gesteigerten Geltungsbedürfnis des modernen Menschen Rechnung und ist gleichzeitig eine Art Abstandshalter zur Welt. Sie sichert den Vollzug des Selbstausdrucks nach außen und schützt vor der Störung desselben nach innen. Sie ist gleichermaßen eine Geltungs- wie Empfindungssphäre, sie hat eine Wirkungsdimension nach außen und zugleich nach innen. Und wo sie größer ist, empfindlicher und mehr Angriffsfläche bietet, werden nun Verletzungen viel eher und auch schon bei viel geringeren Irritationen gefühlt als in Zeiten mit engeren Schranken.

Man kann diese Blase eine Blase der individuellen Geltung nennen. Wenn man sich vorstellen will, aus welchem Material die Außenhülle dieser Geltungsblase sein könnte, dann nicht so wie bei einer Seifenblase. Deren Membran wäre viel zu leicht zu zerstören.

Angemessener ist es, sie sich als eine transparente Haut vorzustellen, denn sie ist empfindsam und robust zugleich. Man sieht die Welt da draußen durch diese durchsichtige Schicht hindurch, und die Welt kann durch sie hindurch immer auch zu einem hereinscheinen. Diese Außenhülle ist zwar widerständig und nur schwer zu durchstoßen, sie ist aber dennoch verletzbar, nicht zuletzt deswegen, weil ihr Umfang etwa im Vergleich zur Sphäre des Menschen der traditionellen Epoche enorm zugenommen hat – und dadurch schwerer zu verteidigen ist als ein viel engerer Panzer, der das Ich umgibt.

Genau genommen hat jeder Mensch mehrere Schichten solcher Geltungs- und Schutzsphären, die ihn umgeben. Da ist die Sphäre von Würde, Ehre und Respekt, die wir sozusagen mit der Geburt und qua unserer menschlichen Natur mitbringen. Aber da sind auch Autorität, persönliche Ausstrahlung, Charisma oder einfach nur Präsenz, die bei den einzelnen Individuen in ganz unterschiedlicher Ausprägung vorhanden sind. Diese Sphären umgeben den Einzelnen immer, sind eng verbunden mit seiner Persönlichkeit, egal in welchem sozialen Raum er sich bewegt.

Im Individualismus, so scheint es, trachten alle danach, diese Sphären größtmöglich auszubilden und sie so auch im sozialen Verkehr zu bewahren. Aber, indem jeder darauf bedacht ist, seine Sphäre zu vergrößern und unversehrt zu halten, gehen notgedrungen alle auf größeren Abstand zu den anderen. Ja, es scheint, als würden sich die vergrößerten Sphären gegenseitig abstoßen, wie unterschiedlich gepolte Magneten. Dementsprechend gestaltet sich eine Annäherung von Menschen mit großen und zugleich sensiblen Geltungssphären schwerer als von solchen mit enger gezogenen Grenzen. Wo aber viele mit solch vergrößerter Geltungssphäre unterwegs sind, in einer großstädtischen Gesellschaft etwa, in der viele aufgeblähte Individuen sich ballen und aufeinanderprallen, wird es bald eng, die Zwischenräume werden kleiner, die Gefahr der Kollision der Einzelsphären steigt, die Gefahr von sozialen Spannungsentladungen genauso.

Wenn man sich veranschaulichen möchte, was sich da genau vollzieht, vergegenwärtige man sich ein kleines Lokal, eine kleine heimelige Weinstube zum Beispiel, und stelle sich vor, ganz normale Gäste unterhielten sich zwanglos in dem nur spärlich gefüllten Lokal, darunter manche sogar, von denen man das Gefühl hat, als seien sie gar nicht wirklich anwesend, Menschen, bei denen man kaum merkt, dass sie wirklich da sind und die fast so wirken, als seien sie durchsichtig. Man stelle sich nunmehr vor, es handele sich um dieselbe Anzahl von Gästen, allerdings jetzt um Zeitgenossen, die sich am liebsten selber gerne reden hören, Lachsalven ausstoßen, eine polternde Art haben. Jeder dürfte solche Naturen kennen, die sich selber, gut individualistisch, für ziemlich wichtig halten und daraus keinen Hehl machen. Theaterintendanten fallen einem ein, TV-Moderatoren oder Filmschauspieler. Es muss sich dabei nicht um grandioses Charisma handeln, das sie verströmen, es reicht oft, dass man das Gefühl hat, solche Menschen brauchen unheimlich viel Raum.

Im fortgeschrittenen Individualismus dürfte es von der ersten Sorte immer weniger, von der zweiten dagegen immer mehr Exemplare geben. Denn im fortgeschrittenen Individualismus verfügen nicht nur vereinzelte Zeitgenossen über mehr Präsenz als andere, sondern das Präsenzvolumen auch des Durchschnittsmenschen hat sich enorm erhöht, jeder einzelne scheint mehr Raum für sein Ich zu fordern und einzunehmen. Mit einer fatalen Konsequenz: Ein Raum mit nur wenigen Individualisten wirkt schnell überfüllt, und schon wenige Anwesende reichen aus, um miteinander zu kollidieren. Es kommt viel eher und schneller zu Spannungen, Energieaufladungen, die abgeführt werden wollen. Wenn man noch ein Bild bemühen möchte, um das Szenario zu veranschaulichen, dann dieses: Stellt man sich nun die unsichtbare Geltungssphäre eines Menschen wie die Duftwolke eines Parfüms vor, dann kann man sich ausmalen, was passiert, wenn in einem engen Raum viele stark parfümierte Individuen aufeinander stoßen. Die Luft wird nicht nur schlecht, sondern es scheint, als entstünde ein explosives Gemisch, das sich jeder Zeit entzünden könnte.

In der modernen Massendemokratie sind solche Szenarien allgegenwärtig. Denn je mehr Individualisierung, desto weniger Raum herrscht zwischen allen Individuen, je mehr Selbstausdruck, Tattoo, Piercing, definierte Körpermasse und je mehr sonstige Formen aufgeblähten Ich-Ausdrucks vorherrschen, je mehr und eindringlichere soziale Geltungspraktiken ausgeübt und je massiver alle möglichen Ich-Botschaften im Raum flottieren, desto dicker wird die Luft, desto voller, ja, überfüllter der Raum.

Einst verhinderte die Beschränkung der individuellen Sphäre des Einzelnen durch die Normen traditioneller Gesellschaftsformen – bei aller Einsperrung des Ichs – die Kollision der Individuen. Und wie Georg Simmel in seiner *Soziologie des Abstands* ausführte, hängt tatsächlich alles Glück im Auskommen des Menschen mit Seinesgleichen von der richtig austarierten Nähe und Distanz ab. Heute gibt es viel Individualismus, viel Geltung, viel Drang und daher viel ungewollte Nähe. Man hat den Eindruck, das Ich wird dem anderen schnell aufdringlich. Nicht allein, weil der soziale Raum in den *Hotspots* unseres Alltagslebens ohnehin oft überbevölkert ist, sondern weil die, die da aufeinandertreffen, scheinbar viel mehr Platz benötigen als in Zeiten furchtsamer Bescheidenheit.

Die Individuen blähen sich heute auf, um wahrgenommen zu werden. Und um ihrer Einsamkeit zu entrinnen, rücken die aufgeblähten Individuen in der Massengesellschaft einander immer näher auf den Leib. Aber statt neuer erfüllender Gemeinschaft entsteht oftmals ein Zuviel an Nähe, eine für viele ungewollte Distanzlosigkeit. Anstatt sich zu verbinden, stößt man sich eher ab. Und anstatt verbindlich zu wirken, wirkt man abstoßend.

Im Gedränge der Aufgeblähten

In der modernen Gesellschaft ist immer öfter auch von Grenzen die Rede. Vor allem von Grenzziehungen und noch mehr von Grenzverletzungen – und von einem offenbar immer häufiger gefühlten Tatbestand, für den man das Wort »übergriffig« erfunden hat. Überall hört man es, am Arbeitsplatz, in nahezu allen Abhängigkeitsverhältnissen, erst recht zwischen den Geschlechtern. »Übergriffig« ist ein Modewort für Verhaltensweisen, die zu weit gehen. Offenbar immer häufiger wissen viele nicht mehr, wo ihre Grenzen sind und überschreiten sie, dringen ein in die »territoriale Integrität« der anderen.

Und umgekehrt fühlen alle subjektiv immer öfter, dass Grenzen, die sie umgeben, von anderen überschritten werden, ob dies nun objektiv zutrifft oder nicht.

Übergriffig nennt man es, wenn einer in die Privatsphäre eines Menschen eindringt, ohne dass dieser dazu sein Einverständnis gegeben hätte. Die neue Übergriffigkeit in der modernen Gesellschaft bezieht sich dabei auf Verhaltensweisen und Handlungen. Es gibt darüber hinaus aber auch eine Form von Übergriffigkeit, die früher beginnt. Sie ist heute allgegenwärtig, weil sich nicht nur die Geltungsblase, die den modernen Individualisten umgibt, immens vergrößert hat, sondern genauso die Blase des Empfindens und daher die innere Grenzpolizei schon viel eher bei Verletzungsgefahr Alarm schlägt.

Aufdringlichkeit nennt man eine der leichteren Vorformen von Verhaltensweisen, die der Grenzverletzung vorausgehen. Aufdringlich, wenn auch in abgeschwächtem Maß, kann ein starkes Parfum sein, zu viel Make-up, ein lautes Organ, das jemand beim Reden erschallen lässt, das Zuviel und das Zustark an individuellen Signalen, die einer aussendet, ganz generell. Der Aufdringlichkeit der Körper hat der Sozialphilosoph Aurel Kolnai 1929 einen eigenwilligen Essay gewidmet. Er hat über den Ekel geschrieben und ihn als eine Nähe definiert, die nicht gewollt ist und auf die wir mit Abwehr reagieren. Abscheu könnten viele Dinge auslösen, führt er darin aus, nicht zuletzt auch der menschliche Leib. Er fragt seine Leser: »Wie viele Menschen erfasst nicht ein gewisser Ekel, wenn sie in der Straßenbahn mit anderen zusammengepfercht werden, oder wenn sie sich auf einen ›vorgewärmten‹ Stuhl setzen müssen? Es besteht eine normale Neigung zum Ekelhaftfinden des Leibs, etwa dort: wo ›der Leib‹ gerade als solcher hervortritt und andringlich wird, sich allzu stark ›spüren‹ lässt.« Das ist bei der direkten ungewollten Berührung der Fall, es beginnt aber schon weit früher. Wo viel Individualität herrscht und diese durch allerlei Inszenierungsformen des Körpers ausgedrückt wird, entsteht im sozialen Raum schnell ein Stau sozialer Signale, die für den Sender womöglich befreiend, für andere Anwesende jedoch zunehmend unangenehm empfunden werden.

Selbst dann, wenn die Betreffenden nur für sich sind und rein objektiv einen sozial üblichen Abstand zu den anderen wahren. Oder um in der Straßenbahn zu bleiben: Wohl jeder neu eingestiegene Fahrgast würde sich für einen Sitz in der Umgebung eher unauffälliger Mitreisender entscheiden, als inmitten einer Gruppe geltungssphärisch schwer aufgeblähter Selbstoptimierter Platz zu nehmen, die vor Lifestyle-Kompetenz, *Winner*-Mentalität und Sex Appeal fast aus den Nähten platzen, selbst oder erst recht dann, wenn sie allesamt frisch geduscht dasäßen und sich nur halbwegs zivilisiert benähmen.

In den individualisierten Gesellschaften, wo alle Vereinzelten wahrgenommen werden wollen, herrscht heute ein ungemein großes »symbolisches Gedränge«, eine neue gestiegene Sensibilität für den Empfang, aber auch die Penetranz symbolischer Signale. Wo es so eng wird, braucht es bald eine »Ethik der Abwendung«. Der Grazer Philosoph Peter Strasser hat sie geschrieben. Der Titel seiner Schrift lautet schlicht *Umdrehen und Weggehen*. Er legt damit eine Anleitung vor, wie es dem modernen Menschen gelingt, Soziallagen zu entkommen, die ihm zu sehr zusetzen. Er liefert für alle, denen es im dichten Gedränge der Selbstbezogenen zu voll geworden ist, einen Wegweiser zu einem Notausgang, der für all diejenigen bestimmt ist, die unversehrt bleiben wollen.

Das Fazit lautet, in der modernen Gesellschaft der einsamen Individualisten wird in die Selbstdarstellung massiv investiert. Das Selbst im Individualismus wird ausgestülpt, das Ich vergrößert, gestrafft, geschmückt und beduftet, die Geltungsblase maximal aufgepumpt. Symbolischer Individualitätsausdruck, der Wunsch nach mehr sozialer Bedeutung, die dieser Einzigartigkeit entspricht, ist das eine Motiv, das andere nicht weniger wichtige: Es geht um mehr Wertschätzung, die einem von seinem sozialen Umfeld entgegengebracht wird oder werden soll.

Dem liegt offenbar ein gestiegener Wunsch nach mehr sozialer Wirkung zugrunde. Aber dieser entsteht nicht im luftleeren Raum. Er wächst im Klima einer von vielen empfundenen zunehmenden individuellen Bedeutungslosigkeit in der Gesellschaft. Es ist tatsächlich eine frühe Beobachtung der im 19. Jahrhundert entstehenden

Wissenschaft der Soziologie, dass der Mensch in der Moderne mehr und mehr unsichtbar wird. Und wenn nicht das, so scheint es das Urerlebnis der demokratischen Massengesellschaft zu sein, dass sich der Einzelne als grau, unbedeutend, als ein Nobody fühlt und darunter leidet. Der, der ich schon bin, der scheint erst einmal ungenügend zu sein. Ich muss erst jemand werden, um wirklich ich selbst zu sein. Das ist die gängige Selbstwahrnehmung. Heute folgen Tätowierungen, Piercings oder auch der Kult um die persönliche Fitness allesamt der Idee, aus sich und dem eigenen Körper »etwas zu machen«. Tattoos, *Body Modification* und alle anderen Formen von äußerlichen Ich-Inszenierungen kann man mindestens so sehr als sozialpsychologische Appelle verstehen wie als Ausdrucksformen von Selbstverwirklichung. Sie sind Zeichen einer tief empfundenen sozialen Isolation und dafür, dass sich die Einzelnen nicht mehr oder nicht mehr genug in ihrer Individualität wahrgenommen fühlen und sich daher nach Kräften bemerkbar machen.

Sowohl also im vermehrten Statusstreben als auch in der Individualisierung des Körperausdrucks, viel allgemeiner formuliert, in der Tendenz zu Betonung und Hervorkehren von immer mehr »Singularität« kommt neben der sozialen Absetzung immer auch ein Wunsch nach neuer und stärkerer Verbindung zum Ausdruck: der Wunsch anerkannt und wahrgenommen zu werden, letztendlich der Wunsch sich mit anderen zu verbinden. Man will dafür wertgeschätzt, akzeptiert und angenommen werden, gemocht werden dafür, wer man ist, wie einzigartig man ist. Noch zugespitzter: Statusstrategien und ihre sozialen Praktiken sind, genau besehen, immer auch Kompensationsformen von sozialer Isolation. Die Frage, die sich daran anschließt, muss lauten: Geht die Rechnung auf? Werden durch all die Kompensationsstrategien wirklich mehr soziale Anerkennungserlebnisse erzielt, die die Isolation durchbrechen? Am Ende der ganzen Inszenierungswut kommen Formen heraus, die den Einzelnen zwar von den anderen absetzen, aber gleichzeitig die anderen eher vertreiben, als für einen einzunehmen. Mag sein, dass der moderne Mensch seine Distinktionsnot dadurch erleichtert, aber seine Isolation dürfte sich eher noch verschärfen.

Kapitel 4

Der Sozialcharakter des Individualisten

Listen, the most Important that's me!

Donald Trump

Wonnen des Abweichens – Konsensaversion und Widerstandsidentität

Individualismus und Kapitalismus sind unzweifelhaft die beiden großen Potenzen unserer Zeit, die mit maximaler Wirkungskraft auf die Seele des modernen Menschen einwirken. Wie sieht der Sozialcharakter aus, die Physiognomie des Menschentyps, in der sich diese weltbestimmenden Kräfte gleichsam personifizieren? Für Max Weber stand am Ende der Entwicklung des abendländischen Rationalismus die soziale Apokalypse in Gestalt jenes berühmten Zombies, den er in der Schlusspassage seiner »Protestantischen Ethik« den »Fachmenschen ohne Geist, Genussmenschen ohne Herz« genannt hat. Das war vor über hundert Jahren. Und heute? Wie sieht der Sozialcharakter des modernen Individualismus aus?

Sein Ich auszudrücken, im Sprechen, Handeln, im schöpferischen Tätigsein und im ganzen Lebensstil hat sich seit den Frühzeiten des europäischen Individualismus grundlegend geändert. In den frühen Tagen schien es, als sei offen zu äußern, was man denkt, fühlt und will, der einzige und wahre Sinn der neuen Geistesströmung, die man Individualismus nannte. Heute ist das anders. Es reicht längst nicht mehr aus, in sich hineinzuhören und dann der Stimme, die sich regt, angemessen zu einem Ausdruck zu verhelfen. Aufgrund der gewaltigen Konkurrenz an unzähligen anderen individuellen

Lebensentwürfen ist der Ich-Ausdruck heute vor allem immer zugleich ein Sich-Absetzen vom Ich-Ausdruck der anderen. Ich zu sein, das heißt immer auch, anders zu sein als die anderen. Das Ich in der individualisierten Masse ist permanent davon bedroht unterzugehen. Es gibt im Getümmel der modernen Gesellschaft so viele Individualisten, dass das einzelne Ich nur allzu schnell überhört und übersehen wird. Der Individualist heutiger Tage reagiert darauf und entwickelt Strategien des Auffallens, die seine Chancen auf Wahrnehmung erhöhen sollen, in seinen Habitus übergehen und seinen Charakter formen.

Eine ausgeprägte prinzipielle Widerstandsidentität ist das Charaktermerkmal des individualistischen Hybriden, der sich scheinbar nur dann wohlfühlt, wenn er als Solitär in der Brandung der Gesellschaft steht. Er braucht den Gegenwind, um sich zu spüren – wie die Luft zum Atmen. Sich spüren kann er nur, wenn er gegen den Stachel löckt. Die Verlockung des Ausscherens ist für den modernen Individualisten umso größer – zumal er dafür in der modernen demokratischen Gesellschaft kaum noch nennenswerte Sanktionen zu befürchten hat, ja, jede Form von Devianz von ihm regelrecht gefordert zu sein scheint, um seine Mission zu erfüllen. Die Verlockung ist sogar so groß, dass er auch noch bei absoluten Gemeinplätzen allzu gerne nach Gegenpositionen forscht, sie bald auch findet und vertritt, solange ihm auch nur ein paar wenige Gehör schenken. Um individuell sein zu können, werden für ihn auch noch die scheinbar abwegigsten inhaltlichen Positionen attraktiv. Der Individualist will nicht akklamieren, ihn regiert vielmehr eine ausgeprägte Konsensaversion, ein starker Vorbehalt gegen alle Formen von diskursiver Einmütigkeit. Der Konsens ist ihm ein ungeliebtes Gelände, und je vernünftiger eine Einmütigkeit erscheint, desto stärker scheint sich sein Widerstand zu regen. Man hat manchmal den Eindruck: *Quer* ist im Individualismus der Gegenwart wichtiger als zu *denken*. Ja, mehr noch, unbequem ist stets genehm.

Die *Originalitätssucht* als Pandemie des individualistischen Zeitalters ist stärker auch als die gemeinsame Suche nach dem richtigen Handeln. Zu gelten ist wichtiger als zu argumentieren. Dies führt etwa im politischen Diskurs unserer Tage dazu, dass es immer wieder Politiker, Journalisten und allerlei besonders kluge Köpfe gibt, die dem inneren Druck nicht widerstehen können, sich durch randständige, extreme, ja, teilweise völlig abwegige Haltungen und Debattenbeiträge größtmögliche Aufmerksamkeit zu sichern. Dazu zählen rechtspopulistische Querköpfe wie etwa der Schweizer Journalist und Chefredakteur der »Weltwoche« Roger Köppel, der sich »liberal-konservativ« nennende Publizist Roland Tichy oder auch der Tübinger Oberbürgermeister Boris Palmer, den man schon den Thilo Sarrazin der Grünen genannt hat – allesamt erprobte Provokateure, deren einträgliches Tagesgeschäft es geworden ist, über ihre Medienkanäle immer wieder Thesen aus dem rationalen Grenzbereich zu verbreiten, um im Handgemenge der schnelllebigen Aufmerksamkeitsdemokratie wenigstens für die Dauer einer Talkshow herauszuragen, in die sie dann prompt eingeladen werden.

Gehört zu werden, sich irgendwie zu profilieren, ist wichtiger als die Aussage. Das ist das Wesen des Querdenkers, und das war es schon vor fünfundzwanzig Jahren, als dieses Unwort zu einem modischen Prädikatssiegel avancierte, mit dem sich alle schmücken wollten. Der Querdenker ist es heute wieder – in einer Zeit, in der es immer mehr geistig entgleiste Selbstdarsteller sind, die sich unter diesem Decknamen in dieser und anderen populistischen Bewegungen zusammenfinden und sich lautstark bemerkbar machen. Individualismus, so die Erkenntnis, stimuliert den Narzissmus, der immerzu in jedem schlummert. Er lässt den Individualisten immer wieder auch noch die ganz hell beleuchteten Pfade der Vernunft verlassen, selbst dort, wo die Lage eindeutig ist und Einträchtigkeit geboten wäre, Solidarität und Zusammenhalt.

In der zeitgenössischen Publizistik, die sich heute auch auf die genannten Kanäle im Internet bezieht, lässt sich denn auch längst eine strukturell identifizierbare, immer wiederkehrende Methode ausmachen, geht es um die »allmähliche Verfertigung der Gedanken« beim Sprechen und Schreiben. Das erste, was so einer spürt, ist eine ganz persönliche Allergie gegen einen Gemeinplatz, eine Selbstverständlichkeit. Das Ressentiment, das sich regt, wird zur Quelle des publizistischen Arguments – und bleibt es bis zum Ende der »Beweisführung«. Da auch ohne weitere Recherche feststeht, was am Ende herauskommt, geht es nur noch darum, der eigenen Hypothese bereits vorgefertigte Schablonen anzulegen und sie dadurch abzusichern. Bei dieser impulsiven Verfertigungstechnik wird ein Stoff nicht wirklich ergebnisoffen erörtert, sondern der gefühlte Anfangsverdacht wird nachträglich mit allerlei Material angefüllt, bis man meint, seinem inneren Auftrag Genüge geleistet zu haben.

Viele gemütsgesteuerte Gesellschaftskritiker in der Geschichte der deutschen Publizistik sind so vorgegangen. Ihre Liste ist lang, sie reicht von Karl Kraus bis zu Henryk M. Broder. Ein Paradetyp dieser neuen Art sich nachhaltig bemerkbar zu machen, ist der erfolgreiche Kolumnist Jan Fleischhauer. Sein Schreiben ist nicht Ausfluss eines gelenkigen Geistes, der mit einem gerüttelt Maß an Urteilskraft begabt ist, sondern, wie bei all den anderen Meinungsindividualisten, reiner Affekt. Affekt und Meinung sind aber zweierlei. Meinung ist verstandesgefiltert, Affekt nicht. Eine Art zu schreiben begegnet einem da, die immer unverdaut ist und nicht zu Ende gedacht. Die nach außen drückende Aversion gegen alles, was irgendwo sozial und ökologisch sinnvoll erscheint, ist die einzige Antriebskraft, und Argumente lassen sich bekanntlich für alles finden. Stets ist es die Gegenposition, die ihn, wie alle, die queren Sinnes sind, reizt, auch wenn man sie an den Haaren herbeiziehen muss. Wirklich tragfähige Kritik folgt nie einer beliebig einsetzbaren instrumentellen Vernunft, die sich gegen alles drehen und wenden lässt, was ihr gerade in den Kram passt, sondern ist am Ende immer moralisch orientiert – und zwar an der Idee einer humanen Gesellschaft. Das ist hier anders, ein übergeordneter Wert jenseits der eigenen Eitelkeit ist nirgendwo erkennbar.

Ganz ähnlich orientiert im Geiste ist der ehemalige Fernseh-Entertainer und Kabarettist Harald Schmidt, der einst die Technik, eine Pointe zu setzen wie kein Zweiter beherrschte, dessen Bühnenkunst über die ganzen Jahrzehnte hinweg dennoch niemals irgendeine Wirkung jenseits der *Punch Line* erzielte, weil sein Sarkasmus immerzu ethisch vollkommen orientierungslos blieb. Als Zuschauer wusste man in den wohl dreißig Jahren seiner Präsenz im deutschen Fernsehen immer detailliert wogegen, nie wofür der Mann eintrat. Auch hier gilt: Das Ich ist höher bewertet als das Argument – mit dem moralischen Straftatbestand einer fortwährenden Unterlassung. Nie wird das Faule oder Falsche kritisiert, um für das Richtige und Gute zu kämpfen, sondern nur, weil und wenn es irgendwelche komischen Qualitäten in sich birgt, die sich satirisch ausschlachten lassen. Das mag im Unterhaltungsformat durchgehen, in der politischen Kritik wird es zum Sündenfall.

Ein anderes Beispiel für die Allmacht der individualistischen Profilierungssucht im medialen Diskurs, die direkt demokratiegefährdend wird, ist die Unbeliebtheit von *Common Sense* in Fragen der öffentlichen Moral. Auch hier scheint es so zu sein: Der Einzelne wird unruhig und hibbelig, wenn er sich nicht bemerkbar machen kann. Sobald sich heute etwa in einer politischen Diskussion zwischendurch einmal alle einig sind, kommt sicher der Moment, wo einer auch gegen die größte Einhelligkeit anläuft. Der Tabu-Bruch als Massenphänomen ist ein schon in die Jahre gekommenes Thema. Schmierereien, Hakenkreuze, Obszönitäten haben immer schon den Sinn gehabt, Grenzen auszuloten und für die Betreffenden Ventil für einen Disziplinierungsdruck zu sein, den ihnen die Gesellschaft abverlangt. Gerade bei Jugendlichen kann man diese Strategien studieren, denn sie gehören zum normalen Prozess des Heranwachsens. Das ist in der Pubertät normal und fast immer verzeihlich, und man könnte gelassen bleiben. Neu ist jedoch, dass sich auch erwachsene Individualisten immer öfter solcherart regressiv verhalten. Das hat mit dem Zeitgeist der Aufmerksamkeitsdemokratie zu tun, der Grenzübertritte nicht nur toleriert, sondern sie immer wieder zu fordern scheint und besonders kühne besonders prämiert.

Moral Bashing

Eines der Lieblingsthemen, an denen sich die schärfsten der heutigen Impulskritiker abarbeiten, ist die Ökologie. In weiten Teilen der Öffentlichkeit regiert hier heute eine modisch gewordene, lustvoll zelebrierte Fahrlässigkeit im Umgang mit vernünftigen Standards, derer sich viele auch dann befleißigen, wenn die Moral, die man angreift und lächerlich machen möchte, nicht etwa doppelbödig, sondern ganz und gar berechtigt ist. Ein Beispiel. Vor der großen Corona-Krise verging kein Tag, ohne dass man wieder einmal durchdiskutierte, was man von der »Fridays for Future«-Bewegung halten soll. Unter den Gegnern, die bald von Hysterie und religiöser Überhöhung sprachen, setzte sich dabei bald ein scheinbar unschlagbares Argument durch: die Klimaschützer disqualifiziere, dass sie im Namen der Moral anträten. Man war sich einig, der moralische Zeigefinger geht gar nicht.

Querdenken und *Moral Bashing* ist eine Lieblingsbeschäftigung der neuen Individualisten, beides garantiert offenbar Erfolgserlebnisse der besonderen Art – und jede Menge Applaus auf den Foren des Populismus. Die Freitagsproteste der Jugendlichen in den Schulen werden verspottet, in der Debatte sogar mit den Kinderkreuzzügen verglichen. Man konnte gar das Argument vernehmen, Kinder seien ja auch schon vom Nationalsozialismus instrumentalisiert worden. Auch ginge es gar nicht um den Klimaschutz, sondern darum, Menschen zu etwas zu zwingen, was sie nicht wollten, ihnen Verhaltensvorschriften zu machen.

Autoren solcher Statements sind Menschen, die sich gegen eine neue »Bevormundung« entrüsten, gern auch gegen »Gängelung«. Einflussreiche Journalisten gehen soweit und sprechen von einem neuen grünen »postmodernen Illiberalismus«, der bei uns um sich greife. Von Entmündigung ist oft die Rede, von »Einschränkung der bürgerlichen Freiheit« gar. Auch außerhalb von Redaktionsbüros hört man bis heute, es gebe in Deutschland »Denkverbote«, mehr noch: »keine echte Meinungsfreiheit« mehr. Entsprechend wird allerorten das Ende von »Denkverboten« inklusive Aussprecherlaubnis des angeblich Verbotenen gefordert. Konkret geht es darum, endlich frei von der Leber weg sagen zu dürfen, dass man Klimaschützer für alberne Kaulquappen-Nummerierer hält, Bürgerkriegsflüchtlinge für latent schwerkriminell, Juden sowieso, dass Homosexuelle krank sind und die Europäische Union genauso – und zwar von Grund auf.

Ein eigenartiger Wunsch verbirgt sich hinter der Auflehnung gegen die angeblichen »Redeverbote«. Es ist der Wunsch nach verantwortungsfreier Ungebremstheit, nicht nur in der Rede, sondern in der Mobilität, im Verbrauch und Konsum, im Grunde in jeder Form der Selbstentfaltung.

Kaum einer fragt einmal, was das höhere Gut sei. Die Freiheit, jeden Unsinn, jedes schädliche Statement aussprechen zu dürfen, oder von der menschlichen Gabe Gebrauch zu machen, da zu schweigen, wo einem der eigene Verstand einflüstert, es wäre besser so. Es gibt in der freien Demokratie keine »Denkverbote«. Was es aber gibt, sind Hemmungen in den meisten Menschen, die sich öffentlich äußern, die sie davor bewahren Schädliches auszusprechen, was man besser für sich behält. Eine Art verinnerlichter Filter reguliert das und garantiert dadurch einen für die demokratische Zivilgesellschaft überlebenswichtigen Grundstandard an politischer Sitte und öffentlicher Debattenkultur.

Auch lachen möchte der Individualist, der sich nicht den Mund verbieten will, worüber er will. Auch hier lässt er sich keine Vorschriften machen. Man witzelt daher nur allzu gerne über Sozialpolitiker, über Ökologen sowieso und gerne über Greta Thunberg. Man macht sich lustig über die »Panikmache« in der Corona-Krise oder beim Klimaschutz und über jede Form von Moral in der Politik. Der verbreitete anti-moralische Reflex in der Politik hat dabei eine schon lange Geschichte. Am Anfang wurde er von Kritikern aktiviert, denen es vor lauter Gesinnungskitsch und Betroffenheitskult zu bunt wurde. Die Kritik hatte ihre Berechtigung. Aber irgendwann wurde es zu einem Gemeinplatz, überhaupt jede Moral des richtigen politischen Handelns zu verurteilen. Und schon bald war unterschiedslos alles von Übel, was politisch korrekt sein wollte. Seinen Anfang nahm das Unheil der Ächtung jeder moralischen Kategorie etwa in Büchern wie jener *Anleitung zum Unschuldigsein*, die der spätere Verleger des Rowohlt-Verlags Florian Illies 2001 veröffentlichte – einem damals von vielen höchst komisch empfundenem Buch, das eine eigenartige Botschaft verbreitete: auf moralisches Verhalten zu pfeifen – wie es sich bei der Mülltrennung zeigt oder im Verzicht Tropenholz zu kaufen –, sei maximal cool. Das Buch war eine pseudohumoristische, im Grunde aber völlig unkomische neoliberale Anleitung zur kollektiven Verantwortungslosigkeit, zugleich ein Befreiungswerk für einen neuen, ungebremsten Individualismus, der sich auch noch seiner letzten sozial verantwortlichen Stützen entledigt hatte, eine Heiligung einer selbstbezogenen Weltsicht als Lebensentwurf, damit Pamphlet einer ganzen Generationenkohorte, die man später Hipster nennen sollte.

Was dabei völlig unterging: *Political Correctness*, also die Moralisierung vor allem der politischen Sprache, ist im Kern immer legitim, weil sie, wird sie sinnvoll angewandt, eine zutiefst soziale Wirkung erzielt: Sie appelliert an jeden einzelnen, sich genauer zu überlegen, was man da von sich gibt, oft ohne dass es einem wirklich bewusst ist. Es geht darum zu vermeiden, dass Minderheiten diskriminiert, gekränkt und benachteiligt werden – auch wenn sich manches längst im Sprachschatz verfestigt hat.

Die Idee der *Political Correctness* ist im Kern nach wie vor etwas durch und durch Humanes und Wertvolles. Aber schon früh konzentrierten sich viele darauf, sie als überzogen zu diffamieren oder gar als illegitimes Instrument, die eigene Meinungsfreiheit einzuschränken. Schon anfangs der Neunziger war der Begriff eindeutig negativ konnotiert. Er wurde zum Schimpfwort für überkorrekte moralinsaure Erbsenzähler und sogenannte »Tugendtyrannen«. Und heute? Selbst wenn man zugesteht, dass man es mit der Korrektheit an der ein oder anderen Stelle übertrieben hat, eine Frage bleibt dennoch: Warum macht es eigentlich so vielen so viel mehr Freude, über all ihre Auswüchse zu schimpfen als über ihre Berechtigung, ihren guten Sinn und Zweck? Warum lässt man sich von der äußerlichen Abneigung leiten, anstatt gemeinsam Verantwortung zu übernehmen? Die Antwort kann nur sein: der Profilierungsdruck unter all den selbstbezogenen Diskutanten ist so stark geworden, dass man an die Grenzen dessen geht, was vernünftig und korrekt ist, und manchmal eben auch darüber hinaus.

Politische Moral – und nicht etwa ihr Missbrauch – ist für eine Demokratie etwas Wertvolles, das ist das schlichte Fazit. Sie verinnerlicht gewissermaßen Handlungsprinzipien und lässt Vernunft instinktiv werden. Moral in der politischen Auseinandersetzung ist nicht lässlich, sondern, auf die richtigen Handlungsziele ausgerichtet, ganz und gar wichtig und notwendig. Dabei ist immer klar: Wer sich moralisch gibt, macht nicht automatisch alles richtig. Aber Moral kann ein starker Motor sein, eine zuverlässige Erinnerungshilfe, das Richtige zu tun. Diese fundamentale Einsicht scheinen heute viele ihrer Kritiker dem Zeitgeist geopfert zu haben, der erst das Ich heiligt – und dann die Moral.

Techniken der Selbsterhöhung – Arroganz und Überheblichkeit

Die gegenwärtige Epoche des Spätindividualismus scheint eine Tyrannei des Abwegigen zu regieren, die im Dienst vor allem eines Wertes steht: der Lust an der Einzigartigkeit des eigenen Ichs. Dazu passt, was die soziologische Theorie über die Gegenwartsgesellschaft zutage fördert. Nicht allein zum »Single« verurteilt den modernen Menschen unsere Epoche der Vereinzelung immer häufiger, sondern auch zur »Singularität«. Zuletzt hat der Soziologe Andreas Reckwitz in seinem Buch *Die Gesellschaft der Singularitäten* ganz zutreffend den Zug der Individuen nach sich abhebender »Besonderheit« als die große Triebkraft unserer Zeit beschrieben. Mit dem Effekt, dass nur noch »Besondere« in einer Gesellschaft unterwegs sind, die nichts mehr zu verachten scheinen als das Gewöhnliche. Diese Einsicht folgt in der Analyse augenscheinlich Pierre Bourdieu und dessen Distinktionslehre der Individuen in modernen Gesellschaften. Wo sich der moderne Mensch nur einordnet, unterordnet und mit anderen verbindet, fühlt er sich in der individualistischen Epoche nun bald nicht mehr wohl, sondern sein Selbstwert scheint sich so sehr zu verkleinern, dass er alles daran setzt, den Unterschied zu betonen: Erst was ihn besonders macht, absetzt, unterscheidet und »distinguiert«, hätte Bourdieu gesagt, scheint ihn zu befriedigen. Nur so scheint er sich selbst zu verwirklichen und seinem Leben Sinn zu verleihen. Der moderne Mensch sucht das Besondere, wieder und wieder, in ganz individuellen Erlebnissen, die nur er absolviert, in seltenen exquisiten Genüssen und außergewöhnlichen Erfahrungen, die nur ihn schmücken sollen, in Lebensläufen, die sich vor allem in ihrer Exotik von anderen unterscheiden, an Qualität, Intensität, Wertigkeit. Wenn er sich zu persönlichen Attributen bekennt, dann bewegen sich die Selbstzuschreibungen stets im Extrem. Der moderne Individualist will hocherfolgreich sein, er ist hochsensibel und hochbegabt sowieso. Er sucht das Besondere, um seine eigene Besonderheit zu unterstreichen, man könnte auch sagen: um sie vor aller Augen unter Beweis zu stellen.

Dabei ist die Beobachtung jener ersten Einzigartigkeit, auf die einer bei der Suche nach seinem eigenen Ich stößt, noch ganz und gar berechtigt. Tatsächlich, wer sein Ich entdeckt, entdeckt sich wirklich bald als etwas Besonderes. Denn dieses Ich, wie jedes andere, ist einzigartig auf dieser Welt. Wenn also einer sagt, »Du denkst wohl, Du bist etwas Besonderes!«, dann stimmt das schlicht – und man muss sich heute längst nicht mehr dafür schämen. Dennoch steckt in diesem Satz mehr als nur diese banale Wahrheit. Es steckt darin die Vermutung, dass derjenige, an den dieser Satz adressiert wird, aufgrund irgendeines persönlichen Verhaltens auf den anderen so wirkt, als denke er tatsächlich von sich, »etwas Besseres« zu sein, mehr wert als andere, über diese gestellt, zu Höherem berufen. In dem Satz steckt der Vorwurf einer illegitimen Selbstüberhöhung. Und dieser Vorwurf hat etwas ganz und gar Zutreffendes, denn im modernen Individualismus neigt beinahe jeder zu der Annahme, er sei etwas Besonderes und meint damit: etwas Besseres.

Aber der Anspruch, besonders zu sein, schreit unaufhörlich nach der Vorlage realer Beweise in der Lebensführung und verlangt einen Lebensstil, der für jeden sichtbar ausdrückt, dass die Betreffenden dieses Attribut auch verdienen. Um als besonders zu gelten, versucht der moderne Mensch, seine ganze individuelle Originalität hervorzukehren, im Aussehen, im Verhalten, in der Rede. Der Druck ist enorm, und die Gefahr, dennoch inmitten all der Nicht-Besonderen unterzugehen, ist groß. Also greift er nur allzu schnell auch zu

Mitteln, die sich in der Grauzone der Legitimität bewegen, um dem gewünschten Eindruck nach Kräften nachzuhelfen.

In der individualisierten Gesellschaft ist soziale Anerkennung ein knappes Gut. Beinahe jeder kommt sich notorisch verkannt vor, zu groß ist der Run, zu viele sind unterwegs. Jeder sucht die Bestätigung durch die anderen, gleichzeitig geizt die Gesellschaft der Selbstbezogenen gegenseitig mit Aufmerksamkeitsgesten, obwohl oder gerade weil es alle danach dürstet. Wem dieser Geiz widerfährt, der kommt sich schlecht behandelt vor, zurückgesetzt, nicht gewürdigt. Der moderne Mensch setzt also seine ganze Energie ein, um an diese seltenen Anerkennungsmomente zu gelangen. Weil diese aber so oft ausbleiben, gibt er bald der Versuchung nach, die Selbsterhöhung, nach der er strebt, selbst vorzunehmen. Eine Selbsterhöhung ist dies, die nicht durch die Anerkennung anderer erzielt wird, sondern durch *Autopoiese*, die umso einseitiger ausfällt, je weniger echte Resonanz er erhält. Man nennt diese Form der selbst vollzogenen Selbsterhöhung Arroganz, altdeutsch: Hochmut. Hochmut ist so etwas wie eine eigenmächtig vorgenommene Wertsteigerung des Ichs mit hoher sozialer Signalwirkung, denn sie ist auch äußerlich sichtbar, in der Körperhaltung, in Gesten und Gebärden und der sprichwörtlich hoch gereckten Nase. Hochmut ist dadurch nicht nur eine Charaktereigenschaft eines bestimmten Menschen, sondern zugleich eine zur Schau getragene Erinnerungshilfe für die anderen nicht zu vergessen, dass sie diesem verkannten Individuum jede Menge Ehrbezeugung und Ansehen schulden.

Um in der individualistischen Ära auch dann zu Erfolg zu kommen, wenn die Ressourcen, die einer mitbringt, und die Erfolgserlebnisse im Vergleich mit den anderen nicht ausreichen, aktiviert der in Not geratene Individualist unbewusst eine Art der Selbstwertreserve. Wenn sich der Erfolg nicht einstellt, dann bleibt dem modernen Individualisten immer noch, sich selbst aufzuwerten. Er macht sich nach innen »unanfechtbar«, wie Aurel Kolnai in einem Essay über den Hochmut aus dem Jahr 1931 ausführt. Er züchtet in sich Überlegenheitsgefühle, die nicht mit einer Leistung, sondern mit seinem Wesen zusammenhängen. Das hat den Vorteil, dass die positiven Gefühle nie in die Gefahr geraten können, durch negative Realerfahrungen in der Außenwelt widerlegt zu werden: Hochmut zu entwickeln ist eine Strategie der Selbststärkung, die sich nicht mehr dem Risiko auszusetzen braucht, im unliebsamen Wettbewerb mit anderen zu verpuffen, sie ist sozusagen krisensicher. Hochmut ist eine Überlebensstrategie und eine Art vorauseilende Rettungsaktion des grandiosen Ichs, indem sich der Selbstwert in Gefilde verlagert, die unanfechtbar sind – in den innersten Kern individuellen Menschseins.

»Sich für etwas Besseres zu halten« wird von einer Sünde zu einem Erfordernis, um im radikalen Individualismus mithalten zu können. Man könnte auch sagen, zu einem fast schon defensiven Akt, den Selbstwert zu erhalten. Hochmut ist daher eine ganz und gar typische Charaktereigenschaft des Individualismus. Das wird deutlich, wenn man ihn vom Stolz absetzt. »Es scheint sich demnach so zu verhalten«, schreibt Kolnai, »dass Stolz in dem Maße in Hochmut übergeht, als an Stelle der objektiven Werte die Betontheit des eigenen Selbst als höchster Wertverkörperung tritt.« Und an anderer Stelle noch deutlicher: »Der Stolze genießt den Lichtglanz, der von seinen Wertsachen ausgestrahlt wird und auf ihn zurückströmt; der Hochmütige lebt in sich selbst als Lichtspender.« Wo alles aufs Ich ankommt, muss dieses Ich strahlen. Und tut es dies nicht oder nicht genügend, hilft man nach und macht selber Licht oder zumindest mehr Licht, als da ist.

Auch für Georg Simmel sind innere, die Persönlichkeit des Einzelnen betreffende Veränderungen eine direkte Folge des modernen Geistes. Wie dieser in das Charakterkostüm des modernen Menschen eindringt, darüber hat er in seiner *Philosophie des Geldes* geschrieben: Wo der Mensch zum Geldmenschen wird, verändert sich sein Charakter. Blasiertheit und Zynismus seien die beiden Eigenschaften, zu denen, so Simmel, der Mensch des Geldes neigt. Je mehr einer davon hat, je mehr es ihn bestimmt, desto ausgeprägter sind diese Eigenarten, beobachtet er. Blasiert ist ein Wort des 19. Jahrhunderts, man würde heute eher »überheblich« oder »hochnäsig« sagen, im Französischen versteht man unter einem blasierten Menschen einen satten Typen, der zu keinen Empfindungen mehr fähig, der abgestumpft, erfroren oder abgebrüht ist, an den nichts mehr herankommt. Da er nur in den Kategorien des Geldes denkt und für Geld alles haben kann, sind dem Blasierten alle (auch die ideellen) Werte letztlich gleichgültig geworden. Wer alles haben kann, bewundert nichts mehr, ja, er verliert bald vor allem und jedem jede Form der Ehrfurcht, Demut und Andächtigkeit, die die Voraussetzung dafür ist, einen liebenden Zugang zur Welt zu finden.

Zynisch ist die völlige Gleichgültigkeit, mit welcher der Simmel'sche Geldmensch der Welt begegnet. Alles zieht er herab, kein Wort steht ihm höher als das andere, kein Wert steht ihm höher als der andere, sondern alle erscheinen ihm gleich nieder. Alles wird abgewertet, nur auf den Geldwert reduziert – andere Werte scheinen nicht zu existieren, und wenn doch, dann sind sie für ihn nicht relevant. Der Zyniker, so Simmel, offenbare sein Wesen am deutlichsten im Gegensatz zum sanguinischen Enthusiasten. »Während bei diesem die Kurve der Wertbewegung von unten nach oben geht und er auch niedere Werte zu der Bedeutung der höheren zu heben strebt, ist sie beim Zyniker umgekehrt gerichtet: sein Lebensgefühl ist erst adäquat ausgedrückt, wenn er die Niedrigkeit auch der höchsten Werte, den Illusionismus der Wertunterschiede theoretisch und praktisch erwiesen hat. Dieser Stimmung kann nichts wirksamer entgegenkommen als die Fähigkeit des Geldes, die höchsten wie die niedrigsten Werte gleichmäßig auf eine Wertform zu reduzieren und sie dadurch [...] auf dasselbe prinzipielle Niveau zu bringen.« In der Relativierung zur Gleichgültigkeit der Werte, ja, in ihrer Abwertung, zeigt sich der Zyniker wie der Blasierte als Nihilist, wenn auch auf höchstem finanziellen Niveau. Das Geld macht ihn endlich einsam, weil er unter seiner Herrschaft das soziale Gefühl verliert, das erst Gemeinsinn zu stiften vermag – und letztlich ohne wirkliche Verbindung unbeteiligt wie unberührt neben Seinesgleichen steht.

Selbstüberschätzung als Strukturproblem

Jeder Imitation wohnt das Wissen inne, dass man spielt, während man imitiert. Die, die sich der Verwandlung unterziehen, wissen genau, dass sie simulieren. Wer sich dagegen selbst überschätzt, hat dieses Wissen weitgehend abgeschüttelt und glaubt, dass er ist, wer oder was er vorgibt zu sein. Sich und die eigenen Fähigkeiten zu überschätzen, ist unter Menschen etwas Verbreitetes, ja, man kann sogar sagen, nicht nur etwas ganz Normales, sondern, wenigstens im mäßigen Umfang, etwas durch und durch Legitimes. Im fortgeschrittenen Individualismus jedoch wird es zu einem Strukturproblem des sozialen Miteinanders.

Der englische Philosoph Bertrand Russell schrieb einmal den Satz: »Der Hauptgrund für die Schwierigkeiten liegt darin, dass in der modernen Welt die Dummen vollkommen sicher sind, während die Intelligenten voller Zweifel sind.« Er bezeichnete mit dieser Einschätzung eines paradoxen Sachverhaltes im Kern, was später als Dunning-Kruger-Effekt nicht nur bekannt, sondern auch wissenschaftlich bestätigt wurde. Menschen mit weniger Kompetenzen neigen dazu, das Ausmaß ihrer Inkompetenz nicht zu erkennen und dabei ihre Fähigkeiten zu überschätzen, während sie bei anderen überlegene Fähigkeiten nicht erkennen konnten. Dieser Effekt kognitiver Verzerrung, so bedauerlich er für die Welt- und Selbsterkenntnis der Betroffenen auch sein mag, hat einen immensen Vorteil für die Stabilität des Selbstwertgefühls des Massenmenschen in der individualisierten Moderne: Er flüstert ihm zuverlässig ein, besser, fähiger und kompetenter zu sein, als er in Wahrheit ist. Und wer möchte nicht solch ein Kompliment hören?

Auch wer im Prozess des intensiven Suchens und Findens, Verwirklichens und Erhöhens des Selbst nicht wirklich fündig wird, wer also nicht die nötige Kompetenz mitbringt, die seinem Ich Genüge leistet und ihm die Sicherheit vermittelt, eine ganz besondere Persönlichkeit zu sein, braucht nicht zu verzagen. Denn mittels dieses Effekts gelangen auch völlig durchschnittliche Aspiranten an das ersehnte Erfolgsgefühl. Was noch fehlen sollte zur Annahme der eigenen Grandiosität, wird durch Autosuggestion erledigt. Der Dunning-Kruger-Effekt ist sozusagen ein psychischer Entlastungstrick auch für weniger Bemittelte, um die angepeilte Grandiosität, die im Individualismus zum Pflichtgefühl wird, zu erreichen. Der Individualismus neigt dazu, in jedem Einzelnen eine Art kleinen Größenwahn in Gang zu setzen. Jeder glaubt an das Große in sich. Jeder sucht dieses Große oder ganz Besondere und meint, es warte nur darauf, erweckt zu werden. Wenn Selbstüberschätzung eine menschliche Schwäche ist, die für fast alle zutrifft, dann wird der Einzelne im Individualismus zu ihr geradezu genötigt. Wenn Dummheit definiert werden kann als Unfähigkeit, die Grenzen der eigenen Intelligenz zu kennen, dann verleitet die individualistische Epoche die Dummen weit mehr als jede zuvor dazu, sich für gescheit zu halten.

Einen Bestätigungsfehler, im Psychologen-Englisch *Confirmation Bias*, nennt man in der Kognitionswissenschaft die Neigung Informationen so auszuwählen, dass all das, was ich erwarte oder mir auch nur wünsche, über kurz oder lang scheinbar auch bestätigt wird. Diese Neigung zur Realitätsverzerrung kennzeichnet in einem bestimmten Umfang wahrscheinlich alle Menschen, nicht nur solche, die an einer schweren Wahrnehmungsstörung leiden. Überträgt man dieses erstmals vom englischen Kognitionsforscher Peter Wason beobachtete Phänomen auf Prozesse der Konstruktion und Reproduktion dessen, was man eine ausgeprägte individualistische Identität nennt, dann lässt sich bald ein Verhaltensmuster erkennen, das man heute überall antrifft: Zur Vergrößerung und Stabilisierung des eigenen Selbstwerts werden immer öfter Informationen ausgeblendet, die ihn gefährden würden, und solche selektiert, die bestätigend wirken. Was den Selbstwert schwächen könnte, wird ignoriert, kleine oder nur scheinbare Erfolgsmeldungen dagegen nicht nur begrüßt und umgehend eingemeindet, sondern überbewertet.

Heute liefern viele Social-Media-Plattformen längst auch die technischen Möglichkeiten, sich in einer Welt einzurichten, in der man nur die Informationen bekommt, die die eigene Weltsicht stützen und andere Sichtweisen verhindern. Man abonniert, was einem passt, ignoriert, was dagegen spricht. Das betrifft zunächst Informationen über die Welt da draußen. Was Fakt ist, was Realität und was nicht, ist in der multimedialen Online-Demokratie längst nicht mehr eindeutig. Heute ist die Informationslage, verbreitet etwa in den Rundfunknachrichten, nicht mehr unstrittig, sondern davon abhängig, welchen *News Channel* man abonniert hat. In den USA ist die Entwicklung noch fortgeschrittener als bei uns. Früher gab es da Walter Cronkite, heute gibt es viele *News Channels*, die alle mögliche Weltsichten bedienen. Kein öffentlich-rechtliches Nachrichtenprogramm, das der Ausgewogenheit und Neutralität verpflichtet ist, scheint mehr zuverlässig zu entscheiden, was richtige, wahre Nachrichten sind und was *Fake News*, sondern selbst bei ganz und gar objektiven Daten entscheide ich selbst, was mir in den Kram passt und was nicht. Dieser Effekt lässt sich aber nicht nur dort beobachten, wo es sich um Informationen handelt, die die Welt betreffen, sondern auch dort, wo es darum geht, die eigene Ich-Konstruktion intakt zu halten. Echoräume und Filterblasen sorgen dafür, dass immer weniger der störenden Informationen den Weg zu diesem Ich finden, das sich hinter einer Mauer des Schweigens verschanzt hat, sondern nur noch, was der Sichtweise entspricht, auf der es errichtet ist. Das führt dazu, dass der moderne Mensch seine Ich-Konstruktion auch dann noch aufrechterhalten kann, wenn er längst allen Grund dafür hätte, sie auf den Prüfstand zu stellen oder sogar für gescheitert zu erachten und der Realität neu anzupassen. Die Hoffnung, auch auf die individuelle Weltherrschaft, stirbt, wie jede Hoffnung, bekanntlich zuletzt. Aber es scheint, sie lebt heute noch etwas länger als in früheren Zeiten, als Menschen noch keine so panischen Ängste davor hatten, zwischendurch einmal von ein paar unliebsamen Fakten korrigiert und auf den Boden der Realität zurückgeholt zu werden.

Grundkurs in Geschmeidigkeit

Individualismus bedeutet immer, sich abzusetzen von der Herde. Der vereinzelnde Effekt durch Abgrenzung gehört zu seiner Wirkungsweise. Man könnte daher annehmen, der moderne Individualist, der so sehr seinem Ich gehorcht, sei nicht besonders auf sozial-verträgliches Verhalten aus. Das aber trifft nur für ganz wenige zu, die entweder zum Eigenbrötlertum neigen oder tatsächlich unerschütterliche Exzentriker sind, die ihren Individualismus ganz und gar ernst nehmen und ihn auch dort noch ausleben, wo sie die anderen dadurch maximal befremden. Der durchschnittliche Individualist jedoch will für seine Art wertgeschätzt werden. Das führt dazu, dass er eine Form des individualistischen Ausdrucks wählt, die bei den anderen ankommen will. Aber gleichzeitig will er seine ganz egoistischen Erfolgschancen im Wettbewerb nicht aufs Spiel setzen. Eine Gratwanderung. Dieses Ziel erreicht nur, wer die Kunst des gelungenen Auftritts beherrscht, die Kunst, sympathisch zu erscheinen und gleichzeitig sich effizient zu vermarkten, kurz: wer geschmeidig ist.

Geschmeidigkeit ist ein Modewort unserer Zeit, und, wie es scheint, zugleich die Kardinaltugend der individualistischen Epoche. Alle wollen nach oben. Aber nur die wirklich Geschmeidigen kommen dort an. Die Früchte dieses Zeitalters kann nur ernten, wer geschmeidig ist, durch und durch. Es ist am Ende eine moralische Frage, ob man ein solches Auftreten Verrat an allen echten Formen von Individualismus nennen mag oder nur eine Methode, das wahre Ich unversehrt zu halten.

Diese neue Geschmeidigkeit ist ein merkwürdiges Wort, man nimmt es fast nur augenzwinkernd in den Mund. In seiner Kernbedeutung bezeichnet es etwas unerhört Angenehmes. Auf einer zweiten Ebene aber konnotiert es etwas Befremdliches, das ihm erst durch den noch neuen Gebrauch als eine wünschenswerte soziale Qualität zuwuchs: In dem Begriff schwingen Noten des Schmierigen mit, es ist ein Wort so rutschig wie eine feuchte Seife. Eigentlich meint es ja weich, elastisch, dehnbar. In der sozialen Geschmeidigkeit wiederum ist alles enthalten, was man unter einem gelungenen Sozialverhalten subsummieren könnte: Spontanität, Flexibilität, Mobilität – der Geschmeidige ist ein flinker Typ, geschickt und wendig. Einen »fast thinker« hätte Pierre Bourdieu ihn genannt. Im Grunde ist Geschmeidigkeit jedoch der modisch gewordene Begriff für eine neoliberale Sekundärtugend, auf die es heute so sehr wie noch nie anzukommen scheint. Wer auf sie rekurriert, meint durchweg – obwohl nie direkt und offen über diese Funktionen gesprochen wird – geeignet zu sein, die individualistischen Gebote zu erfüllen, ihre Ideale und Ziele durch eine soziale Anpassungsleistung zu erreichen.

Wer geschmeidig ist, ist der beste Player im Wettstreit der Selbstbezogenen. Man ist, wer man ist, und verdirbt es sich dennoch mit niemandem. Man scheint sich treu zu bleiben und hat doch die besten Karten schnell vorwärtszukommen. Früher einmal, als das Harte, Widerständige seinen eigenen Ort hatte und in höherem Ansehen stand als heute, hätte man den Geschmeidigen auch einen veritablen Opportunisten genannt. Heute ist diese Form einer charmanten Charakterlosigkeit Voraussetzung eines individualistischen Erfolgsentwurfs. Nie war es so wichtig wie heute, geschmeidig zu sein. Ob im Berufsleben oder nach Feierabend.

Eigentlich ist die Aufgabe kaum lösbar, so zu sein. So etwas wie die Quadratur des Kreises. Es ist irrsinnig schwer geschmeidig zu sein, weil es nicht weniger als der Natur des Menschen widerspricht. Ist nicht der Mensch immer auch ein von Grund auf wechselhaft gestimmtes Wesen, immer wieder einmal zerknirscht oder ganz und gar stachelig? Lange durfte er das auch sein. Zumindest den überwiegenden Teil der Zeit über. Heute, so scheint es, kann er sich das nicht mehr leisten. Sobald der Mensch der Gegenwart seine Behausung verlässt, muss er top gelaunt sein, Frische versprühen, smart und sympathisch erscheinen.

Geschmeidig sein, das heißt zunächst einmal: erfüllt von positiven Gefühlen. Positive Gefühlszustände rund um die Uhr, auch wenn sich viele innerlich dagegen wehren – ihrer gilt es teilhaftig zu werden. Gut drauf zu sein ist in der Welt der Einsamen ein Diktat, eine Verpflichtung, eine Stimmungsoption ohne Alternative, denn gut drauf zu sein, ist ein Zeichen dafür, dass einem das selbst gewählte Leben in hehrer Isolation gelingt, dass es so verläuft, wie man es möchte, dass man es steuert, kontrolliert und im Griff hat. Lockerheit und Lässigkeit sind die Vorstufen dazu – und auch sie ein Muss für jeden Geschmeidigkeitsanwärter. Man kann sie beide idealtypisch etwa in TV-Magazinen studieren, die zu Uhrzeiten ausgestrahlt werden, an denen dem modernen Menschen die geforderte gute Laune noch am schwersten fallen dürfte, in aller Herrgottsfrühe. Morgens um sechs Uhr, wenn andere Menschen gerade noch ihren letzten Albtraum verscheuchen oder sich zerwühlt und gerädert von einer entsetzlichen Nacht prüfend im Wandspiegel ihres Badezimmers besehen, sitzen die Geschmeidigen schon prächtig gut gelaunt auf ihren gemütlichen bunten Sofas in Köln, Berlin, Melbourne oder Washington D.C. Sie kalauern und knuffen sich zärtlich in die Rippen, dass man neidisch werden könnte. Auch der mit der Sportberichterstattung beauftragte Kollege moderiert lässig, gerne im aufgeknöpften Tramperhemd und Sneakers, frei und ungezwungen in der Art, in der man sich sonst nach dem zweiten Bier auf dem Campingplatz bewegt. Die Moderatoren machen es vor. Heute gilt es immerzu, gelassen zu sein, innerlich ausgeglichen, harmonisch, gebalanced, happy, *hygge,* mit sich im Reinen, dazu anderen gegenüber achtsam und stets »im Hier und Jetzt«. Und dann sollte man auch noch humorvoll erscheinen. Das ist ziemlich viel und gar nicht mal so einfach.

Leben im Spätindividualismus regiert ein absolutes Leichtigkeitsgebot: Alles muss augenzwinkernd sein – und irgendwie witzig: die *Spiegel*-Überschriften sowieso, das *WhatsApp*-Motto, die Grußkarte, das Klingelschild, alles, nur nicht unlustig rüberkommen, sondern immerzu beschwingt, luftig, flüchtig, weich und lau. Das Schwere im Leben ist heute verpönt.

Der Schweizer Philosoph Joseph Hanimann hat 1999 einen Essay darüber geschrieben, wie es in der Moderne tabuisiert und ausgegrenzt wird – und sich doch nie wirklich verziehen will, weil es zum Menschen gehört. Das Schwere im Menschen, die Schwermut, düstere-traurige Niedergeschlagenheit und Bedrücktheit zählen heute mehr denn je zu den verdächtigen Zuständen, passen nicht mehr in die Zeit, sowenig wie das Trauervolle, In-sich-Versunkene, Melancholische, aber auch das Ruhelose, Zerstreute, ganz und gar Unentspannte, es hat keinen Ort mehr in einer Gesellschaft der allzeit Geschmeidigen. Denn all diese Zustände, auch wenn sie zu einem normalen Menschenleben gehören, sind heute Ausweis eines gescheiterten Lebens. Wer will schon so ein Leben führen?

Wirklich gelassen, das ist im Grunde keiner, und es doch zu sein, ist heilige Pflicht. Gelassenheit in allen Lebenslagen und zu jeder Zeit, sie ist dem modernen Individualisten aufgetragen, und doch so schwer zu erringen. Gelassenheit ist keine innere Gabe. Das wissen die, die sie sich mühsam erarbeiten müssen – auf Workshops und langwierigen Sitzungen beim Therapeuten. Vielleicht weil sie selbst so viel Einsatz erfordert und den Leistungsbereiten auch hier belohnt, gilt sie als Beweis einer erfolgreichen Lebensführung. Gelassenheit ist ein Fetisch, den alle verehren, ausnahmslos. Kein Wunder, dass man aus ihrem Stoff, wie der Autor Wilhelm Schmid, ganze Bestseller schreiben kann, denn alle wollen gelassen sein. Aber wer ist es schon? Tatsächlich kommen nur wenige in diesem Traum- oder auch Endzustand des gelungenen individualistischen Lebens an.

Der Zeitgeist hält den modernen Menschen rund um die Uhr an zu kämpfen und sich völlig zu verausgaben, aber die Performance, die am Ende herauskommt, soll vollkommen »tiefenentspannt« erscheinen. Emotionale Simulation wird zum letzten Ausweg, den angepeilten Erfolg in einer Welt zu erringen, die unser Ego ständig zur Unruhe anhält, zur Anspannung, zu Veränderung und Verbesserung, als sei, was wir erreicht hätten, nie genug. Nur, diese Unruhe darf keiner merken, sie wird verborgen unter einem undurchdringbaren Panzer aus Geschmeidigkeit, der in Wahrheit das von Natur aus ganz und gar zappelige Ich gefangen hält – und es nicht mehr loslässt.

Diktatur der öffentlichen Gefühle

Die Tendenz zur Geschmeidigkeit wirkt so sehr in das Alltagsleben des modernen Individualisten hinein, dass er heute zu dem Gedanken neigt, er schulde den anderen seine positiven Gefühle und müsse sie andauernd offenbaren. Kein Wunder, denn Individualismus ist nicht nur eine geistige Angelegenheit, sondern eine emotionale. Der echte Individualist empfindet nicht nur tausend wertvolle Gefühle, sondern er steht zu ihnen. Sie gehören zu seinem Ich, das er niemandem vorenthält.

Gerade bei Sportlern, wenn sie Triumphe erringen, kann man das gut studieren. Wenn etwa einer in der Fernsehübertragung nach dem Zieleinlauf noch ganz außer Atem vor dem Mikro steht, will der Reporter schon wenige Sekunden später wissen, wie das nun genau sei, den Sieg errungen zu haben, die Trophäe in den Händen zu halten oder die Goldmedaille – und das bringt dann die Siegreichen nahezu ausnahmslos dazu, umgehend und formatgerecht intensive Gefühle zu mobilisieren. »Wahnsinn!«, stammeln oder brüllen sie dann ins Mikrofon, während ihnen der Reporter ermutigend zunickt. Es sei ein überwältigendes Gefühl hier zu stehen, man könne das gar nicht beschreiben. Oder sie sagen: »Ich bin überglücklich und kann das alles gar nicht fassen!« Formeln, die der Zuschauer wie der Sportler selbst anderswo auch schon hundertmal gehört hat. Gefühle am Berg, in der Steilwand, in der Tiefe des Meeres, im ewigen Eis, in der ewigen Wüste, Grenzerfahrungen, Nahtoderfahrungen, Glücksrausch. Der moderne Mensch will Triumphe des Individualismus sehen, egal, wie viele es davon wirklich gibt. Genauso ist es bei den unzähligen *Castingshows* im Fernsehen, dem Format, das die ganz Unerbittlichen unter den Individualisten belohnt, vorausgesetzt man setzt sich den wirklich harten Prüfungen aus. Bei der Freude übers Weiterkommen, genauso wie bei der Enttäuschung beim Ausscheiden oder Gemobbt werden durch die Konkurrenz – immer hat man den Eindruck, als ob hier Retortengefühle reproduziert werden. Es gilt, die Dramaturgie des legitimen Emotionsausbruchs zu beherrschen. Hier kann man es lernen: wie man sich zu freuen hat und wie man ins zusammengeknüllte Papiertaschentuch schluchzt, wenn man bei der Endausscheidung rausfliegt. Das Lernziel ist immer dasselbe: glaubwürdig unbeschreibliche Gefühle zu zeigen, egal, ob man sie spürt oder nicht.

Der Individualist ist ein Emotionstyp. Das auch, weil er Emotionen, und besonders die intensiven, nach denen ihn so dürstet, in der kalten Realwelt längst nicht mehr erntet. Was tun? Man holt sie sich im Netz. Man erhält und versendet sie nun übers Smartphone, in den sozialen Medien, bei *WhatsApp*. Man grüßt alle, die einem da begegnen, herzlich oder mit allerliebsten Grüßen, verschickt ausnahmslos an alle den obligatorischen Smiley und erhält selber pausenlos Herzensbotschaften. Nichts ist halbherzig, alles ist überschwänglich, alles ist zu viel in dieser Welt. In beide Richtungen. Es regieren oft mehr Ausrufezeihen als Wörter, der Lach-Smiley, der Tränen lacht, so die Autorin Cosima Schmitt in einem *Zeit*-Essay, den sie überschrieb mit *Das Ende der Zwischentöne*, würde anscheinend weitaus häufiger gewählt als der, der nur leise grinst. Feedback-Kommentare bei online-Käufen klingen wie kleine Liebesbriefe, man hat den Sound im Ohr: Alles ging suuuuuperschnell, Daaaaanke! Die Autorin beklagt den Mangel an Zwischentönen in einer Online-Welt, die in der Simulation der Überschwänglichkeit die reale denkbar krass konterkariert. Warum bewerfen sich moderne Menschen mit so viel Herz im Netz? Es hat wohl mit dem gestiegenen Druck der Selbstpräsentation zu tun. Obwohl eigentlich Neid das Grundgefühl der *Facebook*-Gesellschaft sei, wie die Soziologin Hanna Krasnova herausgefunden haben will, will man mit allen Mitteln großmütig, gönnerhaft und sympathisch erscheinen und übersüßt präventiv jede Kommunikation. Außerdem glaubt der zeitgemäße Online-Individualist felsenfest daran, andernfalls in der Datenflut unterzugehen, wenn er nur normal freundlich oder normal kritisch auftritt. Es geht erneut darum, sich in dieser anonymen, aber nichtsdestotrotz sehr geräuschvollen Welt von Herzen bemerkbar zu machen, um wiederum neue von Herzen kommende Verbindungserlebnisse auszulösen. Und scheinbar werden nur noch die ganz schrillen Töne gehört. Sich auch in der Herzlichkeit von den anderen abzuheben, ist das Ziel, obwohl die Möglichkeiten dazu längst ausgereizt sind und die Strategie gar nicht mehr verfängt, weil in der üblichen Ausrufezeichen- und Emoji-Inflation sowieso alle so unheimlich lieb zueinander sind.

Dilemma des Narzissmus

Der US-amerikanische Soziologe Richard Sennett hat schon vor fünfundzwanzig Jahren in seinem Buch *Verfall und Ende des öffentlichen Lebens* eine scharfe Anklage über die *Tyrannei der Intimität* in den westlichen Gesellschaften verfasst und die These formuliert, dass der Narzissmus die protestantische Ethik von heute sei. Narzissmus, also die überzogene Selbstliebe, wird in der politischen Theorie, in der Ethik und Tugendlehre seit der griechischen Antike immer schon verurteilt, weil sie den Gegenpol zu jedem Gemeinsinn darstellt, ja, jede politische Gemeinschaft insgesamt herausfordert und gefährdet.

Dennoch muss man fragen, ob nicht auch der Narzissmus ein ambivalentes Phänomen ist. Mit Sicherheit lässt sich behaupten, ein gesundes Selbstwertgefühl ist für jeden Menschen nützlich, ja, unabdingbar, um überhaupt ein brauchbares Mitglied einer politischen oder demokratischen Gemeinschaft sein zu können. Sich selbst zu lieben, selbstbewusst zu sein, sich in seinem Selbstwert anzuerkennen und in sich die Entdeckung zu machen, dass man ein ganz einzigartiges und wundervolles Geschöpf auf Erden ist, ist Teil des gelungenen Erwachsenseins. Die Entdeckung: »Ich bin etwas ganz Besonderes« – sie hat nicht nur ihr Recht, sondern ist eine Grundbedingung dafür, sich selbst und dadurch auch andere achten und lieben zu können.

Psychologen sagen, das Problem entsteht, wo der Hang zur Selbstliebe übersteigert ist – und zwar in einem auffälligen Extrem: sich und die eigenen Fähigkeiten zu überschätzen, das ist erst einmal ein psychologisch normales und daher weitverbreitetes Phänomen. Nur, wo diese Verzerrung eklatant wird, liegt eine Persönlichkeitsstörung vor, die sich vor allem in einer permanenten Selbstüberschätzung und der Annahme unbegrenzter Omnipotenz äußert, in einer Ich-Bezogenheit, die stets bewundert sein will, die wenig Raum für das Mitgefühl mit anderen zulässt, die nicht zuhört, sondern nur von sich und der eigenen Grandiosität spricht – und von dieser Annahme ableitet, immerzu eine Sonderbehandlung zu verdienen. Die Frage ist: Fördert unsere Gesellschaft oder die »individualistische Lebensordnung« den übersteigerten narzisstischen Typus?

In der Psychologie geht man davon aus, dass sich gerade narzisstische Persönlichkeitsstörungen schon in der frühen Kindheit ausbilden, und zwar in solchen Mutter-Beziehungen, in denen es für das Kind keine zuverlässigen emotionalen Bindungen gibt. Es lässt sich aber auch sozialpsychologisch argumentieren, dass eine Gesellschaft, die unaufhörlich Leistungen des Ichs prämiert, eine Ideologie der Leistungsethik hervorbringt und dadurch indirekt Narzissmus fördert: Wenn es nur auf mich ankommt in diesem Wettrennen, wenn ich ein *Winner* sein soll, dann muss mein Ich größer, besser und stärker sein als das der anderen. Das bedeutet aber, dass in der modernen Gesellschaft eine neue Art von Ethik in Gang kommt, die das Ich heiligt und gerade deswegen auch diejenigen prämiert, die über ein eindeutiges Zuviel an gesundem Narzissmus verfügen.

Immerwährende und alle Lebensbereiche durchziehende Geschmeidigkeit ist das typische Charakterkostüm des modernen Menschen, dessen ganzer Habitus vor allem davon geprägt ist, soziale Machterlebnisse zu erzielen, aus dem täglichen Wettbewerb wieder und wieder als Gewinner hervorzugehen. Dieses Streben nach Erfolg wird aber verborgen, denn erst so erhöht man seine Chancen wirklich. Geschmeidigkeit ist eine wirkungsmächtige Sozialstrategie, die hinter einer Fassade von Pseudoformen wie Nettigkeit, Toleranz, Offenheit, Emotionalität und guter Laune ganz andere Eigenschaften überdeckt, wie bohrenden Ehrgeiz, absolute Erfolgsorientierung, Zielstrebigkeit, Ellenbogenmentalität und Machtwillen, die einem allesamt im Wettbewerb der Individuen zugutekommen. Die Erfahrung lehrt nur: Die beschriebenen Ziele lassen sich in diesem Gewand viel besser erreichen, als einfach nur offen und ehrlich zu sein. Der Geschmeidige hat sich in den idealen Wettbewerbshabitus eingehüllt, er ist derjenige Sozialcharakter in den demokratischen Gegenwartsgesellschaften mit den größten Chancen, sein individuelles Wollen effektiv »zielführend« durchzusetzen. Je geschmeidiger, je anschmiegsamer und rutschiger dieser Charakter des modernen Menschen, desto eher gewinnt er das Rennen, aber desto eher vereinsamt er auch dabei. Er will gefallen, um zu gewinnen – und um sich mit anderen zu verbinden. Das Dilemma: Die Rechnung geht für den Geschmeidigen nur teilweise auf. Mag sein, dass er imponiert und sich durch seinen Auftritt Anerkennungserlebnisse sichert. Die Wertschätzung, die er genauso anpeilt, erfährt er indessen kaum oder gar nicht. Der Geschmeidige ist zwar durch und durch vom Wunsch durchdrungen, für andere attraktiv zu sein und sich für sie zu empfehlen, erreicht aber meist nur das Gegenteil. Sein Streben nach Geschmeidigkeit bringt ihn in eine neue Konkurrenz zu den anderen anstatt in eine neue Form der Verbindung, in der man sich gegenseitig anerkennen oder gar wertschätzen würde, mit dem folgenreichen Resultat, dass er seine Isolation, bei allem wirtschaftlichen Erfolg, verstärkt, anstatt sie hinter sich zu lassen. Wirklich echte Freunde vertreibt er durch sein Auftreten. Das ist der Preis, den er für seinen Erfolg bezahlt, denn Geschmeidige können kaum gute Freunde sein.

Individualismus ist ein Projekt rund um die Uhr – und bald eingelassen in den Charakter des modernen Menschen. Der Einzelne individualisiert sich so umfassend und tiefgreifend, dass er immer schwerer erreichbar wird – und selber kaum noch den anderen erreicht.

Kapitel 5

Scheitern und Resignation

Allein zu sein! Drei Worte leicht zu sagen,
und doch so schwer, so endlos schwer zu tragen.

Adelbert von Chamisso

Hoffnung und Enttäuschung

Der Philosoph Max Stirner war ein ungestümer Mann. Wie viele seiner Gelehrtengeneration ausgestattet mit einem großen Freiheitsdrang. 1845, nur wenige Jahre nach Poe und Tocqueville, veröffentlichte er sein Hauptwerk *Der Einzige und sein Eigentum*. Stirner, Junghegelianer und Freiheitsschwärmer des Vormärz, war beseelt von der Idee, die theoretischen Gedanken von Aufklärung und Freiheit nun auch in die Tat umzusetzen und das Ich, nicht zuletzt das eigene, wirklich zu befreien. Neudeutsch: Sein Ding zu machen! Und er wollte andere aufrufen, es ihm gleich zu tun. Er wollte ernstmachen mit einem befreiten Leben nach eigenem Entwurf, und so verfasste er die berühmte Anfangspassage seines Werkes: »Was soll nicht alles Meine Sache sein! Vor allem die gute Sache, dann die Sache Gottes, die Sache der Menschheit, der Wahrheit, der Freiheit, der Humanität, der Gerechtigkeit; ferner die Sache Meines Volkes, Meines Fürsten, Meines Vaterlandes; endlich gar die Sache des Geistes und tausend andere Sachen. Nur Meine Sache soll niemals Meine Sache sein.« Mit der Aufforderung seine eigene Sache zu machen, gab er einen Zeitgeist wieder, der voller Hoffnungsdrang war, die Knechtschaft der Individuen bald und dann für immer zu beenden.

Überhaupt, am Anfang des individualistischen Projekts stand eine große Hoffnung auf mehr Menschlichkeit. Mit gutem Recht: denn wenn man einmal darüber nachdenkt, was den Individualismus im Kern ausmacht, dann ist er vor allem Freiheit, die lebenspraktisch wird. Individualismus ist Befreiung von Zwängen und Zumutungen, er ist ein persönliches wie politisches Konzept, in dem in Stirners Zeit so viel Optimismus und Enthusiasmus steckte, wie in kaum einer Ideologie oder Glaubenslehre zuvor. Individualismus in der vordemokratischen Gesellschaft, das bedeutete die Aussicht darauf, ein selbstbestimmtes Leben zu führen, eines, das endlich dem ganzen Menschen gerecht wird und allen zugutekommt.

In der Renaissance wird der Individualismus geboren, aber wohl erst das 18. Jahrhundert ist das große Hoffnungsjahrhundert. Zumindest für die Intellektuellen und die Künstler. Das 19. Jahrhundert wird es für die Vielen sein, ganz egal, ob gebildet oder nicht. In diesem 19. Jahrhundert entsteht, was man die moderne Gesellschaft nennt. Sie ist um so viel offener und von Zwängen bereinigter als ihre traditionelle Vorgängerin, und im Lauf der Jahrzehnte scheint der Traum von der Freiheit langsam aber sicher wahr zu werden.

Es entsteht die moderne Großstadt. Paris ist in Europa vielleicht ihre prächtigste, an Reizen reichste Vertreterin, in USA ist es New York. Paris ist die Hoffnungsstadt der kleinen und großen Bürgerlichen, New York wird die Metropole der Hoffnung für die ganze Welt. Die Großstadt wird zum Ort, an dem sich Hoffnungen realisieren lassen, nicht nur jene von einem besseren materiellen Leben, sondern von einem Leben, wie es dem Menschen als Menschen entspricht. Auch deswegen brechen so viele dorthin auf. In diesem Jahrhundert verlassen sie ihre Provinznester und wollen es wagen – die Helden etwa von Guy de Maupassant, einer davon Georges Duroy, den alle bald nur noch *Bel Ami* nennen, in einem Roman, der damit beginnt, dass er Paris als einen einzigen Boulevard der Hoffnung präsentiert, die ganze Stadt eine Teigmasse, aus der nichts als blühende Zukunft zu sprießen scheint, ungeahnte Möglichkeiten. »Ich« kann der sein, der »Ich« sein will! Auf dem Boulevard verliert sich Bel Ami nicht mehr, wie der arme »Man in the Crowd« Edgar Allen Poes, sondern stößt bald auf einen alten Bekannten, der ihm die Tür zu einer atemberaubenden Karriere als Journalist öffnet. Honoré de Balzac hatte ein paar

Jahre zuvor schon den Weg gebahnt und seinen Bel Ami entworfen, ihn Lucien de Rubempré genannt. Auch er kommt aus armen Verhältnissen und bald zu höchstem Reichtum und Ruhm, auch wenn er am Ende alles verliert – und das Spiel von neuen beginnt. Natürlich ist es auch das Jahrhundert der *Verlorenen Illusionen*, wie Balzac gleich seinen ganzen Roman übertitelt, ein Jahrhundert, auf dessen kurze Romantik nur allzu schnell ein harter Realismus folgt. Dessen Schauplatz – zumindest in der Literatur – ist aber nicht mehr so sehr Paris, sondern eher das London eines Charles Dickens, ein Ort, an dem Träume eher begraben werden als sich zu erfüllen. Dennoch überlebt bei allen Bruchlandungen und Enttäuschungen, bei allen Schicksalen, die in diesen großartigen Romanen ausgebreitet werden, bei allen Rückschlägen und Enttäuschungen die Hoffnung: Es bleiben nach jeder individuellen Havarie genügend Beispiele von solchen, die »es geschafft haben« und die all den anderen, die auf dem Weg des Individualismus unterwegs sind, neue Hoffnungen geben, wenn sie die alten schon verloren haben. Das gilt auch und endlich für die Frauen. Auch sie brechen bald auf, um für ihre Selbstbestimmtheit zu kämpfen. *Jane Eyre* von Charlotte Brontë aus dem Jahr 1847 ist eine jener unerschütterlichen Frauenfiguren, die sich radikal befreit und sich ihre Freiheit bewahrt – unter allen, auch den widrigsten Umständen.

In diesem 19. Jahrhundert erst kommt auch der Begriff »Individualismus« auf, dringt ganz zaghaft in den allgemeinen Sprachgebrauch ein, auch wenn anfangs viele nicht wissen, was das genau ist, und andere diese neue Religion mit dem puren Egoismus verwechseln. Unabhängige, autonome, einzigartige oder doch nur egozentrische Individuen, die frei in ihrem Willen und ihrer Wahl sind, das gab es, vereinzelt, wohl zu allen Zeiten. Allein jetzt wird dieser Typus zum nachahmungsfähigen Entwurf für die Vielen. Und man probiert sich aus.

Welt, wie sie mir gefällt

Am Ende dieses 19. Jahrhunderts kursieren die ersten Zukunftspostkarten, in denen sich Menschen eine vollautomatisierte Zukunft vorstellen konnten, in der der Mensch fliegend von Ort zu Ort gelangt, ganz wie in den Lufttaxis, die bis heute nicht realisiert sind und noch immer in den Köpfen von träumenden Ingenieuren herumschwirren. Hinter dem technischen Fortschritt und den kühnen Fantasien, was er noch alles an Erleichterungen bringen könnte, scheint immer auch die Idee auf, in einem Leben anzukommen, in dem sich jeder seine Welt so macht, wie er sie will, indem sich jeder das eigene Luftschloss baut und so gestaltet, wie er sich das in seiner Fantasie ausgemalt hat. Wie die Astronauten sind alle von dem Wunsch durchdrungen, viel weiter und höher zu kommen als all ihre Vorfahren. Im Individualismus wird der Mensch zum Astronauten seiner eigenen Lebensidee, sein Leben ist das Raumschiff. Der Raum, durch den er fliegt, ist die demokratische Gesellschaft.

Es versteht sich: Am Anfang sind es noch wenige, die sich den individualistischen Lebensentwurf zutrauen und das Wagnis eingehen. Es sind dies die *Bohemians*, die Dandys, die Künstler und Intellektuellen, die sich tapfer gegenseitig ihren Wahlspruch »L'art pour l'art« zurufen, was für viele nur heißt, zu leben um des Lebens willen, und dies meist mehr schlecht als recht, die sich abgrenzen von der bürgerlichen Lebenskultur und ihre Normen ablehnen. Allesamt Außenseiter, vom Rest der bürgerlichen Gesellschaft oft misstrauisch beäugt, wenn nicht gar angefeindet, schaffen sie sich ihre eigene Subkultur, ihre Biotope, wo sie ihren Individualismus ungestört ausleben können, in Paris, in Berlin, in Schwabing. Aber auch, wenn es in den Anfängen hart ist, ein Individualist zu sein, und so manche Unannehmlichkeit mit sich bringt, sie pflegen ihr Leben, ihre Kultur. Ein Zurück gibt es nicht mehr für eine zunehmend größer werdende Kaste an schrägen Vögeln und eigenwilligen Lebenskünstlern. Der Funke springt über, und bald dringt der individualistische Lebensentwurf in die immer breiter werdende Schicht des Bildungsbürgertums ein, nicht als Ganzes, aber in wesentlichen Teilen.

Die kollektiven Hoffnungen des 19. Jahrhunderts bekommen durch die Krisen und Kriege einen Dämpfer, aber nur um einen neuen Anlauf zu nehmen: Sie nähren sich auch nach 1871, 1918 und sogar nach 1945 von einem Denken, das man immer noch Freiheitsliebe und Emanzipation nennt. Man hofft noch immer auf ein besseres Leben – und das bedeutet immer mehr: ein freieres Leben als jenes, das die Mutter oder der Vater oder erst recht die Großmutter oder der Großvater führen mussten. Die Menschen des 20. Jahrhunderts haben hart gearbeitet und unglaublich viele ihrer Hoffnungen verwirklicht, nicht nur, was den allgemeinen Lebensstandard anbelangt, sondern auch, was die eigene Selbstverwirklichung betrifft. Und das heißt ja nichts anderes, als sich die Verhältnisse und Werte selber auszusuchen, in deren Namen man leben will, nach eigenen Normen und Gesetzen – eine im Kern alte marxistische Fantasie, die sich aber ausgerechnet in der bürgerlichen Welt anschickte, für immer mehr Menschen Realität zu werden.

1968, als man wild entschlossen die letzten Ketten abschütteln wollte, die einem noch als bürgerliches Zwangskorsett den Leib einschnürten und das Leben schwer machten, war die Sache des Individualismus nun auch in der Breite der Gesellschaft angekommen, bei den Arbeitern, bei der Mehrheit der Frauen, auch in der Provinz, auch im Hinterland. Die Bildungsdemokratie, die sich mehr und mehr durchsetzt, übernimmt schon bald die Werte dieser neuen Idee und macht sie in ihren Lehrplänen verbindlich. In den Schulen der 1970er-Jahre unterrichtet eine neue Generation von Lehrern die erste Generation Kinder nach individualistischen Vorgaben. Und so startet sie ins Leben, diese erste Generation, die nicht unbedingt gelernt hat, ihr Ich zu lieben, aber es wenigstens nicht mehr unterdrücken braucht und es selbstbewusst verteidigt. Diese Generation hört bald auf, in ihren Lebensläufen alte Aufträge auszuagieren, die ihr frühere Generationen, die Altvorderen oder das Elternhaus, eingeimpft haben. Individualismus als Massenentwurf bedeutet nicht nur in der Theorie mehr Autonomie, mehr Freiheit, mehr Lebensglück. Der bürgerliche Beruf wird langsam, aber sicher immer mehr zu einem sinnstiftenden individuellen Identitätskonstrukt, zu etwas, das viel mehr ist, als nur die einfachste oder nahe liegende Möglichkeit, seinen Lebensunterhalt zu verdienen, sondern bald eine solche, in der man sich selbst in einem Tätigkeitsfeld wiederfindet, das zu einem passt. Und zwar nicht erst, indem man sich das nachträglich einredet, wenn einem gar nichts anderes mehr übrig bleibt, sondern schon vorher, weil man es sich entsprechend den eigenen Neigungen, Vorlieben und Werten ausgewählt hat. Die individualistische Gesellschaft, deren Motor trotz aller Rückschläge so lange Zeit die Hoffnung auf individuelle Freiheit war, sie formiert sich nun.

Das ist der eine Teil der Geschichte des Individualismus. Der andere setzt schon bald nach der Geburt dieser machtvollen Idee ein. Es ist dies die Geschichte einer großen Desillusionierung. Denn schon früh zeigt sich, wie viele der hochtrabenden Entwürfe Risse bekommen haben. Die euphorische Stimmung verfliegt vielerorts, die allgemeine Hoffnung erschöpft sich. Sich eine Idee auszudenken, ist immer etwas anderes, als sie wahrhaft auszuleben. Eigenartigerweise setzt die Phase einer kollektiven Ernüchterung schon früh ein. Die Enttäuschung über die Grenzen der Ich-Entfaltung gehört bezeichnenderweise genauso zur Geschichte des Individualismus wie die Entfesselung der Idee seiner unbegrenzten Möglichkeiten. Die ersten, die nicht mehr hoffen, sondern klagen, auch schon lange vor dem fortschrittsfrohen 19. Jahrhundert, waren die, die immer schon glaubten, tiefer in die Zusammenhänge eindringen und weitersehen zu können als die anderen, die Denker und Intellektuellen. Wolf Lepenies hat in seiner Schrift *Melancholie und Gesellschaft* von 1969 nachvollzogen, wie der große europäische Optimismus schon bald nach seiner Geburt erschüttert wird, ganz so wie Lissabon von jenem legendären Erdbeben im Jahr 1755, in dem eine wachsende Zahl europäischer Gelehrter schon den Anfang vom Ende aller Zukunftseuphorie erkannte, die sich in der Aufklärung doch gerade erst so richtig breit gemacht hatte.

Der Mensch beginnt zusehends an der Welt zu leiden, an diesem Traum einer besseren Welt, die sich zwar nach dem Erwachen der Vernunft als alles durchwaltendes Prinzip selbstbewusst ankündigt, aber ihren Durchbruch in der Realität schuldig bleibt. Die Idee besteht fort, sie sucht sich die Schauplätze ihrer Verwirklichung aber bald schon anderswo, etwa in der Utopie als einem Ordnungsentwurf einer Gesellschaft, die nicht mehr von dieser Welt ist. Oder man gibt sie vollends auf und versteigt sich ins Irrationale, in die romantische Innerlichkeit, in die Abkehr und Weltflucht. Der große Entwurf in der Gegenwart ist erst einmal vom Tisch. Die Melancholie des Intellektuellen ist die früheste Vorstufe der Enttäuschung der Massen.

Aber es scheint, je weniger Hoffnung es gibt, desto beständiger sind die Wunschbilder. Was der moderne Mensch in der Fantasie und in der Sehnsucht sein will, wer er zu sein wünscht, das lässt sich nicht mehr so leicht ersticken. Die Träume dieses neuen Lebens sind in den Köpfen, da bleiben sie auch und warten. Ja, sie haben sich vermehrt und sind drängender geworden, auch die Energie ist noch da: Gleichzeitig schwinden die Chancen, dort anzukommen, wo man sich schon bald sicher wähnte. Enttäuschung nach dem Traum, nach dem Erwachen gleichermaßen – sie wird genauso zum Ur-Erlebnis der modernen Gesellschaft wie jene Hoffnung auf das neue gute Leben, die ganz am Anfang stand.

Das Netz schafft Verlierer

Das Internet war ohne Zweifel eine Erfindung, die den alten Optimismus noch einmal ganz neu entfacht hat. Als es vor über dreißig Jahren seinen Siegeszug um die ganze Welt antrat, knüpften sich enorme Erwartungen an eine technische Innovation, die bald das Leben der ganzen Menschheit revolutionieren sollte.

Mit dem Internet kehrte auch die alte Hoffnung nach mehr demokratischer Gleichheit, mehr Freiheit und Ich-Entfaltung zurück. Aber mehr noch, erst das Netz schien den Strategien der vereinzelten und isolierten Massenmenschen, nicht nur an Information und Bildungsinhalte zu gelangen, sondern an soziale Anerkennungs- und Bestätigungserlebnisse, neue Möglichkeiten zu geben. Es weckte ein Bewusstsein dafür, dass jeder eine ganz neue Chance hat. Für die Entfaltung des Individualismus schien sich das Internet ideal zu eignen, denn es bot beides: neue ungeahnte Möglichkeiten von Selbstausdruck und Selbstpräsentation, dazu Kommunikationsmöglichkeiten mit einer Community anderer Teilnehmer, wie sie größer nicht sein könnte.

»Jeder Mensch ist ein Künstler!« Joseph Beuys formulierte diesen berühmten Satz 1985. Sein erweiterter Kunstbegriff in der Massendemokratie war ein postmodernes Programm und ein Versprechen zugleich. »Jeder Mensch ist ein Star!«, so könnte man das Versprechen der digitalen Revolution nennen, die nur wenige Jahre später die Welt verändert hat. Hat das Netz gehalten, was sich viele davon versprochen haben?

Fast alles, was der Individualist in der realen Welt tut, tut er auch, wenn er online ist. Wenn er in der realen Welt in das Erlangen von Anerkennung und Wertschätzung investiert, dann ganz genauso, wenn er sich im Netz bewegt. Man zeigt sich, versucht Imposanz- und Rückkopplungserlebnisse auszulösen, Anerkennung und Wertschätzung zu erzielen, indem eigene Produkte des Selbstausdrucks, wie Videos, *Music Clips*, Texte, Blogs und Kommentare öffentlich gemacht werden. Aber schon früh zeigt sich das Netz als große Ernüchterungsagentur. Denn was man dafür zurückbekommt, ist nicht sehr viel dieser erhofften Gegenliebe, kaum die Bestätigung, die man sucht, sondern weitaus eher Gleichgültigkeit, Ignoranz und erneut jede Menge Enttäuschung. Das Netz ernüchtert fast alle, die nun pausenlos online sind und wie entfesselt auf all den unzähligen Seiten surfen. Es wiederholt die alte Enttäuschungserfahrung, ja, es verstärkt sie noch. Denn das Internet ist zum wichtigsten Katalysator der gesellschaftlichen Entwicklung geworden. Es beschleunigt und intensiviert den Ausscheidungskampf, es schafft wenig neue Gewinner und massenhaft neue Verlierer.

Die neue Missachtung, die vom Internet ausgeht, hat viele Gesichter. Sie äußert sich in abwertenden Kommentaren für den eigenen Auftritt, aber viel häufiger in den weniger aufwändigen, schnell generierten Formen wie in *Dislikes*, Daumen nach unten oder, in den allermeisten Fällen, ganz sachlich, nüchtern und emotionslos in einer Zahl. Es ist das Wesen des Digitalen, dass es alles, was online eingegeben wird, nicht nur zur Datenübertragung in Zahlenfolgen verwandelt, speichert und für andere abrufbar macht, sondern dem User bald auch schon Zahlen darüber liefert, wie hoch oder niedrig sein digitales Lebenszeichen einzustufen ist, wie sehr es von den anderen gerated oder geliked wird. Egal, ob einer schön singt oder nicht, ob er gut aussieht oder nicht, ob er einen Salto macht, einen Kopfstand oder versucht, so lang wie möglich die Luft anzuhalten, einfach alles – eine Zahl, die den Auftritt einordnet, sie ist umgehend abrufbar.

Ein paar Beispiele: Amazon zeigt dem ambitionierten Erfolgsaspiranten den Verkaufsrang seiner letzten Veröffentlichung an, man checkt die *Follower*-Zahlen des letzten Videos, die *Likes* bei *Facebook*, *Piwik* zeigt an, wie viele Klicks die eigene Website jede Woche bringt und wie viele Besucher wann und nach wie vielen Besuchsminuten noch geblieben oder schon wieder abgesprungen sind. Es ist aber nicht nur so, dass dem Einzelnen Rangfolgen und Punktstände aufgenötigt werden, ohne dass er das wollte, sondern die meisten suchen ihr Ranking durchaus ganz bewusst und absichtsvoll. Der moderne Mensch will wissen, wo er steht. Aber das ist völlig ungewiss. Und so ist die Zuflucht zu Klicks, *Views* und *Likes* von dem Wunsch motiviert, die Verunsicherung über den eigenen Selbstwert loszuwerden. Das Selbstwertgefühl im Individualismus ist auch online so wackelig, dass es scheinbar angewiesen ist auf die Sicherheit der messbaren Zahl, sodass viele aus purer Unsicherheit in die Sicherheit quantifizierbarer Größen flüchten. Der moderne Mensch will in diesem Netz nicht nur stattfinden, sondern er möchte sehen, wie gut oder schlecht er dabei abschneidet. Er berechnet und vermisst alles heute, nicht nur die Welt, sondern sich selbst – und nicht zuletzt seinen Erfolg oder wenigstens das kleine Stückchen, das er davon schon errungen hat.

Das Netz zählt aber nicht nur Daten, sondern setzt sie in Beziehung zu anderen. Denn das Netz ist eine gigantische Vergleichsmaschine. Und der User ist damit meist einverstanden, denn all diese gesammelten individuellen Daten sind ja nur etwas wert, ja, sie sagen nur etwas aus, wenn sie verglichen werden. Allein und für sich genommen nur deskriptiv und scheinbar ohne Aussagekraft gewinnen sie erst über andere Bezugsgrößen einen Wert für den Einzelnen, und dann, recht schnell, eine starke normative Komponente.

Fitness-Tracker oder Fitbit-Armbänder beispielsweise messen, wie viele Schritte einer am Tag macht oder wie gesund oder ungesund er lebt. Oder *Smart Scales*. Das sind Personenwaagen, die sich mit einer

Community verbinden lassen. Wie entwickelt sich das eigene Vorhaben abzunehmen im Vergleich zu anderen Leidensgenossen? Der Vergleich mit den Daten anderer nicht nur der täglichen Laufleistung oder des individuellen Körpergewichts wird schnell zum Wettbewerb – und die Frage an sich selbst regt sich schnell in vielen anderen Bereichen des Lebens: Wo stehe ich? Also vergleicht man sich online und wartet bangen Herzens auf das Ergebnis. Es liegt in der Natur der Sache, dass sich der moderne Mensch des Netzzeitalters bei all den Fitness-Helden und Abnehm-Virtuosen, die er hier antrifft, aber auch generell bei all den Koryphäen und Autoritäten des einen richtigen Lebensstils bald eher im Heer der Dilettanten wiederfindet als bei den Trendsettern. Im Internet treten alle gegen alle an, im ganz großen Wettlauf der Massen, kein Wunder, dass kaum einer gewinnt und fast alle verlieren.

Tatsächlich, im Zeitalter der Allvermessbarkeit des Sozialen, mit der sich der Soziologe Steffan Mau in seinem Buch *Das metrische Wir. Über die Quantifizierung des Sozialen* beschäftigt hat, werden nicht mehr und immer neue Wertschätzungsrekorde der eigenen Person wahr, sondern es regiert die Realerfahrung eines fast durchgängigen Rückstands. Das Netz enttäuscht den modernen Menschen – das ist die Erfahrung der Masse – und setzt ihm mit einer Art gefühltem digitalen Liebesentzug zu, der auch noch doppelt schmerzt, zumal alle von Aufmerksamkeit oder dem Ziel reden, wie es in der YouTuber-Sprache heißt: »möglichst maximale soziale Reichweite zu etablieren«.

Auf die einfachste Formel gebracht: Ja, das Netz ist demokratisch, und jeder kann seinen eigenen Blog, seinen Rap einstellen. Aber wenn man sieht, dass Kanye West 500 Millionen Klicks hat, dann machen einem die eigenen 500 *Follower* nicht klar, wie toll man ist, sondern eher wie mickrig. Es ist paradox: Der moderne Mensch peilt eine höhere Selbstsicherheit durch die Flucht in messbare, sichere objektive Größen an, aber das Ranking zeigt am Ende nicht auf, dass er vorne mit dabei ist in dieser Welt, sondern weit eher, was ihm fehlt zur *Number One* und wie weit der Weg von Verkaufsrang 814.097 in die Spitze der *Topseller* ist.

Der Kulturwissenschaftler und Autor des Buches *Komplizen des Erkennungsdienstes. Das Selbst in der digitalen Kultur* Andreas Bernard hat darauf hingewiesen, dass viele Vergleiche, die wir über das Internet anstellen, nicht nur ziemlich frustrierend, sondern nicht einmal besonders vernünftig sind. Algorithmen kennen keine individuellen Umstände, sondern machen keinen Unterschied. Für ihn sind die vielen Gesundheits-Apps Beispiele, wie vergleichende Selbstvermessung zu einer Spielart eines Scheiterns wird, das als selbstverschuldet empfunden wird, obwohl dazu gar kein Grund besteht. »Wenn ich einen Burger esse, verschlechtert sich mein Gesundheits-Score sofort, wenn ich zehn Minuten jogge, wird er besser. Man muss jedoch kein erfahrener Mediziner sein, um zu sagen, es ist nicht so einfach. Erstens ist das Gebilde der Gesundheit höchst individuell, und zweitens kann man keine so klaren Ursache-Wirkungs-Regulationen einführen.« Nur, die Technik tut genau das. »Das führt dazu«, resümiert er, »dass der Aspekt der Eigenbeteiligung immer bedeutender wird. Krankheit wird so zu etwas Selbstverschuldetem, wo sie früher noch ein verhängnisvolles Schicksal war.«

Steffen Mau greift das Beispiel der zahlenmäßigen Gesundheits-Selbstvergewisserung auf. »Wir begeben uns damit in ein infinites Steigerungsspiel«, folgert er, »das uns viel abverlangt, aber das Einwurzeln in einer Statusposition nicht erlaubt. Wenn wir fortwährend neu gescored, gerankt und vermessen werden, wird der Status prekärer und labiler, nicht sicherer.« Frustrationserlebnisse sind vorprogrammiert, denn wenn man sich auf solche Techniken einlässt, dann kann es nur Misserfolge geben. Ja, Selbstquantifizierung führt zielsicher zu Misserfolg und Unzufriedenheit, was dennoch kaum einen davon abhält, immer wieder in dieselbe Falle zu tappen.

Das Streben nach dem idealen Ranking geht schief und wird schnell zur psychischen Belastung. Am Ende regiert den modernen Menschen ein permanentes Rückstandsempfinden zu all den scheinbar so leicht erreichbaren Idealen, die im Netz ausgegeben werden. Oder wie es die US-amerikanische Psychologin Brooke Mistler formuliert: eine permanente »Diskrepanzerfahrung«. Sie hat in ihren Studien gezeigt, dass Diskrepanzerleben bei klinischen Perfektionisten am stärksten ausgeprägt ist. Auch außerhalb der Kliniken scheint es, als litten in unserer Optimierungsgesellschaft immer mehr an dem Problem, die eigenen überhöhten Maßstäbe nicht zu erreichen.

In den Prestigewelten des Internets kommen nicht nur die Allerwenigsten an, sondern der Stress nimmt für alle zu. Nicht nur Frequenz und Eindrücklichkeit der normativen Bilder eines glückerfüllten Lebensstils haben sich erhöht, wie sie in den sozialen Netzwerken und dort vor allem in der aggressiven Online-Werbung unaufhörlich reproduziert werden, sondern auch der Erfolgsdruck auf den einzelnen, sich diese anzueignen. Wir sind immer eindringlicheren Botschaften ausgesetzt, die uns ein *Must-have*-Wissen davon vermitteln, wo die *Hotspots* in diesem Leben sind und wo nicht. In einer bislang unbekannten Tyrannei. Denn man kann sich heute diesen konsumorientierten Erfolgsbildern, all den hoch gepimpten *cleanen* Hochglanzproduktionen viel schwerer entziehen als noch in einer analogkapitalistischen Welt, in der einem ab und zu noch ein Werbeplakat an der Bushaltestelle gezeigt hat, dass man noch keine Segelyacht und keine neue Rolex hat.

Fluch der unbegrenzten Möglichkeiten

Was sich in der Internetgesellschaft abspielt, ist das bislang letzte Kapitel einer Geschichte der Individualisierung in der Demokratie, deren Problematik im Kern schon Alexis de Tocqueville erkannt hat. Die Gesellschaft der Gleichheit, sagt er, schaffe im Einzelnen eine immense Erwartung, die Früchte dieser Gleichheit auch ernten zu können. Und, tatsächlich, nirgendwo sah Tocqueville so viel Ehrgeiz am Werk wie in den Vereinigten Staaten von Amerika – und so viel geleisteten Einsatz für das Glück, das man tatkräftig erringen wollte. Und es ist ja bis heute das Credo der amerikanisch-protestantischen Zivilreligion: Man glaubt felsenfest, man müsse nur unermüdlich und lang genug initiativ sein, dann stünde der Erfolg vor der Tür.

Alexis de Tocqueville beobachtete etwas anderes. Er erkannte, die Gleichheit aller, die in der Demokratie herrsche, führe am Ende zu einer »merkwürdigen Melancholie«. »Ist die Ungleichheit das allgemeine Gesetz einer Gesellschaft«, schreibt er, »so fallen die stärksten Ungleichheiten nicht auf, ist alles ziemlich eingeebnet, so wirken die geringsten Unterschiede kränkend.« In der Sozialwissenschaft ist dieser Effekt als das Tocqueville-Paradoxon bekannt geworden, also eine verbreitete psychologische Reaktion der Vielen, wonach sich dort, wo viele Ungleichheiten beseitigt werden, gleichzeitig die Sensibilität für die, die noch geblieben sind, wesentlich erhöht.

In der Gleichheit, so Tocqueville weiter, meint jeder, er sei zu Großem berufen. »Aber das ist eine irrige Ansicht, die durch die Erfahrungen täglich berichtigt wird.« Der Glaube an die unbegrenzten Möglichkeiten kann zwar »anfänglich und besonders bei den Jüngeren eine vordergründige Zufriedenheit auslösen«, und dies ermögliche »den talentiertesten und den Glückspinseln unter ihnen, ihre Ziele zu erreichen«, doch die meisten anderen dürften im Laufe der Zeit an dieser Freiheit verzweifeln. Sie kommen trotz aller Anstrengung nicht im versprochenen Land an, sondern, wie Tocqueville schlussfolgert: »Die Bitterkeit erstickt ihre Seelen.« Der Individualismus in seiner entfesselten Form führt sehr schnell zu Überforderung, ja, Traumatisierung der Einzelnen. Denn ein Traum, der außerhalb der realistischen Erreichbarkeit liegt und sich daher gar nicht erfüllen kann, ist lange nicht so schmerzhaft wie ein Traum, dessen Realisierung theoretisch möglich wäre, praktisch aber misslingt.

Als der US-amerikanische Publizist Eric Hoffer 1951 sein wichtigstes und schönstes Werk *The true Believer* veröffentlichte, eine Art gesellschaftspsychologischer Essay, in dem er »Gedanken zu der Natur von Massenbewegungen« versammelte, gab es noch kein Internet. Aber was er schreibt, trifft gerade für die Grunderfahrungen zu, die Menschen mit dem Internet machen. Er greift den Tocqueville'schen Gedankengang auf und spitzt ihn zu: »Unbegrenzte Möglichkeiten können ebenso gut ein Grund der Enttäuschung sein wie ein Zuwenig oder ein völliger Mangel an Möglichkeiten. Wenn die Möglichkeiten augenscheinlich unbegrenzt sind, vollzieht sich ein unvermeidlicher Abwertungsprozess, dessen Opfer die Gegenwart ist. Die Abwertung entspringt dem Bewusstsein, wie unverhältnismäßig wenig doch angesichts der Möglichkeiten getan werden kann, wie viele Möglichkeiten unausgeschöpft bleiben müssen. Von dieser Art ist die Enttäuschung, die auf den Goldgräberlagern lastet oder die angespannte Hirne in Zeiten wirtschaftlichen Aufschwungs verfolgt.« Aufstiegsmöglichkeiten werden nicht nur befreiend erlebt, sondern machen Stress und eröffnen immer das Risiko von maximalen Enttäuschungserfahrungen. Wenn man das Phänomen graduell einstufen möchte, kann man behaupten: Gerade bei hoch stehenden, für alle prinzipiell erreichbaren Gesellschaftsidealen werden potenziell viel mehr zu Gescheiterten, als es sie sonst in jeder Gesellschaft gibt. Konkret, wenn nur ein Kleinwagen und ab und an eine Partie Minigolf dem befreiten Ich zum Glück genügen, ist das Ziel erreichbar. Wo aber ein Lamborghini her muss, dazu die kostspieligen Accessoires eines Lebensstils, wie sie in jedem Rap-Video hundertfach vorgeführt werden, wird es mit der Realisierung schwierig, der Frust ist programmiert.

Den demokratischen Bürger ereilt schon kurz nach der Euphorie über die Gleichheit die Frusterfahrung des Scheiterns, des Misslingens, das ist Tocquevilles folgenschwere Beobachtung. Aber diese Niederlage tut jetzt doppelt weh. Denn sie ist nun nicht mehr allein gottgegebenes Schicksal, sondern der Aspirant des Aufstiegs in der Gleichheit hat sich das Scheitern nun selbst anzukreiden. Denn überall dort, wo noch die Autoritäten der alten Gesellschaftsform verhindert hatten, dass er nach oben kommt, konnte er den Schwarzen Peter noch den ungünstigen Umständen zuschieben. Oder man hat schlicht Pech gehabt. Wo aber nur einer ganz allein es ist, der es nicht schafft, wo er selbst an seinem Misserfolg schuld zu sein scheint, kommt dies dem Eingeständnis mangelnder eigener Fähigkeiten gleich und damit einem maximalen Anschlag auf das Selbstwertgefühl. Zu scheitern schmerzt heute viel mehr, als wenn, wie noch in der alten Gesellschaft, ein Stand oder mangelnde Privilegien dies verhinderten. Entsprechend unterschiedlich äußert sich der allgemeine Unmut. Richtete er sich bei Misserfolg in der traditionellen Gesellschaft noch gegen die eigene Sippe, die eigene Gemeinde oder den eigenen Stand, so in der offenen Gesellschaft gegen das ganze System.

Gläserne Decken, tiefe Kluften

Ohnmachtserfahrungen in der Massendemokratie werden nicht nur durch persönliches Unvermögen gemacht, sondern auch durch ganz objektiv existierende Hindernisse, die man auch »gläserne Decken« genannt hat. Das Bild wird oft gewählt. Man sieht die reifen Früchte in greifbarer Nähe, erreicht sie aber trotzdem nicht. Die Metapher wird oft bemüht, wenn es darum geht zu zeigen, dass trotz gleicher Bildungsabschlüsse Frauen immer noch seltener in beruflichen Spitzenpositionen anzutreffen sind als Männer oder Angehörige der Unterschichten in den Chefetagen. Pierre Bourdieu hat dasselbe Bild in einem ganz ähnlichen Zusammenhang gebraucht, der hier gut passt: als Symbol für das zentrale Motiv der Studentenbewegung von 1968. Hier war die gläserne Decke eine andere, aber genauso undurchdringbar – und das trieb viele auf die Barrikaden. Für Bourdieu waren die 68er-Proteste nicht allein Ausdruck eines antiautoritären Generationenkonflikts, sondern vor allem die Folge einer großen Desillusionierung. In den 1960er-Jahren hatten sich die Massenuniversitäten durchgesetzt. Aber am Ende wartete für viele ihrer Absolventen nur die Enttäuschung, dass ihnen diese Gesellschaft trotz aller Diplome den Eintritt in die prestigeträchtigen Berufe verwehrte. Eine gläserne Decke verhinderte gleichsam den Erfolg, der zuvor noch durch die Demokratisierung des Bildungssystems in Aussicht gestellt worden war.

Heute gibt es wieder eine Decke aus mindestens einigen Zentimetern gefühltem Panzerglas: eine Trennwand, die, bei allem Wohlstand, der in der modernen Demokratie herrscht, die Ankunft vieler aus der unteren Hälfte der gesellschaftlichen Pyramide in den digitalen Erfolgswelten verhindert. Auf dieser Folie ist der Protest-Populismus unserer Tage wieder als Reaktion auf die geschlossene Gesellschaft der globalen Eliten zu verstehen. Man lebt in einer Welt scheinbar unbegrenzter Möglichkeiten, aber ohne real von den Segnungen zu profitieren, die einem täglich gepredigt werden. Man erreicht nicht den gut dotierten Job, und man fährt auch nicht mit dem *Maybach* durch Manhattan und feiert rauschende Beachpartys mit *Gucci, Prada* und *Moët et Chandon*. Man führt nicht dieses Leben, das da als Erfolgsversprechen winkt – und wird bitter daran.

In den Vereinigten Staaten von Amerika beobachtete Tocqueville bereits in seiner Zeit die Bitterkeit in all jenen, die scheiterten. Heute gibt es sie noch immer – und immer wieder kommen neue hinzu. Das liegt strukturell an der offenen Gesellschaft, die immer neue Verlierer hervorbringt, aber auch daran, dass es ausgerechnet hier eine immense Diskrepanz zwischen Gleichheitsversprechen und sozialer Realität gibt. Gerade die US-amerikanische Gesellschaft ist eine Gesellschaft, in der Gleichheit als Grundwert der amerikanischen Verfassung in Sonntagsreden immer wieder hochgehalten wird, aber gleichzeitig eine maximale Ungleichheit herrscht. Nirgendwo so sehr wie in diesem Gründungsstaat der modernen Demokratie produziert eine starke Volkswirtschaft eine so eklatante soziale Ungleichheit. Zuletzt hat eine OSZE-Studie gezeigt, dass nirgendwo stärker als im Land der unbegrenzten Möglichkeiten Lebenslauf und Aufstiegsmöglichkeiten der Kinder von den Einkommensverhältnissen der Eltern abhängen.

In einer Gesellschaft, die sich Demokratie nennt, aber dennoch eine privilegierte Klasse kennt und eine solche, die weitgehend ausgegrenzt ist, steigen zwangsweise die Spannungen. Wo der Ausgleich durch die Politik fehlt oder ausbleibt oder wo ein politisches System ein hohes Maß an Ungerechtigkeit und Ungleichheit nicht beseitigt, sondern belässt oder es sogar fördert, entstehen noch mehr Frust, noch mehr Abstiegsängste, noch mehr Wut und Protest gegen das ganze System.

Hinterland, Verliererland

Das Netz ist heute zur wichtigsten Stätte geworden, auf der die Sieger der individualisierten Gesellschaft gekürt und die Verlierer aussortiert werden. Auch wenn es in manchen Bereichen ein Eigenleben führt, ist es doch zu einem Sinnbild einer ganzen Gesellschaft geworden, die sich immer schneller und radikaler wandelt, auch in allen ganz und gar realen Bereichen. Jeder Wandel in einer Gesellschaft schafft neue Kohorten von Gewinnern und Verlierern, neue Grenzlinien, an denen entlang sie sich neu gruppieren und ausrichten. Der tiefgreifende Wandel, der uns heute zusetzt, bringt beinahe täglich neue Heerscharen derer hervor, die man im öffentlichen Diskurs seit jeher Modernitätsverlierer nennt. Bildung, neue Technologien, Digitalisierung der Arbeits- und Lebenswelt, neue Medien und Formen von Kommunikation, demografische Veränderung. In der Gegenwartsgesellschaft gibt es viele Entwicklungen, die diesen Wandel auslösen und eine Gesellschaft neu strukturieren, die immer neu entscheiden, wer auf- und wer absteigt, wer mithalten kann und wer nicht. Verlierer sind immer die weniger Mobilen und Flexiblen, die Älteren, die Randständigen, diejenigen, die, wie Pierre Bourdieu gesagt hätte, mit weniger Kapitalsorten ausgestattet sind und sich schwerer tun, Schritt zu halten mit einer Moderne, die sich ja angeblich so extrem beschleunigt hat.

Der Modernitätswandel bringt jedoch Verlierer nicht nur auf der materiellen Ebene hervor, sondern genauso auf der symbolischen. Zu verlieren hat heute mehr denn je damit zu tun, zur falschen Zeit am falschen Ort zu sein. Zu verlieren, das ist immer auch das Verfehlen symbolischer Ideale und eines Lebensstils, den man für angemessen hält. Fatalerweise wird das Verlieren umso traumatischer erlebt, wo die Not besonders groß und das Streben nach dem modernen Leben unaufhörlich und mit enormem Energieaufwand verfolgt wird: im Hinterland. Der symbolische Wandel, die Antwort auf die Frage, wo zu leben angesagt ist und wo nicht, was provinzielles Leben, provinzieller Stil ist, was rückständig und was wirklich in, hip und cool, strukturiert die globalisierte Welt wie nie, teilt sie neu ein in Zonen scheinbar höher- und minderwertigerer Lebensart, ordnet sie neu in wenige Metropolen, in denen fast jeder, und jede Menge Peripherie, in der kaum noch einer leben möchte.

Es zeigt sich, dass sich diese Werteverlagerung in zweifacher Weise vollzieht. Nicht nur der Wettbewerb von Kapital, sondern auch der Wettbewerb, den die Suche nach dem sozial anerkannten Ich-Ausdruck im Individualismus auslöst, trägt in sich die Tendenz zur Konzentration oder, anders ausgedrückt: die Tendenz, die Welt in

Zentren und Hinterland einzuteilen. Die Entwicklung begünstigt dabei immer die Zentren, weil sich dort die Erfolgschancen erhöhen – einmal jene rein wirtschaftlichen, die das eigene Einkommen und damit den Lebensstandard betreffen, und einmal jene, für sich den richtigen Lebensstil zu finden, der dem eigenen individualistischen Anspruch gerecht wird.

Die symbolischen Gravitationszentren, die sich ausbilden, üben eine immer höhere Anziehungskraft auf die vielen Isolierten aus, die bald dem Ruf in die Großstädte folgen. Aber nicht nur deswegen, weil dort schon viele andere Gleichgesinnte sind, die einem die Einsamkeit vertreiben helfen, sondern weil hier täglich aufs Neue vorgelebt wird, wie man dieses so riskante individualistische Leben führt. Vor allem wird hier eines zuverlässiger geliefert als auf dem Land, nämlich das Sicherheitsgefühl, mit dem jeweiligen selbst gewählten Lebensentwurf nicht danebenzuliegen: Man lebt in den Metropolen mit all den anderen vereinzelten Ambitionierten auf Sichtkontakt, man genießt eine Art positive Sozialkontrolle, die einem täglich neu vermittelt, ob man die legitime Form einer individualistischen Identität getroffen oder ob man sie verfehlt hat. Das heißt, die Selbstvergewisserung, die der Individualist zur Stabilisierung braucht, gelingt hier viel leichter. Und das ist ganz entscheidend, denn in jeder selbst gewählten Form von Identität droht ja die Gefahr, sein Scheitern eingestehen zu müssen und sich zu blamieren. Bewegt man sich dagegen unter Menschen, die die selbstbewusste Avantgarde des zeitgemäßen Individualismus abbilden, kann eigentlich nichts schiefgehen. Hier erst, in der Metropole, kann der einsame Sucher nach der passenden individualistischen Identität viel beruhigter schlafen. Hier in den Zentren gibt es viel mehr Individuen, an denen er sich orientieren kann, weil diese denselben oder einen ähnlichen Entwurf schon vorleben.

Wie einst den jungen Bäckerlehrling Oskar Maria Graf, der seiner Heimat am Starnberger See den Rücken kehrte, um mit frischem Lebensmut in Schwabing seine Kreise zu ziehen, zieht es heute jeden individualistischen Menschen dorthin, wo für den eigenen Lebensentwurf die geeigneten Bedingungen vorherrschen, das ideale Klima, in dem sich das bevorzugte Lebensgefühl ungestört einstellen kann. Was sich schon im frühen 19. Jahrhundert angekündigt hat, vollendet sich heute. Es entstehen gigantische *Hotspots* des Individualismus, in die immer mehr Menschen hineindrängen, und immer mehr entvölkerte Räume, in denen ein Vakuum herrscht.

Es wird deutlich, Individualismus ist immer auch ein psychologisches Phänomen, das nicht nur Identität und Lebensstil der Einzelnen verändert, sondern das ganze Kollektiv, das nicht nur den Horizont des Einzelnen erweitert, sondern die Landkarte der ganzen Gesellschaft neu strukturiert. Es individualisiert sich nicht nur jeder und verändert sich dadurch, sondern dadurch, dass sich jeder individualisiert, verändert sich das gesamte Gefüge der Gesellschaft. Wenn sich alle individualisieren, entsteht bald eine Konkurrenz der Lebensentwürfe, die alle für eine individualistische Identität stehen – eine Konkurrenz, die bald die Regionen neu einteilt in solche, in denen das gute, echte individualistische Leben stattfindet und solche, in denen nicht. Durch eine solche Kartografierung entsteht aber bald ein steiles Gefälle, jenes Gefälle von City und Hinterland, von Metropolen und Provinz, wie man es heute kennt.

Wunde Kleinstadtseele

Wie aber reagiert die Provinz auf den Liebesentzug? Die wunde Kleinstadtseele regt sich und wehrt sich nach Kräften. Dabei stehen ihr zwei erprobte Strategien zur Verfügung, die sich periodisch abzuwechseln scheinen. Die Imitation des Großstadtlebens oder, wahlweise, die Rückbesinnung auf die eigenen Stärken. Entweder erfolgt der Rückgriff auf das, was als Material zur Neubeschwörung einer lokalen Wir-Identität noch geblieben ist – oder man kapituliert, und es wird all das übernommen, was man für modern und der Zeit gemäß hält. Entweder historisiert und romantisiert man die Vergangenheit, wie etwa in der Denkmalpflege, oder man bricht radikal und befreiungsschlagartig nach vorne aus, in eine Zukunft, in der alles besser werden soll.

Wenn man in der Geschichte zurückgeht, lassen sich drei Phasen erkennen, mit dem gewaltigen symbolischen Druck der

Modernisierung in der Provinz umzugehen. In den 1960er- und 1970er-Jahren regierte überall der Kahlschlag. Alte Gemäuer wurden als rückständig erachtet, für einen Sparkassen-Neubau, ein Parkhaus oder Einkaufzentrum abgerissen. Stolze Fachwerkbauten wurden dem Erdboden gleichgemacht, damit die Ortsdurchfahrt verbreitert werden konnte. Alle Kleinstädte kennen das. Man wollte den Anschluss an die Zukunft nicht verpassen. In den 1980er-Jahren kam der Wandel. Man besann sich wieder auf die alten Werte und begann, alte Bausubstanz, die noch überdauert hatte, zu schützen und zu bewahren. Man rettete alte Klöster, Ökonomiegebäude, Bürgerhäuser. Die Liebe zum alten Gemäuer wurde wieder entdeckt. Der Kampf galt dem Betonbrutalismus einer Nachkriegsideologie, die auch in der Provinz viel zerstört hatte, was über Jahrhunderte den Charme der alten Dörfer und Städtchen ausgemacht hatte. Eine neue Religion fand immer mehr Anhänger. Achtsamkeit am Altbau, sanft und nachhaltig. Eine Art Fachwerk-Buddhismus. Viel war damals vom behutsamen Umgang mit alter Bausubstanz die Rede, es ging ums »Gefühl«, um »Gespür« und »Einfühlungsvermögen«. Das war das Vokabular, das viele Architekten und Heimatschützer damals im Mund führten.

Seit ein paar Jahren lässt sich ein erneuter Wandel beobachten. Die Provinz scheint wieder in die Gegenoffensive zu gehen, setzt an zur Flucht nach vorne. Immer mehr Kommunen ist es nicht mehr genug, ihr schmuckes Städtchen einfach nur instand zu halten, sich zu begnügen mit dem, was man hat. Man will mehr, man will endlich mithalten mit den Metropolen, die längst enteilt sind. Die Folge, die nur zwingend erscheint, Mega-Projekte werden realisiert – und zwar gerne im Großformat. Ein Beispiel unter vielen: Im kleinen verschlafenen Rottweil am Neckar steht seit ein paar Jahren ein riesiger futuristisch anmutender Turm unweit der historischen Altstadt im freien Feld. Eigentlich wurde der Turm zu Testzwecken für Großaufzüge errichtet und war für ein gesichtsloses Industriegebiet irgendwo im Ruhrgebiet geplant. Aber man ist in der Kleinstadt stolz, dass es aufgrund guter Kontakte gelungen sei, den Turm nach Rottweil zu holen. Das Bauwerk ist seither ein Touristenmagnet, das neue

Wahrzeichen der Stadt. Mit über 250 Meter Höhe verfügt er über Deutschlands höchste Besucherplattform. Und er soll nur der Anfang einer beispiellosen Kampagne sein. Die Lokalzeitung vermeldete bald schon das nächste atemberaubende Projekt: Von der alten Stadtmauer soll bald schon die mit fast eintausend Metern längste Hängebrücke der Welt zum Mega-Turm führen.

Derartige Prestigeprojekte in der Provinz sind keineswegs Ausnahmen, sie sind, wie der Stadt- und Regionalforscher Jan Balke vom Institut für Geografie der Universität Münster betont, in einen überregionalen Trend eingebunden, der als Antwort auf einen zunehmend dominanten Metropolendiskurs verstanden werden kann. In Fellbach, einem Städtchen im Rems-Murr-Kreis, wird am Stadteingang der »Schwabenlandtower« gebaut, der einmal 107 Meter hoch in den Himmel ragen soll – und damit Deutschland dritthöchstes Wohnhaus sein wird. Auch in anderen Kleinstädten ist die 100-Meter-Marke längst durchstoßen. In Bietigheim, nicht weit entfernt, erreicht man zwar nur knapp 70 Meter – dennoch heißt das lokale Projekt in Bahnhofsnähe selbstbewusst »Sky-Hochhaus Bietigheim«.

Im Grunde geht es bei diesen Projekten um die Therapie der Provinzseele im Zeitalter der Globalisierung. Die Architektur ist nur ein Beispiel, man kann dieselben Reflexe in der Landwirtschaft studieren, in der Kulinarik, im Handwerk und Einzelhandel, in allem, was ortstypische Lebenskultur ausmacht. Es ist nicht neu, dass die Provinz unter dem Tatbestand leidet, uncool zu sein. Man ist zerrissen, sehnt sich nach mehr Zentralität, weil man sich selber nicht recht mag, beargwöhnt aber paradoxerweise die arrogante Großstadt umso mehr – und orientiert sich doch an ihr so sehr wie nie zuvor. Die ewig empfundene Randlage stimuliert ein manifestes Aufmerksamkeitsdefizit. Überall in der Provinz leidet man mal mehr, mal weniger an einem strukturell bedingen Minderwertigkeitskomplex. Das war schon immer so. Wirklich dramatisch verschlimmert hat sich dieser Komplex jedoch erst, seit die kulturelle Globalisierung in ihr Endstadium getreten ist – und das Hinterland radikal entwertet hat. Im »ländlichen Raum« herrscht heute tatsächlich eine kaum mehr erträgliche Bodenlosigkeit, ein dramatischer Ausverkauf an lokaler und regionaler Identität. Nur noch ein Leben in der Metropole erscheint vielen erstrebenswert. Die Peripherie ist der große Verlierer der Globalisierung. Die Sogwirkung der Metropolen ist heute, in den Tagen der Globalisierung, so übermächtig geworden, dass ihr die Provinz scheinbar nichts mehr entgegenzusetzen hat.

Die Angst zurückzubleiben, vorgestrig, ewiggestrig zu sein, war noch nie so groß wie heute. Hier setzen die architektonischen Großprojekte an. »Sie haben insoweit einen sozialen Kompensationseffekt«, stellt Jan Balke fest, »als dass sie auf sozioökonomisch schwache Gruppen zum Teil entschädigend für materielle Einschränkungen wirken und Defiziterfahrungen symbolisch aufgehoben werden können.«

Event als Reflex

So unterschiedlich sie im Einzelnen auch sein mögen, vielen dieser Projekte ist das eine Motiv gemeinsam, nämlich der Wunsch und Wille irgendwie herauszuragen, wahrgenommen zu werden. Imposanz ist die erste, oftmals auch ihre einzige Qualität. Sie überwältigen, sie sind spektakulär und auf jeden Fall aufmerksamkeitserregend. Sie sind modische Hingucker und erzielen einen maximalen Effekt. Eventarchitektur nennt man das Phänomen. Denn wie bei jedem Pop-Event ist vor allem die sinnliche Überwältigung entscheidend, der Appell an die Affekte, die Lautstärke: schrill, schräg, bunt. Dass man davon besonders viel in der Provinz findet, überrascht nicht. Provinz und Event gehören schon lange eng zusammen, denn allein das Event verspricht die Außeralltäglichkeit – auch in der Wahrnehmung und Anerkennung; Dinge, die man in der Randlage sonst so schmerzlich vermisst.

Zur Stärkung und Aufwertung des eigenen Selbstwerts wird einmal mehr das Heil in Komparativen und Superlativen gesucht. Auch das war schon immer ein Provinzreflex, heute noch mehr als früher. Die Provinz sucht nichts so sehr wie den Vergleich, vorausgesetzt, sie gewinnt zur Abwechslung auch einmal den Wettbewerb: Höher als der Stuttgarter Fernsehturm sei der Power-Tower von Rottweil jubelten die Stadtoberen. Höher, größer, breiter, das ist im Grunde das Repertoire infantiler Identitätsprozesse und dennoch von jeher Traum und Strategie der Provinz, der gefühlten Rückständigkeit zu entkommen. Kein Wunder, dass man auch anderswo über seine Türme stolz ist, in Fellbach etwa, wo man bald »das dritthöchste Wohngebäude Deutschlands« vorweisen möchte. Kein Wunder auch, dass man in Rottweil längst in Superlativen schwelgt. »Mit der Hängebrücke heimst unsere Stadt Alleinstellungsmerkmal Nummer vier ein«, zitierte die Lokalzeitung den stolzen Oberbürgermeister, »Höchste Besucherplattform Deutschlands, höchstes Gebäude Baden-Württembergs, längste Hängebrücke der Welt – und natürlich älteste Stadt Baden-Württembergs!«

Die Provinz, schrieb der Publizist und Filmkritiker Georg Seeßlen einmal, ist keine Frage von Geschichte und Schicksal, sondern von Konsum und Selbstdesign. Provinziell nannte man früher die Rückständigkeit der »Peripherie«, die darin bestand, dass man sich modernem Firlefanz selbstbewusst verweigerte. Heute hat sich etwas verschoben, die Provinz überschlägt sich regelrecht darin, sich mit Innovativem zu schmücken. Aus Reutlingen, Deggendorf oder Wetzlar soll New York werden. Oder wenigstens Hannover oder Bielefeld. Es geht um die Sehnsucht nach mehr Bedeutung, die in populistischer Manier in unzähligen Superlativen ausgelebt wird. Es geht um hippe Mode und schrille Mega-Events: vom Scampi-Spießchen in der Kreisliga-Sportheimküche bis zur Mega-Schaum-Party im alten Heuschober, der Erotikmesse in der Mehrzweckhalle oder Sushi-Wochen im alten Landgasthof. Oder man baut eben einen Riesenturm. In der Provinz gibt es heute nichts mehr, was es nicht gibt.

Der Journalist Heribert Prantl hat einmal geschrieben: »Wer Provinz gleichsetzt mit Dummsdorf, ist selbst provinzlerisch. Provinz ist ein gutes Wort. Provinz ist, wo Zusammenhänge überschaubar sind. Provinz ist der Raum, in dem die Menschen sich kennen. Die Welt muss provinziell werden, dann wird sie menschlich. Provinz ist die Überschaubarkeit der Machtverhältnisse.« Aber es stimmt auch, und es ist keineswegs nur ein böser Satz: Nichts ist provinzieller als die Provinz, wenn sie sich großstädtisch gebärdet. Das Fatale am neuen Gigantismus ist: man spürt die Not förmlich, die ihn auf den Weg gebracht hat. Und es bleibt am Ende doch alles beim Alten.

Die viel gescholtene Provinz ist im Grund viel reicher, als sie es selber wahrhaben will. Nur, sie bemerkt es nicht. Sie bräuchte keine Türme in den Himmel zu bauen, wenn sie sich auf das besinnen würde, was sie auch heute noch stark macht. Positive Seiten von sozialer Kontrolle, die Nähe zur Natur, weniger entfremdetes Leben, weniger Hektik, höhere Wertschätzung des Einzelnen. Eigentlich fehlt es an gar nichts in der Provinz – wenn man genau hinschaut. Es gibt genug Events auf dem Land. Im Herbst Schlachtfest und Schlachtplatte. Oder wie der Gastronomie-Kritiker Wolfgang Abel einmal in einer Kolumne beobachtete: wenn der Turnverein nach dem Training zweireihig am großen, runden Stammtisch sitzt. Ja, es gibt sogar eine ausgeprägte Sehnsucht der Großstädter nach Landlust und Landliebe, eigenartigerweise aber fast nie unter den Alteingesessenen, die hier leben. Und doch ist es kein Wunder, denn man will eben leben, wie man heute lebt, und nicht wie gestern oder vorgestern.

Größtmögliches Rückstandserleben

Rückstand gab es immer, Modernitätsverlierer auch. Aber ein Rückstand, der so schmerzhaft als Defizit, ja, als Verrat am eigenen Leben erfahren wird, den gab es noch nie. Noch nie war das Gefühl, abgehängt zu sein, so groß, so schwerwiegend und so belastend für die Betroffenen wie heute. Die moderne individualistische Gesellschaft mit dem Internet als der großen Identitätsmaschine, die einem detailliert und in einer nie dagewesenen Penetranz vorhält, wie das Ideal der neuen Lebensführung aussieht und wie nicht, gibt das Ziel vor, die eigene Realisierung bleibt dahinter oft weit zurück, ja, der Rückstand scheint sich sogar weiter zu vergrößern. Auch darin kann man einen Grundzug der Globalisierung erkennen.

Tatsächlich kann man in Deutschland wie in den Vereinigten Staaten zeigen, dass sich genau da, wo die Verlierer leben, im ländlichen Raum, in den strukturschwachen Gebieten, dort, wo die Kleinstädte sind, agrarisch geprägte Gegenden mit einem Überhang an kleinbürgerlichen Milieus der unteren Mittelschicht, die tiefste Bodenlosigkeit zu spüren ist. Hier auch ist der Groll auf diejenigen, denen es vergönnt ist, die Gewinner-Welten zu bevölkern, jene Gruppen, die man heute pauschal das »Establishment« nennt, am größten. Hier auch sind die meisten Wähler zu Hause, die bei den amerikanischen Präsidentschaftswahlen 2016 und 2020 Donald Trump ihre Stimme gegeben haben – und hierzulande jener Partei, die sich »Alternative für Deutschland« nennt.

Trump ist wohl Geschichte. Aber es spricht viel dafür, dass so einer wie er jederzeit wiederkommen könnte. Warum Trump? Nicht wegen seiner Politik sei er gewählt worden, mutmaßen politische Beobachter und Analysten, sondern wegen der Geschichte, die er erzählt, seinem Narrativ, wie man heute sagt. Er spricht seinen Wählern aus dem Herzen. Sie glauben, mit ihm einen der ihren gewählt zu haben, auch wenn der Milliardär Donald Trump eigentlich auf einem anderen Stern lebt. Aber im Grund ist er aus demselben Holz geschnitzt wie sie. Er ist so schlicht wie sie, so durchschnittlich und vulgär, so ungebildet und so erfüllt von einem Geltungsdrang, wie er größer kaum sein könnte. Und er führt das Leben, das sich seine Anhänger wünschen, von dem sie träumen und das sie selbst so gerne leben würden, würden sie über die Mittel verfügen, über die er verfügt. Trump verkörpert das Erfolgsmodell des kapitalistischen Individualismus, er ist die personifizierte, zu Ende gedachte Erfolgsgeschichte all seiner Wähler, die es nicht geschafft haben und die das Unrecht dieser Welt bitter und einsam werden ließ. Er ist ihr Leitstern und ihr Heiliger, den sie anbeten, um ihre Hoffnung am Leben zu erhalten, es selbst doch noch irgendwann zu schaffen. Trump ist die Hoffnung, und wenn nicht er, dann der Nächste, der nach ihm kommt und dem sie wieder folgen werden.

Kapitel 6

Vom Ego zum Shooter – Aufstand der Ausgestoßenen

Für den sehr Einsamen ist schon Lärm ein Trost.

Friedrich Nietzsche

Enttäuschung und Protest

In den Vereinigten Staaten von Amerika steht die Wiege der modernen Demokratie, aber genauso ihr Krankenbett. Aber vielleicht auch nirgendwo so sehr wie hier haben Wissenschaftler und Intellektuelle immer wieder darüber nachgedacht, wie man den Problemen von Einsamkeit und Radikalisierung begegnen könnte. Eric Hoffers *True Believer* ist eines dieser originellen Werke der US-amerikanischen Geisteswelt. Hoffer ging es darin um die Massenbewegungen des 20. Jahrhunderts. Vor dem Hintergrund des Grauens zweier Weltkriege, die ihre Ursachen in einem weitverbreiteten fanatischen Denken hatten, wollte er wissen, was einen normalen Menschen dazu bringt, sich immer wieder ganz und gar grausamen Bewegungen anzuschließen, die groß und größer werden und später in der Lage sind, Tod und Verderben ungeahnten Ausmaßes über die Menschheit zu bringen. Seine Antwort überraschte: Anhänger einer Massenbewegung zu sein, so argumentierte er, hat im Grunde nichts mit dem Ziel der Bewegung zu tun, mit der man sich identifiziert, sondern eher mit einer Disposition. Welche »Subjekte« einer Gesellschaft empfänglich sind für solche Bewegungen, ganz egal, ob gute und schlechte, hängt davon ab, welche sozialen Erfahrungen hinter den Betreffenden liegen. Eric Hoffer lieferte eine psychologische Analyse desjenigen Typs, der sich einer Massenbewegung anschließt, und ermittelte, dass es einen bestimmten Charakter gibt, der die Disposition zum Fanatiker in einer Massenbewegung in sich trägt. Dessen Neigung lässt sich zurückführen auf eine Grunderfahrung: Enttäuschung.

Hoffer, ein autodidaktischer Publizist, der als Kind mit einer der schlimmsten Enttäuschungen fertigen werden musste, die es für einen Menschen gibt, nämlich nach einem Unfall für viele Jahre nahezu völlig erblindet zu sein, sah die Geburtsstunde von Protestbewegungen nicht in einer neuen attraktiven Heilslehre oder Ideologie, sondern in der individuellen Frustration über gescheiterte Lebenspläne. Diese kann ganz privater Natur sein oder, mit mehr Erklärungskraft für eine ganze Bewegung, eine, in der das eigene Scheitern eng mit der Gesellschaft verwoben ist. Hoffer sah sich als ein Mahner gegen jede Form des Fanatismus, vielleicht gerade weil er die Ausweglosigkeit aus eigener Erfahrung so gut kannte.

Ein Menschenleben hält mannigfaltige Formen von Enttäuschungen bereit, was aber ist die spezifische Enttäuschung des Individualismus in der offenen demokratischen Gesellschaft? Enttäuscht sind viele von leer gewordenen Idealen, denen sie einst so hoffnungsfroh nachgeeifert sind, von Werten und Lebenszielen, die sich nicht erfüllt haben. Jeder, der in diesem Spiel um individuellen Aufstieg, um soziale Anerkennung und Wertschätzung zu den Verlierern zählt und vom Glauben abgefallen ist, sucht nun einen neuen Sinn, um über die eigene Enttäuschung hinwegzukommen, jeder trägt in sich diese große ungestillte Wunde, fühlt sich verschaukelt und betrogen, vor allem ausgegrenzt von den Segnungen der Demokratie, von denen ihnen so viele vorgeschwärmt hatten.

Ausgeschlossen zu sein, Zutritt verwehrt zu bekommen, nicht wahrgenommen zu werden, führt zu Frust und Aggression. Das ist schon auf dem Schulhof so. Und so ist es in der heutigen Erfolgsgesellschaft. Auflehnung und Protest, der sich bald in neuen Bewegungen sammelt, ist die Antwort der Verlierer des Internetzeitalters, die nicht teilhaben an den Glückswelten dieser neuen Ära. Es sind am Ende die Nicht-Wahrgenommenen, die nicht top- oder gar nicht »gerated« sind, die Un-Vermessenen, die digital Verschmähten, die zu Wählern populistischer Parteien werden, die sich gegen die Eliten, das »Establishment«, ja, gegen die ganze Demokratie stellen. Ihr Protest gegen die Ignoranz, die ihnen widerfährt, entspringt der Trauer und Wut, die sich zum Groll auf das ganze System auswächst, das ihnen scheinbar etwas vorenthält, was ihnen zusteht. Der Hass entlädt sich im Wahlverhalten oder in noch stärkeren Formen von Agitation und Hetze, die sich nun Bahn brechen.

Den meisten Theorien für das Aufkommen neuer radikaler Protestbewegungen liegt die Annahme vorherrschender Ängste weiter Kreise der Bevölkerung zugrunde. Ängste vor sozialem Abstieg oder vor »Überfremdung« durch Migration. So ist in der Öffentlichkeit der Eindruck entstanden, als hätten erst die Flüchtlingsströme der letzten Jahre den Ausschlag für den starken Zulauf vieler Wähler zu rechtspopulistischen Parteien in nahezu allen Demokratien der Weltgesellschaft gegeben. Im Kern geht es bei den neuen Protestwählern aber um etwas ganz anderes. Nicht um Migration als Motiv, sondern um einen Reflex auf eine viel umfassendere Erfahrung. Es geht um die große Desillusionierung der unbegrenzten Möglichkeiten in der Cybergesellschaft. Es geht, dreißig Jahren nachdem das World Wide Web seinen Siegeszug angetreten hat, um das Gefühl eines gebrochenen Versprechens. Wohl noch nie zuvor hatten Menschen so hohe Erwartungen an das Leben wie heute. Das Internet als das große Glücksrad unserer Zeit befeuert diese Erwartungen. Hier kursieren die Glücksbilder, hier sind sie auf Abruf verfügbar. Nur, der Download will nicht recht funktionieren. Und so fühlen viele, dass sie ihr hochgestecktes Lebensziel verfehlt haben. Ihre vergebliche Suche nach dem Glück macht sie maximal unglücklich.

Ein Problem kommt erschwerend hinzu. Wo alle Individuen, wie in Tocquevilles Demokratie der Gleichheit, drohen apolitisch zu werden, weil in der Gleichheit, wie er sie beschreibt, alle alles an die Zentralregierung delegieren und der Einzelne seine politische Freiheit aufgegeben hat, wo er also alles auf eine Karte setzt, da bleibt ihm nur noch sein Individualismus, also das neiderfüllte Sich-Vergleichen und Vorwärtskommen, Konkurrenz, Wettbewerb, Anhäufen von Statussymbolen, Selbstverwirklichung, was immer man dafür hält. Wenn sich diese Erwartungen jedoch nicht erfüllen, dann wird das Scheitern als existenziell erlebt. Auf dem Weg zu diesem Ziel ist man einsam geworden, und nun gibt es nichts mehr, was einen noch auffängt, keine Brüderlichkeit alter Tage, keine Institutionen, keine freiheitlichen Bande zu Seinesgleichen. Die Niederlage wird maximal erlebt. Einsamkeit, Isolation, soziale Resonanzlosigkeit bleiben bestehen, ja, verstärken sich gegenseitig sogar noch.

Wahrscheinlich ist die größte Abwertung, die ein Mensch erfahren kann, nicht so sehr die Ablehnung, die man jemandem zeigt, oder gar die offene Verachtung, sondern ignoriert zu werden – das bewusste Schweigen der anderen. George Bernard Shaw hat einmal formuliert: »Die schlimmste Sünde, die wir unseren Mitgeschöpfen antun, ist nicht, sie zu hassen, sondern zu ihnen gleichgültig zu sein: das ist das Wesentliche der Unmenschlichkeit.« In Isolation alleingelassen zu sein, trotz allen unermüdlichen Einsatzes aus ihr heraustreten zu wollen, ist vielleicht die größte Kränkung des Selbstwertgefühls, die man sich vorstellen kann. Wer trotz aller Strategien, an Anerkennungserlebnisse zu gelangen, in Isolation bleibt, macht sich bald keine Illusionen mehr. Was aber macht das mit dem Inneren des modernen Menschen, der jetzt leer und bitter geworden ist?

Ausgestoßen: Kränkung und Scham

Einer der wenigen Denker von Weltruhm, der über die Einsamkeit geschrieben hat und dem man vollauf glauben möchte, dass er der Einsamkeit tatsächlich schöne Seite abgewinnen konnte, war Michel de Montaigne. Dieser eigenwillige Philosoph des 16. Jahrhunderts, der seine eigene Isolation, die ihm in den letzten Jahren seines Lebens von einem schmerzhaften Nierenleiden diktiert wurde, zurückgezogen in seinem Bibliotheksturm als Inspirationsquelle zu nutzen wusste, hat recht ausführlich über ihre Vorzüge geschrieben. In seinem Essay *De la Solitude* fordert er seine Leser dringend dazu auf, an der Einsamkeit »Geschmack zu finden«, denn sie führe zu dem, was das Wichtigste im Leben sei: zu innerer Ruhe und Zufriedenheit. Diese Zufriedenheit, so Montaigne, sei »nicht abhängig von anderen, sondern vom Auskommen mit sich selbst.« »Wir müssen uns ein Hinterstübchen zurückbehalten«, heißt es da an zentraler Stelle, »ganz für uns, ganz ungestört, um aus dieser Abgeschiedenheit unseren wichtigsten Zufluchtsort zu machen, unsere wahre Freistatt. Unsere Seele vermag ihre Bahn um die eigene Mitte zu ziehen; sie kann sich selbst Gesellschaft leisten. Sie hat genug anzugreifen und zu verteidigen, genug von sich zu geben und von sich zu empfangen.« Am Ende ist es Aristoteles und seine Lebenslehre, die bei ihm durchscheint, denn auch für den griechischen Philosophen ist die Selbstgenügsamkeit Ziel allen Strebens und, so sie denn erreicht wird, das höchste Menschenglück.

Und der Rest der Zunft der Philosophen, Denker und Dichter? Vor allem jene, die über Einsamkeit als Erfahrung explizit geschrieben haben? Da sieht es ganz anders aus. Jean-Jacques Rousseau, Arthur Schopenhauer oder Friedrich Nietzsche? Einsamkeit scheint bei ihnen allen fast immer eine schreckliche persönliche Erfahrung zu sein, auch wenn sie, wie Montaigne, allesamt immer wieder ihre angeblichen Vorzüge gepriesen haben. Keinem von den Genannten nimmt man am Ende wirklich ab, dass er sich wohlgefühlt hätte mit dieser kalten Begleiterin, die nicht von seiner Seite weichen wollte. Die Freuden und Wonnen der Einsamkeit, über die sie alle geschrieben haben und die sich da scheinbar eingestellt hat, kann der Leser kaum nachempfinden.

Wenn man bei ihnen dennoch immer wieder so viel Lobendes zur Einsamkeit liest, dann hat das wohl mit einem gängigen psychologischen Reaktionsmuster tun, das auch oder gerade bei diesen angeblichen Einsamkeitsvirtuosen der Weltliteratur aktiv war. Die erste Reaktionsform auf eine empfundene Ausgrenzung wie auf eine tatsächlich erlittene Isolation ist zumeist erst einmal gar nicht die offene Auflehnung gegen diesen Zustand, sondern eine tiefe Gekränktheit, die jedoch mit der Zeit in ein Leben in Trotz übergeht, zu einem widerwilligen Sich-Abfinden mit diesem Zustand, dem man nun, fast verzweifelt, wie es scheint, dennoch irgendwelche angenehme Seiten abgewinnen möchte oder ihn vollends schönfärbt. Man redet sich ein, diese Einsamkeit sei gut, wertvoll und gesund. Man richtet sich eben ein in diesem kalten Zimmer, versucht, es sich in der ganzen Trostlosigkeit irgendwie gemütlich zu machen, und gibt bald vor, es ginge einem gut mit ihr.

Jean-Jacques Rousseau, Arthur Schopenhauer oder Friedrich Nietzsche – sie alle waren Menschen, die die schmerzliche Erfahrung machen mussten, dass sie im Lauf ihres Lebens immer weniger und bald fast gar keine Bestätigung von ihrer Außenwelt mehr erhielten, kaum oder keine Anerkennung oder Gegenliebe, und schließlich vereinsamten. Ihre Einsamkeit war von der härtesten Art: lang anhaltend, ohne, dass ein Ende abzusehen zu sehen war, und ganz und gar unfreiwillig. Sie alle fingen irgendwann an, mit der Welt zu hadern, legten sich diese Einsamkeit aber bald auch zurecht als so etwas wie ein in freier Entscheidung selbst gewähltes Ziel oder wenigstens als ein willkommenes Los, obwohl ihnen, genau genommen, gar nichts anders übrig bliebt, als sich ihr still und leise zu fügen. Liest man jene unter ihren Schriften, die sich entweder ganz explizit oder auch eher nebenbei mit der Einsamkeit befassen, so scheint es, als wären sie alle eher Suchende nach der verborgenen Süße in dieser Seelenlage gewesen, als dass sie sie tatsächlich gefunden und von ihr profitiert hätten. Friedrich Nietzsche etwa, der sich so oft zum Schreiben über lange Zeit in die »vollständige Einsamkeit« seiner Schreibstube in Sils Maria zurückzog, um von dieser selbst gewählten Einsamkeit offenbar für sein Denken und Schaffen zu profitieren, räumt sogar einmal ganz offen ein, dass er »im Grunde [...] ganz und gar nicht für die Einsamkeit gemacht« sei. Das hinderte ihn jedoch nicht, sie in seinem »Übermenschen«, der in den höchsten Höhen der Engadiner Berge weit oben über der Herde in heroischer Einsamkeit umherstolzierte, zu glorifizieren. In seinen Briefen, wie in jenem an seine Schwester Elisabeth aus dem Jahr 1883, wird er schon viel ehrlicher. Er schreibt: »So bald ich jetzt sagen muss: ›Ich halte die Einsamkeit nicht mehr aus!‹, so empfinde ich eine unsägliche Erniedrigung vor mir selber – ich bin dem Höchsten, das in mir ist, abtrünnig geworden.«

Sie alle litten an ihr, und sie alle begannen, die eigene Abgeschiedenheit vom Rest der Welt nach Kräften zu idealisieren. Henry D. Thoreau, der sich im Unterschied zu den anderen Vorgenannten als einziger offenkundig in vollkommener Freiwilligkeit in sie gefügt hatte, schrieb ebenfalls von diesem »Glück der Einsamkeit« mit all der inneren Freiheit, der, wie er es formulierte, »klaren, kräuselnden Heiterkeit«. Über den ganzen Zeitraum von zwei langen Jahren, die er mutterseelenallein in den Wäldern von Massachusetts zugebracht hatte, verlautbarte er später in seinem Erfahrungsbericht ganz stolz, nur ein einziges Mal habe ihn vor seiner Holzhütte ein Gefühl der Einsamkeit bedrückt, und zwar nur eine Stunde lang. Man schließt daraus: Was er den Rest der Zeit empfunden hat, müssen offenbar all die anderen freudvollen Einsamkeitsgefühle gewesen sein – und man will es ihm doch nicht recht glauben. Man liest, egal ob in Nietzsches *Zarathustra* oder in Rousseaus *Träumereien eines einsamen Spaziergängers*, immer ganz ähnliche hochtrabende, fast zwangseuphorisch anmutende Passagen, die dem Leser die eigene zutiefst bedauerliche Lage als eine Art heroischer Triumphzug mit maximaler Befreiung, ja, innerer Erquickung und Erholung erscheinen lässt. Nur ganz selten scheint es, als sei die Umdeutung auch lebenspraktisch gelungen, als sei in diesen von ihrer Isolation so Geschwächten eine innere Haltung gewachsen, als seien sie dann doch mit ihrer Einsamkeit auf gutem Fuß gestanden. Aber die meiste Zeit ist das nicht so. Der Leser spürt vielmehr tiefe Traurigkeit in ihren Zeilen und den drängenden Wunsch, aus dieser Not befreit zu werden.

Was aber zweifellos zutrifft: Im Niemandsland der Einsamkeit sind all die so bösartig empfundenen anderen, all die unliebsamen Mitmenschen, die einem die verdiente Aufmerksamkeit verweigern und dadurch das Leben verdrießen, nicht mehr um einen. Man hat sie abgeschüttelt. Mit wohltuendem Effekt, denn wenigstens dem Erlebnis einer erneuten Traumatisierung durch die anderen hat man nun vorgebaut. So absurd es sich anhört: Sich in Isolation zu begeben, schützt auch. Sie ist tatsächlich ein wirksames Mittel, das davor bewahrt, wieder und wieder abgelehnt zu werden. Das ist auch viel besser, als inmitten all der anderen einsam zu sein. Zu diesen Überlegungen passt, was die empirische Wissenschaft zutage gefördert hat. Einsame würden demnach tatsächlich sehr häufig versuchen, berichtet etwa der Soziologe Janosch Schobin, Erlebnisse eines möglichen neuerlichen Zurückgewiesenwerdens und damit eine neuerliche soziale Schmerzerfahrung zu vermeiden. Obwohl man also zutiefst an der eigenen Einsamkeit leidet, vermeidet man ausgerechnet die Begegnung mit anderen in der Befürchtung, diese könnten den alten Einsamkeitsschmerz wieder aufflammen lassen oder ihm gar einen neuen hinzufügen. Es ist das Erlebnis der Schnecke, die immer wieder die Erfahrung macht, dass die Begegnung mit anderen Lebewesen schmerzhaft ist, sobald sie sich aus ihrem Schneckenhaus wagt. Kein Wunder, dass sie es irgendwann ganz bleiben lässt – und sich in die innersten Windungen ihres Gehäuses zurückzieht.

Einsamkeit, in die man ganz unfreiwillig gestoßen wird, als selbst gewählt erscheinen zu lassen, ist meist eine wirkungsvolle Strategie, sich unversehrt zu halten, sich nicht unterkriegen zu lassen, zu überleben. Und selbst, wer sie wirklich selber gewählt hat, leidet fast immer an ihr. Es verwundert also kaum, wenn der Leser in all den vielen literarischen Zeugnissen, selbst im Schlüsselroman aller Einsamen, in Thoreaus *Walden*, glaubt, durch all das Flüstern des Windes, Plätschern des Wassers, Rufen der Wildtiere und Vogelgezwitscher eine leise klagende Note von Trauer und Bedrückung herauszuhören.

Blame Shifting

Der Vereinsamte ist ein niedergeschlagener Mensch. Auch wenn er sich noch lange dagegen wehrt, die Seelenfinsternis erreicht ihn irgendwann. Aber irgendwann geht er über in den Protest. Er adressiert das eigene Leid und versucht einen Schuldigen zu finden. Einsamkeit wird nur allzu häufig nicht als persönliches Schicksal akzeptiert, sie wird umgedeutet: als Folge eines feindlichen Akts der anderen gegen einen selbst – und so auch empfunden. *Blame shifting* nennt man das in der modernen Psychologie, das Adressieren von eigener Schuld an einen sich außerhalb der eigenen Zuständigkeit befindlichen fremden Verursacher. Diese Reaktion findet sich in den Zeugnissen vieler Einsamer dieser Welt. Scheinbar macht sie das Ertragen ihrer misslichen Lebenslage leichter. Denn so lässt sich, bei allem Schmerz, wenigstens der eigene Selbstwert retten.

Die Reaktion, einen unschuldigen Schuldigen zu finden, ist nicht besonders mannhaft, aber allzu menschlich und auch gar nicht so abwegig, wie es scheint. Tatsächlich, zumindest in der ersten Einsamkeit, die ein Mensch erleiden muss, im ganz frühen Kindesalter, liegt ja immerzu ganz eindeutig ein Fremdverschulden für die eigene Lage vor. Das verzweifelte Weinen, der angsterfüllte Zorn des alleingelassenen, um sein Leben schreienden Kindes kennt einen wirklich zuständigen Adressaten: die Mutter oder die sorgende Bezugsperson, die nicht da ist und doch die Verantwortung hätte. In vielen Frustrierten bleibt dieses Muster erstaunlich zählebig. Auch im Erwachsenenalter erlebte Einsamkeit wird sehr oft in die Verantwortung irgendwelcher anderer geschoben.

In der Literatur lässt sich diese Reaktionsweise schon recht früh studieren; in idealtypischer Form ausgerechnet bei einem der großen politischen Theoretiker der Moderne: bei Jean-Jacques Rousseau. Dies deshalb so gut, weil vielleicht keiner so ausführlich über dieses Thema geschrieben hat wie er. Er war gewissermaßen einer der ersten Theoretiker der modernen Gesellschaft und zugleich ihr erstes prominentes Opfer. Rousseau stilisierte sich, je älter er wurde umso mehr, zu einem regelrechten Märtyrer – und erklärte seine isolierte Lebenslage, die sich gegen Ende seines Lebens immer mehr verschärfte, als einzig und allein fremdverschuldet. Rousseau war eine recht eigenwillige Persönlichkeit, man kann auch sagen: ein notorischer Egomane und Querulant, ein verschrobener Typ und mürrischer Misanthrop, den Friedrich Nietzsche einmal scherzhaft, aber völlig zutreffend eine »Tugend-Tarantel« genannt hat. Er legte sich mit nahezu jedem an, der ihm das Wasser reichen konnte, und verdarb es sich selbst mit vielen, die ihn einmal einen Freund genannt hätten, indem er ihnen Argwohn und Missgunst unterstellte. Aber anstatt sich in kritischer Selbsterkenntnis zu üben, schob er die Schuld für sein eigenes menschliches Scheitern und seine daraus resultierende isolierte Lebenslage bald auf sie alle, bald sogar auf die ganze Gesellschaft und sah überall Feinde lauern, wo gar keine waren.

Er drehte also irgendwann den Spieß um. Für seine Einsamkeit macht er nicht sich, sondern seine Mitmenschen, seine Umgebung, ja, die ganze Welt verantwortlich. Und so kam es, dass er, der Einsame, sich irgendwann nicht mehr nur als der »einsame Spaziergänger« sah, der seiner Einsamkeit »süße Seiten« entlocken konnte, sondern als ein »von der Welt Verlassener«. Aus dem Verlassenen wird bald ein »Ausgestoßener«, aus diesem schließlich ein »Verbannter«. Seine Einsamkeit erscheint ihm nun als eine von seinen Feinden absichtsvoll zugefügte Demütigung. Wie Robinson erlebt er sie als eine Strafe, freilich eine, die völlig illegitim ist, zumal er nicht müde wird, sich selbst als den Tugendhaftesten des ganzen Jahrhunderts zu präsentieren. »Die anderen« – wer auch immer damit gemeint sein soll – erscheinen als perfide »Verfolger«, vor denen er flüchtet, vor denen er sich verschanzt, die er bald mehr fürchtet als seine Einsamkeit. Gegen Ende seines Lebens nimmt diese Idee tatsächlich wahnhafte Formen an. Rousseau wird zu einem Vorläufer all jener Fanatiker der Gegenwartsgesellschaft, die sich vom Leben betrogen fühlen. Die Projektion von Einsamkeit als etwas Fremdzugefügtes findet sich in seinen späten biografischen Schriften, in vielen apologetischen Traktaten und schließlich in heftigen Vorwürfen, die er an diese unbekannten anderen richtet: Diese »schweigen« nur, schreibt er, »wo sie sprechen, loben, anerkennen müssten!« Und auch dieser Satz findet sich in seinen Aufzeichnungen: »Die anderen haben sich alle gegen mich verschworen!«

Von der Umdeutung der eigenen Einsamkeit als zu Unrecht erlittene Strafe, vom Sich-Einrichten im Opferstatus bis zum Aufschrei ist es nur ein kleiner Schritt. Man will sich gegen die zur Wehr setzen, die einen in diese schmerzliche Lage gebracht haben. Aus Enttäuschung, Kränkung, Trauer, Wut und Groll, der endlich in Verzweiflung übergeht, wird irgendwann Protest. Wie stark und zerstörerisch diese Kraft der gefühlten Zurückweisung wieder zurückschlagen kann, zeigen all die Fälle, in denen sich Menschen radikalisieren.

Soziale Anerkennung ist keineswegs nur am Anfang unseres Lebens die wichtigste Quelle dessen, was man ein stabiles Selbstwertgefühl nennt. Bleibt sie aus, nagt das nicht nur, sondern stürzt einen Menschen in eine fast schon existenzielle Psychokrise. Fremdverschuldet empfundene Isolation lässt den Wunsch immer größer werden, sich für das, was einem angetan wurde, zu *rächen*. Man will Rache nehmen, indem man sich von ganz außen, von den Rändern zurück in die Mitte des Wir drängt. Am besten, auf eine möglichst drastische Art und Weise. Alle sollen sehen, wer man ist, das man nicht grau und keine Null ist, sondern schön, besonders und wunderbar.

Heute sind die Massenmedien der modernen Gesellschaft, und das Internet erst recht, voll von Fantasien von Menschen, die sich mit Isolationserfahrungen bestens auskennen. Ein gutes Beispiel ist die Musikszene der Gangster-Rapper. Junge zornige Männer treten da auf, die von ganz unten kommen, vom Wunsch durchdrungen, es allen zu zeigen, groß rauszukommen, oben anzukommen, ganz oben. Extreme Aufmerksamkeits-Strategien regieren diese Welt der Underdogs in der heutigen Popkultur. Im Extremfall bringt die eigene soziale Unsichtbarkeit Menschen dazu, wenigstens einmal im Leben und dann aber maximal geräuschvoll auf sich und die eigene Bedeutung aufmerksam zu machen, die bislang keiner wahrgenommen hat, einmal zu zeigen, dass man kein Niemand, sondern ein Jemand ist.

Amok

Es ist der Amokläufer, der sich mit solch einer einzelnen eruptiven Tat zurückkatapultieren will: von ganz außen nach ganz innen, von der Ignoranz in die maximale Wahrnehmung. Er ist eine Figur, die es in Tocquevilles Welt noch nicht gab, aber er steht in der Konsequenz seines Denkens. »Der Amokläufer fühlt sich von der Welt verlassen«, schrieb der Journalist Michael Winter in einem wunderbaren Feuilleton in der *Süddeutschen Zeitung* einmal, »er reagiert darauf mit dem Wunsch, die Welt zu säubern. Voraussetzungen für den Amoklauf sind Verfolgungswahn und Omnipotenzwahn.« Und dann weiter: »Nur ein einziger Mensch hat uns bisher in den Denkmechanismus eines amokgefährdeten Gehirns blicken lassen: In seinen autobiografischen Schriften hat Jean-Jacques Rousseau die Entwicklung des Amokläufers akribisch verzeichnet. Nur die Tatsache, dass er

Schriftsteller geworden ist, hat ihn davor bewahrt, ein Blutbad anzurichten.«

Amokläufer sind Menschen, die sich in ihrer Individualität, in ihrem Wert und ihrer Größe nicht wahrgenommen fühlen. Ihre Tat ist wie ein schrecklicher Schrei nach Aufmerksamkeit. Das trifft im Kern auch für Rousseau zu. Glaubt man seinen Aufzeichnungen, soll er das Manuskript seiner autobiografischen Selbstgespräche, die er kurz vor seinem Tod 1777 unter dem Titel »Rousseau richtet über Jean-Jacques« veröffentlichte, in einen Umschlag gesteckt und darauf geschrieben haben: »Ich erwarte von den Menschen nichts mehr als Beleidigungen, Lügen und Verrat. Ewige Vorsehung, auf Dir ruht meine Hoffnung!« Er will diesen Umschlag, wie er berichtet, in einem wahrlich hochheiligen Akt feierlich auf dem Altar von Notre Dame in Paris niederlegen, findet die Kathedrale aber zu allem Unglück verschlossen vor – und wertet auch dies als untrügliches Zeichen dafür, dass selbst die Vorsehung ihn verraten habe. »So bin ich denn allein auf der Erde« schreibt er in den *Träumereien eines einsamen Spaziergängers* – neben den *Bekenntnissen* seine andere autobiografische Schrift. »Ich habe keinen, der mir nahe steht, keinen Freund, keine andere Gesellschaft als mich selbst. Der geselligste und liebevollste Mensch ist durch einstimmigen Beschluss geächtet. Speien nicht die Vorübergehenden vor mir aus? Belustigt sich nicht eine ganze Generation damit, mich lebendig zu begraben?«.

»Alle lachen mich aus, niemand erkennt mein Potenzial. Ich meine es ernst!« Das schreibt nicht Jean-Jacques Rousseau, sondern Tim Kretschmer, der Attentäter von Winnenden, der 2009 bei einem Amoklauf 15 Menschen, Mitschüler und Lehrer, und am Ende sich selbst tötete, als er seine Tat tags zuvor im Internet ankündigte und drohte: »Ihr werdet morgen von mir hören!« Der Amokläufer ist eine Figur der Öffentlichkeit, die es, in einer gewissen Regelmäßigkeit, zumindest in der westlichen Welt erst seit dreißig, vierzig Jahren gibt. Doch Amokläufe, Amokfahrten, Amokflüge werden mehr: Achtzehn der dreißig schlimmsten Massenerschießungen in den Vereinigten Staaten von Amerika nach dem Zweiten Weltkrieg fanden in den vergangenen zehn Jahren statt. Es gibt inzwischen einige wissenschaftliche Untersuchungen, die Einblicke in die Psyche von wirklichen Amokläufern geben. Der Psychologe Mark Leary hat über die Ursachen geforscht, in Deutschland die Kriminologin Britta Bannenberg. Sie hat vor ein paar Jahren eine Untersuchung vorgelegt, in der sie Massenerschießungen von Tätern zwischen 1913 und 2015 erforscht hat, vor allem die Amokläufe von Erfurt, Emsdetten und Winnenden, aber auch andere mit weniger Todesopfern. Auffällig ist, dass die Täter keine Mobbingopfer sind und fast durchweg unauffällige innerfamiliäre Verhältnisse aufweisen. Aber durchweg alle sind Einzelgänger, introvertiert, zurückhaltend und extrem einsam. Sie alle vereint ausgeprägte Desintegration, fortgeschrittene psychosoziale Entwurzelung und maximale Isolation. Man kann behaupten: Maximale Einsamkeit ist die genuine Urerfahrung des Amokläufers. Amokläufer haben fast nie ein vertrauensvolles Verhältnis zu ihren Eltern, sie haben keine engeren Freunde, sie sind schwer zugänglich und verschlossen – gleichzeitig maximal bedürftig. Sie sind nicht nur einsam, sondern empfinden diese Einsamkeit als eine extreme Form des Unrechts, das man ihnen zufügt, ja, als eine permanente Demütigung. Nichts vermissen sie schmerzlicher als die Anerkennung und Wertschätzung der Gemeinschaft. Aber nicht nur das, sondern sie sind der festen Überzeugung, dass sie diese auch verdient hätten, man sie ihnen jedoch wie aus niedrigsten Beweggründen vorenthält. Tief im Inneren fühlen sich wie Genies, zu Großem Berufene, die verkannt sind, als ganz und gar außergewöhnliche Menschen, deren Besonderheit aber nicht strahlen darf, sondern permanent unterdrückt wird von einer Außenwelt, die sie zu verachten scheint und ihnen statt dessen kränkende und zurücksetzende Erfahrungen zufügt. Sie alle leiden, so Bannenberg, an einer narzisstisch-paranoiden Persönlichkeitsstörung.

Auslöser realer – und nicht nur fantasierter – Amokläufe sind generalisierte Rachegedanken, die einen längst gefassten Entschluss schließlich in die Tat umsetzen. Es geht um Genugtuung. Es geht darum, die maßlose Kränkung, nicht oder nicht gebührlich in all seiner Einzigartigkeit wahrgenommen und wertgeschätzt worden zu sein, endlich zu rächen. Aber nicht die Rache an bestimmten einzelnen

Personen, Eltern, Lehrern, Trainern, Mitschülern, Freunden oder Bekannten steht im Vordergrund, sondern *an allen*. Alle sollen büßen: die Anderen, die Gesellschaft, das System. Erreicht wird die Genugtuung erst in einer grausamen Tat, die stets im öffentlichen Raum stattfindet und die sich in ihrer Inszenierung an den Maßstäben der Außergewöhnlichkeit orientiert und so ins Extreme gesteigert wird, wie jene, die der Täter seiner eigenen Persönlichkeit beimisst, auch wenn sie bis zu diesem Zeitpunkt keiner je erkannt hat.

Eine große Rolle bei Amoktaten spielt immer auch die Resonanz auf die geplante Tat. Die Täter antizipieren sie schon Wochen vorher: das Echo der Umwelt, der Medien – es ist Teil des Plans, dem eigenen Ich Gehör zu verschaffen. Sich endlich die ganz große, wenn auch nur einmalige Wahrnehmung, die der eigenen Außergewöhnlichkeit entspricht, durch eine Tat zu sichern, die auf maximales Echo stößt, ist das Ziel der Aktion. Die ganze Welt soll wenigstens einmal mich und meine Not, mein Leiden, meine Verzweiflung, meinen Hass, das Unrecht, das man mir angetan hat, miterleben, anschauen, sich damit befassen *müssen*. Das sind die Gedanken des Amokläufers. Er, der Ohnmächtige, wird wenigstens einmal und dann maximal, mächtig. Er lebt wenigstens ein einziges Mal eine Allmacht aus, die ihn für alles, was er durchmachen musste, entschädigen soll, einmal wenigstens. Er weiß, dass er selbst am Ende des Tages untergehen wird, dass er dabei umkommt. Der Suizid ist das Ende des Amoklaufs – und zugleich sein Höhepunkt, seine letzte Tat. Für ihn: eine Heldentat.

Beschäftigt man sich mit der Geschichte von Amok-Verbrechen, fällt auf, dass sie sich in den letzten Jahren in zwei wesentlichen Merkmalen verändert haben. Ein Amoklauf ist heute entgegen seiner Begriffsgeschichte kein spontanes Gewaltverbrechen mehr, das sich rauschhaft und wie aus unkontrollierter Raserei entfaltet, sondern weitaus häufiger das Gegenteil. In den Wissenschaften, die sich mit dem Phänomen beschäftigen, in der Psychologie und Kriminologie, herrscht heute Einigkeit darüber, dass Amokläufe nicht aus einem Impuls heraus entstehen oder Handlungen aus blinder Wut zu nennen sind. Man registriert heute fast durchweg solche Verbrechen, in denen die Mörder die späteren Tatverläufe lange vorher ausgedacht und sie immer wieder in ihrer Fantasie durchgespielt haben, in denen sie diese Taten detailliert vorplanen und sie immer wieder auch über soziale Medien und sogenannte *Leakings*, offen oder auch verschlüsselt, ankündigen. Bis sie jedoch von der Idee zu Tat schreiten, spitzt sich in der Regel die individuelle Krise des Täters zu, der innere Leidensdruck nimmt immer mehr zu und entlädt sich schließlich in der Tat, in diesem letzten blutigen Fanal. Es gibt zwar wenige Amokläufe, deren Täter auch in einer direkten Beziehung zu ihren Opfern stehen, wie beim sogenannten *Home Shooting*, dennoch ist die relative Wahllosigkeit hinsichtlich der Opfer, die immerzu in eindeutiger Tötungsabsicht angegriffen werden, ein ganz wesentliches Merkmal. Diese Wahllosigkeit lässt sich dadurch erklären, dass der Täter in den meisten Fällen keine individuelle Schuld an seiner Lage bei konkreten anderen Personen sieht, sondern in einem allgemeinen grenzenlosen Hass agiert, der gar nicht mehr willens ist, die näheren Ursachen seiner Emotionen genauer zu betrachten und aufzulösen.

Es wäre dabei dennoch falsch anzunehmen, ein Amokläufer sei ein Täter ohne Moral. Genau besehen folgt auch ein Amoktäter, dessen eigentliches Ziel nur darin besteht, Genugtuung für erlittene Demütigungen zu erhalten, einem übergeordneten Wert, der ihn leitet, einer moralischen Idee, die sein Tun zu legitimieren scheint. Tief in seinem Inneren glaubt er, einen gerechten Kampf zu führen. Er handelt nach einem Leben unverdienter Schmähungen im Namen seines unerschütterlichen Glaubens, dass er zu Besonderem und Außergewöhnlichem berufen ist und mit seinem Namen doch immer eine Tat verbunden sein soll, die anders, größer und bedeutender ist, als die der Durchschnittsmenschen, zu denen er nicht gezählt werden will. Das Leitgestirn seines Kampfes ist die Tilgung einer großen Ungerechtigkeit in der Welt und damit die Bewahrung der Idee der eigenen Großartigkeit. Er rechnet es sich selbst hoch an, dass er das ihm zugefügte Unrecht nicht einfach schluckt, sondern dagegen ankämpft. Der Amokläufer heiligt sein Ich, seine Tat ist die Rehabilitierung seines ewig unterdrückten Ichs, das nun wenigstens in einem letzten Akt endlich zur Geltung kommen darf, so wie es immer schon hätte zur Geltung kommen sollen, wäre das Leben nur fair und gerecht.

Auch wenn absolute Skrupellosigkeit ein Charaktermerkmal von Amokläufern ist, scheint nicht wenige von ihnen doch eine Art schlechtes Gewissen zu plagen, wenn sie sich bei der Planung ihrer Taten klar machen, dass sie viele Unschuldige töten werden, um ihr gekränktes Ich zu rehabilitieren. Es ist daher ein verbreitetes Phänomen, dass Amoktäter ihre Attentate vorher oder im Nachhinein in größere ideologische Kontexte rücken, was sich oft aus den Botschaften herauslesen lässt, die ihre Taten begleiten. Manche gehen soweit, ihren Anschlag ganz explizit im Namen einer Religion oder Ideologie zu verüben, wie etwa der norwegische Massenmörder Anders Breivik, der 2011 in Oslo und auf der Insel Utoya insgesamt 77 Menschen getötet hat und sich bis heute als christlicher Kreuzritter im Dienst eines heiligen Auftrags sieht. Oder wie einer jener zahlreichen jungen Männer, die im Namen Allahs Kirchen, Diskotheken oder Konzertsäle stürmen und dort Massaker anrichten. Im Grunde reagieren sie dabei alle eine ganz ähnliche Form von Ich-Kränkung ab, ganz egal, ob sie dabei »Allahu akbar!« rufen und selbst völlig davon überzeugt sind, eine zutiefst religiöse Tat zu begehen, die dem eigenen Gott, der eigenen Glaubensgemeinschaft oder einem irgendwie höherem Ideal dienen soll. Viele Amoktäter neigen dazu, ihre persönliche Tat ideologisch zu verbrämen, zu ummänteln. Denn erst durch einen übergeordneten Kontext, durch eine Legende stellt sich der Märtyrer-Effekt ein, um den es ihnen geht, weil er eine moralisch entlastende Funktion hat. »Der Glaube an eine heilige Sache«, hat Eric Hoffer geschrieben, »ist in beträchtlichem Ausmaß Ersatz für verlorenes Selbstvertrauen.«

Amokläufer sind Einzeltäter, Fanatiker dagegen, wie sie Hoffer beschreibt, suchen in ihrem Protest die Masse der anderen. Letztere folgen einer ausformulierten Ideologie, einem Ideal einer anderen Gesellschaft, den anderen reicht als Motiv schon die Illegitimität der herrschenden Verhältnisse, um zur Tat zu schreiten. Dennoch haben beide mehr Gemeinsamkeiten, als man zunächst denkt. Gemein ist beiden Formen die persönliche Enttäuschung über ein gescheitertes

Leben, das als fortwährende massive Demütigung erlebt wird, die feste Überzeugung, dass andere am eigenen Elend schuld sind und genauso der Impuls, die große Schmach nicht hinzunehmen, sondern zu kompensieren. Der Fanatiker ist von derselben Natur wie der Amokläufer. Er ist genauso erfüllt von massiver Kränkung und vom Wunsch getrieben, sich dafür zu rächen. Beide sind einsame, isolierte Typen. Der Unterschied liegt in ihrer Strategie: der Fanatiker schließt sich den anderen Gekränkten an und überwindet im Pulk des Mobs seine Isolation, der Amokläufer hingegen ist schon einen Schritt weiter und hat sich von dieser Option verabschiedet. Er hat die Suche nach der Gemeinschaft der Einsamen, die dasselbe Ziel der Genugtuung verfolgen wie er, aufgegeben. Er hat sich eingestanden, dass seine Einsamkeit für ihn unüberwindbar ist, dass sie bleibt und immer bleiben wird. An dem Tag, an dem er zu dieser Erkenntnis gekommen ist, keimt in ihm zum ersten Mal der Gedanke an den Amoklauf auf. Es ist die Einsicht in die Unabwendbarkeit seiner Einsamkeit, die ihn innerlich zu seiner letzten Tat bereit macht, die ihn endlich von allem, was ihn bedrückt, für immer erlösen soll.

Anomie und Langeweile

Der französische Soziologe Émile Durkheim hat 1887 seine berühmt gewordene Studie *Le suicide* geschrieben. Er stellte darin so etwas wie eine Sozialpsychologie des Selbstmordes vor. Eine seiner Thesen war: es gibt ein Motiv zum Selbstmord, das nicht im individuellen Schicksal des Betreffenden zu suchen ist, sondern in der Art, wie sich die moderne Gesellschaft entwickelt hat. Je mehr sich in der modernen individualistischen Gesellschaft Werte, Normen und Institutionen abschwächen, desto fragiler wird die innere Sozialordnung, und je mehr sich die Individuen von diesem Gerüst von wertgeleiteten Institutionen und Sozialbeziehungen herauslösen, desto gefährdeter sind sie in einem ganz und gar existenziellen Sinn. Ohne Grundformen sozialer Integration entsteht für den Einzelnen eine individuelle Haltlosigkeit, die er nicht kompensieren kann, weil er sich selbst nicht zu stützen vermag. Durkheim kam in dieser frühen empirischen Untersuchung in der Geschichte der Soziologie zu dem Schluss, dass die Neigung zum Selbstmord in umgekehrtem Verhältnis zum Grad der Integration eines Menschen in die Gesellschaft steht. Exzessiver Individualismus biete »nicht nur ein günstiges Klima für das Entstehen von Ursachen, die den Selbstmord fördern«, führt er aus, sondern er sei »in sich selbst solch eine Ursache«. Je stärker die Individualisierung, desto mehr verliert der Einzelne Halt im sozialen Netz. Je weniger integriert er ist, desto gefährdeter, seine Autonomie nicht mehr aushalten zu können. »Anomie« nennt Durkheim diesen extremen Zustand, in dem die Halt gebenden sozialen Strukturen so sehr nachgelassen haben, dass sie den Einzelnen nicht mehr tragen. Fatal ist, im Vergleich zu Durkheims Welt Ende des 19. Jahrhunderts herrscht in der modernen Gegenwartsgesellschaft in noch weit höherem Grad eine solche strukturelle Anomie, die in ihr inhärenten anomischen Tendenzen sind so ausgeprägt wie nie zuvor, das Individuum maximal gefährdet.

Anomie führt in manchen Fällen aber nicht nur zum Suizid, sondern kann schnell auch umschlagen in Gewalt anderen gegenüber. Dann beispielsweise, wenn man von einem »erweiterten Suizid« spricht. Unter diese Kategorie fallen die allermeisten Amokläufe der jüngeren Geschichte. Solche Amokläufe sind nicht nur, wie sie auf den ersten Blick erscheinen, Massenmorde eines außer Kontrolle geratenen Einzeltäters an unschuldigen Opfern, sondern sie folgen tatsächlich dem Muster eines »erweiterten Suizids«, denn am Ende der Gewaltorgie richtet sich der Täter zumeist selbst. Auf seinen Selbstmord läuft alles hinaus. Die Selbsttötung am Ende des Blutvergießens folgt dabei nicht dem Motiv, dass sich der Täter dadurch etwa der Festnahme durch die Polizei, der öffentlichen Anklage und Bestrafung zu entziehen versucht, sondern vielmehr der eigenen Ausweglosigkeit, die er für sich jedoch schon vor der Tat erkannt hat. Der Amokläufer ist in all diesen Fällen ein Selbstmörder, ein Verzweiflungstäter aus absoluter Haltlosigkeit. Die Tötungen, die er begeht, sind für ihn oft nur Vorbereitung der Selbsttötung. Seine Tat, der Amoklauf, ist ein blutiger Feldzug in den eigenen Untergang, ein vom Schrei nach Aufmerksamkeit widerhallendes letztes Ritual, ein öffentlich inszeniertes Schreiten in den eigenen Tod, das sich nicht geräuschlos vollziehen, sondern Spuren hinterlassen soll, am Tatort und später in der kollektiven Erinnerung, und zwar so tief und unauslöschlich eingelassen wie nur irgendwie möglich.

Anomie ist kein allzu scharfes Konzept zur Interpretation des sozialen Zustandes, in dem sich eine Gesellschaft befindet, und doch erhellt es, warum auch eine Gesellschaft durch die Art, wie sie organisiert ist, strukturell Aggression und Gewalt fördern kann. Sobald Individuen unverbunden und haltlos werden, scheinen sie zu allem fähig zu sein. In Albert Camus Roman *Der Fremde* von 1942 lässt der Autor mit seinem Anti-Helden Meursault einen völlig emotionslosen Protagonisten auftreten, der in nichts einen Halt hat und zum kaltblütigen Mörder ohne wirkliches Motiv wird. Auch die psychopathischen Romanfiguren von Michel Houellebecq oder Bret Easton Ellis sind solche Haltlosen, deren Anomie am Ende zu sinnloser Gewalt gegen andere führt. Und auch in Quentin Tarantinos Genre-Parodien treten immer wieder Figuren auf, die aus innerer Leere und Haltlosigkeit töten – oder gar aus purer Langeweile.

Und auch sie, die anomisch bedingte Langeweile, entstanden aus einem Leben ohne Struktur und Sinn, spielt eine große Rolle auf dem Weg zur Radikalisierung der Einsamen in der modernen Gesellschaft. Eric Hoffer etwa weist ihr eine Schlüsselbedeutung für die Entstehung von Radikalisierungstendenzen in der modernen Gesellschaft zu: »Es gibt vielleicht kein deutlicheres Anzeichen dafür, dass eine Gesellschaft für eine Massenbewegung reif ist, als um sich greifende grenzenlose Langeweile.« Und dann: »In ihren Frühstadien gewinnen Massenbewegungen ihre Anhängerschaft sicherlich leichter aus den Reihen der Gelangweilten als aus den Massen der Überbeschäftigten, Ausgebeuteten oder Unterdrückten. Für den Anstifter einer Massenbewegung muss die Einsicht, dass die Bevölkerung eventuell zu Tode gelangweilt ist, ebenso ermutigend sein wie die, dass sie unter unerträglichen wirtschaftlichen und politischen Verhältnissen lebt.«

Langeweile ist häufig die Folge sozialer Isolation. Wer einsam ist, weiß oft nichts mit sich anzufangen. Tatsächlich, Langeweile gibt es nur im Zustand der Unverbundenheit, unverbunden mit den

Menschen, aber auch unverbunden mit allem, was einen erfüllt, Sinn und Lebensinhalt gibt. In der Verbundenheit, in der Gemeinschaft gibt es keine Langeweile, zumindest nicht diese grundsätzliche tiefe Form. Vielleicht langweilt einen einer, der da am Tisch sitzt und redet, weil er Langweiliges von sich gibt; aber die existenzielle Langeweile gibt es nicht. Diese Langeweile ist das Gefühl, das nur den anödet, der nur auf sich gestellt ist – ohne jeden Austausch. Langweile ist Folge von Einsamkeit, man könnte auch sagen: ihre Schwester. Die Abwesenheit von Stimulation oder irgendwelchen Außenreizen, die Auseinandersetzungen auslösen, wird, wie dies der US-amerikanische Forscher John D. Eastwood in seinem Buch *Out of my Skull. The Psychology of Boredom* nennt, als »aversiv empfundener emotionaler Zustand« gefühlt. Aversiv meint, einen Zustand, den man nur mit Widerwillen erträgt.

Mag sein, dass hinter der Leere irgendwann ein Zustand wartet, den man so lange herbeigesehnt hat, mag sein, dass man die Langeweile als Innehalten empfinden kann, als Phase der inneren Sammlung, als Ausholbewegung zu neuen Taten und dass die »Windstille der Seele«, wie es bei Friedrich Nietzsche heißt, uns letztlich sogar dienlich sein kann, denn, um mit der Autorin Andrea Köhler zu sprechen, die in ihrem Essay mit dem Titel *Lange Weile, Über das Warten* geschrieben hat, »in der Latenz der Seelenflaute lauert die gute Idee.« Dennoch ist Langeweile ein Zustand des Wartens, ohne recht zu wissen, worauf eigentlich. Zu warten, das ist eine Zumutung, ja, ein Zustand, bei dem etwas weh tut, schreibt Andrea Köhler an anderer Stelle. Diese Zumutung wird umso größer empfunden, wenn Langeweile fremdverhängt ist oder von außen aufgezwungen erscheint. Langeweile ist ein Zustand, der nervt, bedrückt und nach Befreiung schreit, eine große Belastung, die durch Rückzug, Isolation und Einsamkeit über einen kommt – und der für die Betroffenen tückisch, ja, gefährlich sein kann.

»Das ganze Unglück der Menschen kommt daher«, schrieb Blaise Pascal, »dass sie nicht ruhig in einem Zimmer bleiben können.« Ein oft zitierter Sinnspruch des französischen Philosophen aus dem 17. Jahrhundert. Sein Satz hat überzeitliche Wahrheit. Der Gedanke hinter Pascals berühmtem Satz heißt: Wir alle suchen unser Glück in der Zerstreuung. Aber nicht weil es dort wirklich liegt, sondern nur um zu vermeiden, dass wir an unsere Sterblichkeit denken müssen, an unser Leid und Elend, an unsere Verlorenheit, die mit unserer Existenz verbunden ist. Denn an unsere Abgründe müssten wir unweigerlich denken, stellten wir uns im stillen Kämmerlein wirklich unserer Einsamkeit. Und das ist, so Pascal, was wir nicht können: das leere Zimmer in uns aushalten. Pascals Gedanken greift Martin Heidegger in seiner Existenzialphilosophie wieder auf und formuliert: »Ist es am Ende so mit uns, dass eine tiefe Langeweile in den Abgründen des Daseins wie ein schweigender Nebel hin und herzieht?« Diesen schweigenden Nebel kennen alle, er ist Teil des Erfahrungsspektrums des Lebens: zwischen maximaler Reizüberflutung, Stress und Hyperaktivität und tiefster Stumpfheit, Lähmung und Leere. In Zeiten grassierender sozialer Isolation wabert er wieder dichter und nimmt vielen bald die Sicht auf eine gute Zukunft. In Zeiten wachsender Anomie und immer weniger Strukturen, in die der Mensch eingebunden ist, wird er bald zum Problem, denn die Langeweile kann wahre Ungeheuer hervorbringen.

Zwar ist Langeweile, wie die Einsamkeit auch, ein durchaus ambivalentes Gefühl. Man kann sogar behaupten, im normalen Umfang ist sie wie die Einsamkeit, nicht nur unvermeidlich, sondern absolut förderlich, um in Kontakt zu sich selbst zu kommen. Sie kann Vorstufe oder Bedingung für neuen Tatendrang und ganz allgemein für neu gewecktes Weltinteresse sein. Das Problem entsteht jedoch, wo sie, wie im Zustand sozialer Anomie, nicht mehr sporadisch auftaucht, sondern einen Dauerzustand beschreibt. Wenn für Blaise Pascal das Nicht-Aushalten-Können eines leeren Zimmers der Grund menschlichen Unglücks war, dann ist das Problem heute eher, was den Betroffenen so alles einfällt, um ihre Langeweile zu verscheuchen – denn das ist nicht immer besonders gesund.

Genau genommen ist nicht Langeweile, sondern ihre schädliche Bewältigungsform das Problem. Langeweile wird zu einem sozialen Problem, weil sie Menschen nicht nur ganz unterschiedlich bewältigen, sondern dabei oft ganz und gar schädliche Formen wählen, schädlich für sich selber und oft auch für ihre Umgebung. So wie man bei Einsamen Alkoholismus und allgemein eine erhöhte Anfälligkeit zum Drogenkonsum festgestellt hat, so kennt man in der Psychiatrie vor allem Hyperaktivitätsstörungen zur Kompensation von extremen Zuständen von Langeweile. Schädliche Bewältigungsformen können sich aber auch in vermehrten Regelverletzungen, in riskantem Verhalten, dem sogenannten *Sensation Seeking* äußern, in dem man sich selbst oder andere in Gefahr bringt. Langeweile spielt letztlich auch bei Gewalt als auslösender Faktor eine wichtige Rolle. Sie hat eine klar zuzuordnende Auswirkung auf die Zunahme von Gewaltdelikten. Gegen Sachen, wie im Vandalismus, aber auch gegen Menschen. Das hat schon 1997 die Kriminologin Kathleen M. Heide von der University of South Florida erforscht. Auf Grundlage von Fallberichten untersuchte sie die Motive jugendlicher Gewaltverbrecher. »Die Unfähigkeit, mit Langeweile als negativer Emotion umzugehen«, ist laut ihrer Untersuchung einer der Faktoren, die zu den von ihr untersuchten Totschlagdelikten durch jugendliche Straftäter in den USA geführt hatten. Tatsächlich gaben mehrere von ihnen in Interviews an, die Verbrechen aus Langeweile begangen zu haben.

Protestwähler und Wutbürger – Amoklauf light

Amokläufe häufen sich in unserer Zeit. Aber es sind immer noch seltene Ereignisse. Es gibt aber Anzeichen in unserer Gesellschaft, dass der Amokläufer erst am Anfang seiner Karriere steht, resümiert Michael Winter in seinem Feuilleton. Für diese Einschätzung spricht viel, denn der Amokläufer ist, wenn auch eine extreme Figur, so doch eine, die sich in einer unbestreitbaren Konsequenz aus den widrigen Umständen der modernen vereinzelnden Massengesellschaft herausentwickelt. Schon der »Mann in der Masse«, wie ihn Edgar Allen Poe beschrieben hat, trägt die Verzweiflung über seine Einsamkeit wie eine Stange Dynamit am Leib, die nur noch gezündet werden braucht. »Blutbäder«, schreibt Winter, »sind heute nicht mehr Privilegien verklemmter Könige und Diktatoren. Seit Rousseau ist jeder Mensch sein eigener König.« Aber heute platze »die Illusion von der eigenen kleinen Königsrolle« immer häufiger. Heute gibt es wieder unendlich viele Einsame, die keiner wahrnimmt und die ziellos in dieser Gesellschaft unterwegs sind, die ihre Einsamkeit als eine Strafe empfinden, die sie nicht verdient haben, und die bereit sind jederzeit loszuschlagen.

Es mag überraschen, aber es gibt tatsächlich viele Parallelen im psychologischen Motivationskostüm des Amokläufers zu all den vereinsamten Wutbürgern und Protestwählern, wie sie in immer größerer Zahl die Bühnen der modernen Massendemokratie bevölkern. Sie alle protestieren gegen die eigene Unsichtbarkeit, gegen das schmerzhafte Übergangenwerden, gegen eine tiefe Verletzung, die darin besteht, dass man sich einfach über sie hinwegsetzt. Die verbreitete Anwerbungsstrategie populistischer Parteien besteht daher fast immer in dem Anfangsversprechen, sie alle zu rehabilitieren, ein Versprechen, an das sich auch der Amokläufer so lange geklammert hat. Ein weiteres gemeinsames Element: Sie alle beneiden und bekämpfen gerne auch all diejenigen, denen die ersehnte Aufmerksamkeit scheinbar geschenkt wird, darunter vor allem jene, bei denen sie überzeugt sind, sie werde ihnen unverdientermaßen gezollt. In ihrer Meinung sind das freilich allesamt Minderwertige: Flüchtlinge, Migranten, Angehörige von Minderheiten.

Wie der Amokläufer verweist auch der Populist auf ein Fremdverschulden seiner Malaise. Andere sind dafür verantwortlich. Populistische Weltbilder setzen stets auf Feindbilder und Abgrenzung, versprechen »America first«, worunter der Einzelne versteht: »Ich zuerst!« und sich dadurch erhofft, dass nach all den Entbehrungen, die er erleiden musste, nun endlich er im Mittelpunkt steht und endlich anerkannt wird. Auch die Selbststilisierung als Opfer unter den Beteiligten ist eine deutlich erkennbare Gemeinsamkeit. Obwohl sie als durch und durch aggressive Täter auftreten, die etwa bei Kundgebungen oder Protestaktionen nicht vor Gewaltanwendung zurückschrecken, stellen sich Populisten gerne als Menschen dar, denen man das Wort verbietet, Redeverbot erteilt, die nicht mehr sagen dürfen, was sie denken, die verfolgt werden, denen man alles nimmt – die Ehre, den Patriotismus, das Recht zu leben. Auch der Vorwurf des *Shitstorms* gegen die eigene Bewegung wird gerne ausgerechnet von denen erhoben, die selber über Andersdenkende permanent übelste Tiraden ausgießen – und nun lediglich Widerworte auf die eigenen Unflätigkeiten ernten.

Wenn man sich bei der Analyse des Wahlverhaltens all jener, die sich in den letzten Jahren populistischen Parteien zugewendet haben, die Wortwahl in Erinnerung ruft, fällt zudem auf, dass Einsamkeit als Ursprung der politischen Radikalisierung nicht etwa von außen als ein Protestmotiv in die Betreffenden hineininterpretiert wird, sondern dass diese sich selbst ganz in diesem Sinn artikulieren. Die Betroffenen fühlen sich, in ihren eigenen Worten, von der Politik »alleingelassen«; »abgehängt« ist eine andere Formulierung – oder gerne hört man auch: »nicht wahr genommen« oder »ohnmächtig«. Und genauso aufschlussreich ist die Art, in der sie dagegen protestieren. Auch sie ist nie spezifisch, sondern immer diffus, aufs Ganze gerichtet: ein wildes Um-sich-schlagen, das gegen keinen konkreten Adressaten gerichtet ist, sondern sich eher als weitgehend ziellose Abfuhr angestauter negativer Energien begreifen lässt.

Enttäuschung, Kränkung, Demütigung – immer mehr fühlen sie heute, sie sind zu kollektiven Gefühlserfahrungen in der Demokratie geworden. All die Durchschnittsperfektionisten und Erfolgswilligen hängen ihre Ansprüche ziemlich hoch und investieren enorm – in Alleinstellungsmerkmale oder Singularitäten, fordern ständig Resonanz und Respekt ein und haben ein sehr hohes individuelles Bedürfnis nach Anerkennung, Bestätigung, Wertschätzung. Aber keiner scheint sie zu hören.

Alexis de Tocqueville kannte die Seele des Amokläufers noch nicht; aber in Ansätzen sah auch er schon die Verzweiflung über das ohnmächtige Abgesondert-Sein in den Bürgern. Ihm war zumindest klar, dass die Vereinzelten und Isolierten einer Gesellschaft zu radikalem Protest neigen und sich schnell instrumentalisieren lassen können. Er erkannte zumindest die latente Gefahr, die der modernen Massendemokratie durch die Vereinzelung innewohnt. In der Demokratie herrsche, wie er formuliert, eine »milde Despotie«, wenn alle ihrem hedonistischen Glück, dem »bonheur végétatif«, wie er dieses einmal genannt hat, frönen und die Verantwortung für das politische Handeln an die eine große Staatsgewalt abgegeben haben. Er sieht das Problem der amerikanischen Demokratie zwar weitaus eher im Erlahmen freiheitlicher Kräfte, in allgemeiner Apathie und Gleichgültigkeit, aber er ahnt auch schon: Dieser Frieden ist trügerisch und kann jederzeit umschlagen. Wie wankelmütig heute die öffentliche Meinung ist, wie angespannt die Lage und zu welch fatalem politischen Handeln die Öffentlichkeit neigen kann, zeigt nichts besser als unsere heutige Stimmungsdemokratie, in der zwei, drei *Fake News* ausreichen, eine Migrantenhetze auszulösen – oder einen ganzen Krieg. Es scheint heute ein Leichtes zu sein, Menschen, die in den öffentlichen Medien wie geladene Waffen erscheinen, für jeden x-beliebigen Zweck zu mobilisieren. Die Lunte scheint kurz zu sein bei den vielen Isolierten, die zum offenen Protest übergegangen sind. Man hat den Eindruck, es braucht nur ein Video oder einen kurzen *Tweet*, um die Armee der Enttäuschten in Bewegung zu setzen und nur einen kleinen Funken, um die Bombe zu zünden.

Verlorene Ehre, neue Schande

Vor allem aus dem Mund jugendlicher Straftäter kennt die Öffentlichkeit immer häufiger ein Tatmotiv, das manche noch immer befremdet und viele auch längst vergessen hatten – oder, wenn sie sich darüber vergewissern, es in die Zeit der Ritterromane verorten würden. Man kennt es aus dem Kino, aus den *Herr-der-Ringe*-Filmen oder aus populären TV-Serien. Und wenn nicht der Ritterzeit, dann würden es viele vielleicht einer Epoche zuordnen, in der noch ein Pistolenduell zur Satisfaktion führte, die aber eigentlich, zumindest in Westeuropa, schon vor etwa hundert Jahren endete: die Ehre.

Durch den Wandel von der Standes- zur Klassengesellschaft hatte sich die Sache eigentlich erledigt, glaubte man lange. Für Max Weber war Ehre im Grunde nur Standesehre, also ein psychologisches Strukturmerkmal, das der feudalistischen Gesellschaft zugehörig ist. In der Gegenwart um 1900, meinte er, hätte sie eher ausgedient. Ist Ehre in der heutigen Zeit ein Anachronismus? Keinesfalls, denn nicht nur unter jungen männlichen Migranten mit muslimischem Hintergrund ist der Appell an die Ehre noch immer oder gerade heute wieder absolut üblich. Ehre, sie scheint aktueller denn je zu sein. Kommt es zu heute Gewaltkonflikten, Körperverletzungen oder gar zu einem Mord, hört man als Motiv immer wieder, jemand habe die persönliche Ehre beschmutzt, und man hätte sich veranlasst oder gar gezwungen gesehen, diese schützen oder verteidigen zu müssen. Die ehemalige Berliner Staatsanwältin Kerstin Heisig berichtete in ihrem viel diskutierten Buch vom *Ende der Geduld* genauso davon wie die Autoren Hans-Volkmar Findeisen und Joachim Kersten in ihrer Schrift *Der Kick und die Ehre*, in dem sie sich mit dem Sinn jugendlicher Gewalt beschäftigten.

Was ist eigentlich Ehre, was kann sie heute noch sein? Ehre zeigt an, dass und wie »achtungswürdig« einer ist. Sie ist ein unantastbarer Vorrat an Wertschätzung, die man jemanden entgegenbringt oder selbst einfordert, soziales Kapital, würde Pierre Bourdieu sagen, etwas, das einen im Ansehen der anderen wertvoller macht, zu einem gehört und von den anderen respektiert und erboten werden muss. Ehre, vergegenständlicht, ist auch so ein Geltungsraum, so eine Sphäre oder Blase, die uns umgibt. Ursprünglich ziert sie nur privilegierte Menschen in traditionellen Gesellschaften, sie hat aber offenbar und in weit größerem Ausmaß, als man denken sollte, ihren Platz auch in der modernen Gesellschaft. Kein Wunder, denn wo der »besondere« Mensch in der Demokratie der Individuen umgeht, will er auch besonders wertgeschätzt werden und fordert umso mehr Ehrbezeugungen ein.

Mit dem verstärkten Empfinden der eigenen Besonderheit in der individualistischen Gesellschaft steigen tendenziell auch die Verletzbarkeit dieser Sphäre und genauso die eigene Sensibilität darüber, wann eine Verletzung vorliegt. Sie ist jetzt noch viel empfindlicher als im vorindividualistischen Zeitalter, als sie noch an den wesentlich robusteren Stand geknüpft war. Tatsächlich scheint sie sich heute beim leisesten Verdacht einer Herabsetzung oder Herabwürdigung unmittelbar zu regen, ja, weit mehr, Menschen fast schon affektiv zu veranlassen, in drastischer Form für ihre Wiederherstellung zu sorgen, wenn sie nur minimal berührt wird. Heute kann man nicht nur auf dem Pausenhof jeder beliebigen Grundschule Schimpfwörter wie »Hurensohn!« hören, sondern auch danach – bei Klärungsversuchen der anschließenden Raufereien durch das pädagogische Personal – die Begründung, die diese legitim erscheinen lassen sollen, der Betreffende hätte die eigene Mutter beleidigt – oder gar deren Ehre verletzt.

Die verlorene Ehre ist aber nicht nur ein Thema jugendlicher Gewalt, auch in den Erwachsenenwelten setzt sich das Thema heute in einer überraschenden Aktualität fort. Ehrenmänner etwa werden immer wieder öffentlich ausgelobt, beispielweise wenn es gilt, einen verdienten Zeitgenossen in Schutz zu nehmen oder ihn zu verteidigen. In Erinnerung bleibt der Präsident des FC Bayern München, Karl-Heinz Rummenigge, der den milliardenschweren Unternehmer und Vorstandschef des Fußball-Bundesligaclubs TSG Hoffenheim, Dietmar Hopp, einen »absoluten Ehrenmann« nannte, als der von Fans gegnerischer Mannschaften im Stadion mit Schmähgesängen und Spruchbändern beschimpft wurde, die darin ihren Protest gegen eine Fußballkultur ausdrücken wollten, in der nur noch das Kapital über sportlichen Erfolg entscheidet. Ehre und Ehrempfinden scheinen allem Anschein nach sehr lebendig in der Kultur des Individualismus zu sein. Und dennoch muss die Konjunktur des Ehrbegriffs überraschen. Genau besehen sagt seine Wiederkehr weniger etwas über die Neuentdeckung untergegangener Werte oder Prinzipien aus, sondern zeugt eher von einer neuen Reizbarkeit des Individuums, das sich in unserer Zeit nicht oder nicht mehr ausreichend gewürdigt vorkommt. Man fühlt sich immer häufiger auf den Schlips getreten, die Reizschwelle ist deutlich abgesenkt. Die Empfindung gewachsener Besonderheit, die ich mir beimesse, ist das Urerlebnis, das auch nach mehr Ehrbezeugung ruft. Aber dem modernen Menschen wird nicht in dem Maße begegnet, wie er sich das vorstellt und wie es ihm seine individualistische Lebensreligion verspricht, und das ist es, was nach Einforderung schreit, die man zur Not, wenn es sein muss, immer häufiger auch handgreiflich erledigt.

Die Ehre in der demokratischen Gesellschaft ist keinesfalls obsolet, sie hat nur ihr Gesicht gewandelt. Sie wirkt auch in der modernen Gesellschaft weiter, wie Simmel das genannt hat: als »normatives Steuerungssystem«. War der Ehrbegriff in der traditionellen Epoche an edle Tugend und adlige Geburt gekoppelt, so heute, in einem Zeitalter, in dem das Ökonomische ohne Ansehen von Geburt und Person die Gesellschaft strukturiert, an wirtschaftlichen, sozialen und symbolischen Erfolg. Erfolg sichert Anerkennung, Ehre ist gewährte und gezollte Anerkennung. Und Ehre übt zur Stabilisierung des Selbstwerts heute wieder eine ungemein wichtige Funktion aus. Sie definiert zu einem bedeutenden Teil das Oben und Unten, verortet die freischwebenden Lebenskünstler dieser Epoche, verankert sie gewissermaßen neu im sozialen Raum und sichert, dass der soziale Abstand unter den Einzelnen eingehalten wird. Die Untersuchungen der Soziologin Ludgera Vogt zeigen, dass Ehre nur vermeintlich ein vormodernes Phänomen ist, sondern in Wahrheit ein hohes Gut in einem sozialen Wertesystem, das eine stabilisierende Wirkung auch in und auf unsere westlichen Gegenwartsgesellschaften ausübt. Gerade, wo es im sozialen Ausscheidungskampf in der heutigen Erfolgsgesellschaft viele neue Verlierer und Gewinner gibt, wird sie noch viel vehementer und immer neu eingefordert und verteidigt. Die Gefahr, sie zu verlieren, scheint allgegenwärtig zu sein. Wo der Erfolg jedoch ausbleibt, umgibt den Einzelnen keinesfalls ein Vakuum, sondern eine Art Ehrgefühl mit umgekehrten Vorzeichen: die Schande. Auch sie ist unter Individualisten nicht etwa untergegangen, sondern überaus lebendig.

Schande ist gleichsam das Gegenstück zur Ehre. Auch sie scheint eigentlich der traditionellen Gesellschaft zugehörig zu sein, einst verhängt von Autoritäten und Normenhütern für eine nicht standesgemäße Lebensführung, oder, wenn man so will, für zu viel Individualismus in einer Gesellschaft, die Normen und Werte überindividuell regelt und die Befolgung von ihren einzelnen Mitgliedern streng einfordert. Heute ist es umgekehrt. Von Schmach und tiefer Beschämung getroffen fühlt sich, wer im Vollzug des individualistischen Lebensentwurfs scheitert. Wer zurückbleibt, wer zu den Verlierern zählt, den umgibt das Odium des Versagens, der versinkt in Schande. Ich kann es nicht, ich bin es nicht, ich bin nichtswürdig, so lautet heute die Selbstanklage des gescheiterten Individualisten, das Eingeständnis der Blamage, das Ziel der Selbstentfaltung verfehlt zu haben.

Wenn man meint, etwas werde einem vorenthalten, nimmt man sich irgendwann einfach, wovon man denkt, dass es einem zusteht. Scheinbar herrscht zu wenig »Respekt« zwischen den Menschen, das dürfte der Grund sein, warum heute dieses Wort in aller Munde ist. Kaum ein Tag vergeht, an dem Bürgerinitiativen, Pädagogen oder Politiker nicht Alarm schlagen. Die Forderung nach mehr Respekt ist in der modernen Demokratie überall vernehmbar, in der Stadtteilversammlung, auf dem Bolzplatz, in der Schule, im Fußballstadion oder in TV-Werbespots. Auch unzählige Gangster-Rapper haben das Thema für sich entdeckt. Etwa in den Videos, in denen sie in der Pose von Zuhältern den ausgestreckten Mittelfinger in die Kamera halten und dabei »Respect!« schreien – auch wenn sie für die Mädchen, die im selben Film als Prostituierte auftreten, offenkundig nicht allzu viel davon übrig haben.

Respekt richtet sich an das Einhalten aller Schranken, die der Mensch eingezogen hat, um mit Seinesgleichen gut zu verkehren. Er ist eine Ermahnung an alle, dass diese Grenzlinien einzuhalten sind. Die Aufforderung zu Respekt soll den Menschen gleichsam in seiner individuellen Würde und Autonomie schützen, sie ruft jedem den psychologischen Raum der Unantastbarkeit in Erinnerung, der um ein Individuum gezogen ist, und hält missliebige Zeitgenossen, wo sie zudringlich sind und grenzverletzend zu werden drohen, auf Abstand. Gegenseitig gewährter Respekt ist offenbar keine Selbstverständlichkeit. Er war immer schon, auch lange vor dem Internetzeitalter, eine knappe Ressource. Immer schon musste er sich gegen Kräfte behaupten, die ihn aushebeln. Aber scheinbar ist erst heute ein Stadium erreicht, in dem die Fähigkeiten des modernen Menschen zu respektvollem Umgang mit anderen ganz neu herausgefordert werden.

Soziale Anerkennung ist ein menschliches Grundbedürfnis, genauso der Wunsch wahrgenommen und wertgeschätzt zu werden.

Erst recht in der demokratischen Gesellschaft der Gleichheit. Je mehr und intensiver der moderne Mensch investiert, um an diese soziale Anerkennung zu kommen, und je mehr diese ausbleibt, umso mehr entstehen Stress und Frustration, desto klaffender wird die gefühlte Gratifikationslücke, desto größer die Not, desto lauter der Aufschrei, desto heftiger der Protest. Der vereinzelnde Individualismus in der modernen Demokratie verändert nicht nur die Strategien, um an soziale Anerkennung zu kommen, sondern er erhöht den sozialen Aggressionslevel eklatant. Aus Selbstverwirklichung wird endlich unerbittliche Konkurrenz und Rivalität, schließlich ein immer gnadenloserer Kampf ums soziale Überleben.

Das Dilemma ist, dass die vielen Einzelnen, die da so aggressiv erscheinen, im Grund nur meinen sich zu wehren. In seinem Protest verteidigt der moderne Mensch ein Gut, das ihm, wie er glaubt, zusteht, das man ihm aber nicht geben und auch nicht gönnen will. Er fordert am Ende eine nur allzu berechtigt erscheinende Genugtuung. Das ist das Motiv des Radikalisierten in der Demokratie und der vielen, die genauso empfinden. Dadurch nimmt die soziale Spannung immer mehr zu, die kollektive Gefahr verschärft sich und droht bald, sich in Gewalt zu entladen, die nichts weniger gefährdet als die Demokratie selbst.

Kapitel 7

Eigensinn und Solidarität

Der Mensch für sich allein vermag gar wenig und ist ein verlassener Robinson: nur in der Gemeinschaft mit den andern ist und vermag er viel.

Arthur Schopenhauer

Individualismus nur für wenige Begabte?

Der europäische Individualismus war einmal eine große Emanzipationsbewegung, die der Idee folgte, den einzelnen Menschen aus den Ketten seiner Herkunft und sozialen Bestimmung zu befreien und die Welt menschlicher zu machen. Ist das gelungen? Angesichts von so viel Frustration und Radikalisierung, angesichts all der offenkundigen Überforderung des Individuums in der Moderne könnte man zu dem Schluss kommen, der Individualismus sei gescheitert. Oder, wenn man nicht so weit gehen will, dann müsste man doch einräumen, er sei höchstens für wenige Könner ein tragfähiges Konzept, für ein paar auserwählte Virtuosen der Lebenskunst, aber keines für die breite Masse. Man könnte diese an Platon oder Leo Strauss erinnernde Haltung aus einer philosophischen Anthropologie heraus entwickeln, die von der Ungleichheit der Menschen ausgeht. In einer solchen elitistischen Theorie wären demnach nur wenige Begabte für den anspruchsvollen Individualismus als Lebensentwurf geeignet – und andere eben nicht. Man könnte zum Beleg dieser These auf die nur wenigen verweisen, denen die Realisierung des Konzepts offenbar glückt, und auf die vielen, denen sie trotz aller Anstrengung nicht recht gelingen will, also all jene Schablonenexistenzen, anscheinend zur selbstbestimmten Freiheit Untalentierte, wie man sie etwa rund um die Uhr in den Lifestyle-Formaten des Privatfernsehens sehen kann, egal, ob verbittert und in sich gekehrt oder maximal ausgestülpt und geltungssphärisch aufgebläht, mit maximalem Erfolgsdrang, aber ohne wirkliche Heiterkeit in ihren Zügen. Ist die Idee des Individualismus für die Masse also eine Illusion?

All diejenigen, denen ein Leben misslingt, das man heute individualistisch nennt, sind zunächst einmal keineswegs Beweis dafür, dass der Individualismus als ein kollektives Konzept gescheitert ist. Eher und erst einmal dafür, dass sich in allen demokratischen Gesellschaften ein *Verständnis* von Individualismus durchgesetzt hat, das die Menschen nicht befreit, sondern sie erneut fremdbestimmt und manipuliert. Wenn man also meint zu dem Schluss kommen zu müssen, der Individualismus sei gescheitert, dann muss man sich erst einmal anschauen, was unter Individualismus heute überhaupt verstanden wird. Erich Fromm hat schon 1941 in seinem Buch *Die Furcht vor der Freiheit* geschrieben: »Die Zukunft der Demokratie hängt von der Verwirklichung des Individualismus ab, der seit der Renaissance Ziel des modernen Denkens ist. Die kulturelle und politische Krise unserer Zeit liegt nicht daran, dass es zu viel Individualismus gibt, sondern dass das, was wir für Individualismus halten, zu einer leeren Schale geworden ist.« Man kann Fromms Statement noch zuspitzen und behaupten: Nicht der Individualismus ist gescheitert, sondern der Konformismus, der dafür gehalten wird. Das aber bedeutet, dass die individualistische Freiheit des Menschen, »verstanden als positive Verwirklichung seines individuellen Selbst«, noch gar nicht umgesetzt ist. Eine Idee könnte man freilich nur dann für gescheitert erklären, wenn sie sich verwirklicht hat.

Wenn das zutrifft, dann ist die Frage völlig offen, ob der Individualismus nicht doch ein vielversprechendes und realisierbares Freiheitskonzept für alle ist, ungeachtet von Begabung und Bildung, Schicht oder Klasse. Die Idee ist keineswegs widerlegt, dass *jeder auf seine Art* die Möglichkeit hat, ein selbstbestimmtes Leben zu führen. Individualismus als Konzept eines praktischen Lebensentwurfs zu entwickeln, ist ein Ziel, das noch gar nicht erreicht ist. Auf dem Weg dorthin gilt es erst einmal, den echten von einem falschen, irregeleiteten Individualismus zu unterscheiden – und ihn zu verwirklichen.

Das falsche Ich

Die meisten Formen, in den sich Individualismus heute ausdrückt, folgen streng genommen einem gegenteiligen Konzept. Sie alle scheinen individualistisch zu sein, sind aber zutiefst konformistisch. So ist der allermeiste Quersinn, der einem heute täglich begegnet, nicht mehr als eine missglückte Verschleierung von tiefem Biedersinn. So wie der Firmenchef, der beim Betriebsfasching die rote Clownsnase aufsetzt nur in den seltensten Fällen ein verrückter Vogel ist, sondern eher der Motivation folgt, sich bei seinen Beschäftigten subtil anzudienen, so ist in der Mehrheit der Fälle die individualistische Inszenierung von einer sozialen Strategie, von einem handfesten Interesse gesteuert, fast nie aber Ausdruck einer echten inneren Überzeugung. So wie etwa die Krawatte, eigentlich Anzeiger für Seriosität im Geschäftsleben, längst auch zwielichtige Naturen schmückt, also Waffenlobbyisten, Drogenbarone und allerhand Trickbetrüger, so ist das quere Accessoire meist nur gewählt, um der bestmöglichen Erfüllung der Umsatzsteigerung nachzuhelfen oder wenigstens einen Eindruck zu machen, der im allgemeinen Geschäftsgebaren von den anderen offenbar so erwartet wird. Das Quere, wie es einem im Alltag begegnet, ist oft alles andere als quer, sondern erreicht bei vielen nur die äußere Hülle, nicht den Kern von Werten und Weltanschauungen, oder folgt vollends nur sozialem Kalkül, hinter dem sich am Ende unverhohlene Anpassung verbirgt.

In einer Zeit, in der alle irgendwie quer sein wollen und in der Heerscharen von Konsumrebellen alle möglichen Räume einer Gesellschaft bevölkern, in der der gute alte »Spießer« aus dem Biedermeier als »Kreativspießer« oder »Ökospießer« wiederauferstanden ist und es Millionen gibt, die den Namen *Otto Normalabweicher* verdienen, wie Jürgen Kaube seinen Essay über den *Aufstieg der Minderheiten* genannt hat, scheint der Mainstream nonkonform geworden zu sein, und wenn nicht das, so gebärdet er sich wenigstens so. Im Individualismus heutiger Tage ist das Konzept des Nonkonformen vulgarisiert, ideologisch entwertet und kommerzialisiert. Nahezu jeder tritt irgendwie im Gewand des Rebellen auf. Überall da, wo der

Verdacht des Konformen oder Gefälligen die angepeilte Harmonie und die Freude am trivialen Trubel trüben könnte, fährt der gewiefte Zeitgenosse gut, wenn er präventiv gegensteuert, im Outfit, in der Sprache, im Habitus, indem er in seinem sozialen Auftritt Symbole des Queren, Nonkonformen, Rebellischen einstreut, des Wilden und Ungebändigten. Burschikoser Auftritt statt branchenüblicher Steifheit, ein Phänomen, das sich längst in allen gesellschaftlichen Bereichen und mittlerweile sogar in den ganz und gar reaktionären Segmenten der Gesellschaftskultur wiederfinden lässt, etwa im Fernsehen in der Schlagerhitparade oder sogar in der Volksmusiksendung, wo längst nicht mehr nur in Tracht und Lederhose gejodelt wird, sondern in abgerissenen Jeans und Cowboy-Boots, in der zerschlissenen Revoluzzer-Kutte und mit rockigem Pferdeschwanz.

Kapitalismus frisst Individualismus

Der geschmeidige Charakter: Das ist, was herauskommt, wenn Kapitalismus auf Individualismus trifft. Der Kapitalismus macht nicht nur einsam, sondern er frisst auch den Individualismus auf. Dies, indem er einen Selbstausdruck begünstigt, der keineswegs dem Ich gerecht wird, sondern dem modernen Menschen im Wettbewerb ökonomischer Interessen die maximalen Erfolgschancen verspricht. Das führt zu vielen Pseudoformen des Individualismus, die bald den eigentlichen inneren Ausdruck völlig überlagern.

Der Kapitalismus korrumpiert den Individualismus, das ist die Quintessenz. Er tut dies, indem er einen Charaktertyp favorisiert, der keineswegs mit dem der ursprünglichen Idee des Individualismus identisch ist, sich aber über diese legt und sie bald erstickt. Er vermag dies, weil die Prägekraft des Kapitalismus stärker ist als jene des Individualismus. Der Kapitalismus erweist sich als dem Individualismus überlegen, weil er – als System der Ausbeutung nicht nur der Natur, sondern auch des Mitmenschen – näher an die nackte Selbsterhaltung heranreicht als der Individualismus, der zwar auch einem Grundbedürfnis des Menschen entspricht, aber einem, das der reinen Lebensreproduktion eindeutig nachgeordnet zu sein scheint.

Jetzt könnte man einwenden, ein ideal gedachter, wirklich von innen kommender individualistischer Auftritt sei von Vornherein eine fromme Illusion, ja, noch nicht einmal wünschenswert, da sich alle Beteiligten in jedem öffentlichen Sozialverhalten doch zu Recht von einem ganz und gar gesunden Zurücknehmen der eigenen Person leiten lassen und mit großem Nutzen für alle solche Verkehrsformen vorherrschten, die das Förmliche herauskehren und das Unpersönliche betonen. Man kann das Zuviel oder Zuwenig davon bedauern, aber sicherlich ist es richtig, in einer solchen Reserve des Ichs nicht weniger als praktizierte soziale Intelligenz zu sehen.

Aber darum geht es gar nicht: Der Unterschied zwischen einer freiwilligen Unterdrückung des eigenen Ichs, die schlicht ein Gebot eines gelingenden sozialen Miteinanders ist, und jener kapitalistischen Unterdrückungs- oder Erstickungswirkung des Individualismus ist nicht jener, wonach der Kapitalismus den Individualismus völlig ächten und ausschließen würde, sondern dass er ihn zu einer unechten Form hin deformiert hat, die marktkompatibel ist. Der Individualismus ist dem Kapitalismus keineswegs per se und in jeder Form suspekt. Er wird vom Kapitalismus nur da gehemmt oder gar verhindert, wo er sich auf den reibungslosen Gang alles Geschäftlichen störend auswirken würde, gleichzeitig aber durchaus dort unterstützt, wo er sich verkaufsfördernd erweist. Am Ende kommt eine kapitalismuskompatible Schwundform von Individualismus heraus, die aber im Grunde den Namen nicht verdient, oder noch nicht einmal das, sondern eine regelrechte Pervertierung der ursprünglichen Idee ist.

Individualismus – ein unvollendetes Projekt

Wenn man sie fragen würde, würden die meisten modernen Menschen sagen, ich bin, ich lebe individualistisch, ich bin »unangepasst«, ich mache »mein Ding«. Genau besehen gibt es aber in der modernen Gesellschaft nicht viele Unangepasste und nur wenige Angepasste, sondern, umgekehrt, sehr wenige Unangepasste und sehr viele Angepasste, die äußerlich zwar in der Kluft des

Nonkonformen auftreten, dennoch aber keineswegs einem eigenen Lebensplan folgen, der das Attribut »individualistisch« verdient hätte. Viel mehr bedienen sie sich bereit liegender Muster, die die Gesellschaft an Konfektionen des Unangepassten vorgefertigt hat – und erfolgreich vermarktet. Darin spiegelt sich das ganze Dilemma des modernen Individualismus wider. Aus einer Befreiungsidee und der hart erkämpften Möglichkeit, man selbst zu sein, wird der Druck, man selbst sein zu müssen, und zwar paradoxerweise so, wie es die Gesellschaft vorgibt. Aus dem Selbstentwurf ist ein gesellschaftlicher Entwurf geworden, eine Idee, wie »man« zu sein hat, um man selbst zu sein. Tatsächlich eifert der moderne Mensch heute der konfektionierten Idee von Selbstverwirklichung in einer nie dagewesenen Pflichtbesessenheit nach, unterwirft sich diesem rigiden Ideal und tritt dadurch wieder, wie Tocqueville sagen würde, in eine neue Form der Knechtschaft ein, die ihm gleichwohl als höchste Form der Freiheit erscheint.

David Riesman hat in seinem Buch *Die einsame Masse* vom außengeleiteten Charakter gesprochen, den er für die demokratische Gesellschaft der Vereinigten Staaten von Amerika in seiner Zeit, den 1950er-Jahren des letzten Jahrhunderts, als typisch erkannte. »Außenleitung« ist aber keineswegs nur ein Phänomen der bürgerlichen Massengesellschaft, sondern zunächst vor allem ein Wesensmerkmal der Sozialwelt der traditionellen Epoche. In der Moderne setzt sich diese Außenleitung, man kann auch systemkritisch sagen: die Manipulation oder Deformation des einzelnen Individuums durch die »kapitalistische Bewusstseinsindustrie« fort. Was sich verändert, ist allein der Tatbestand, dass sich die Wirkungsweise nun gänzlich unbewusst vollzieht. Der Mensch der Vormoderne war von Traditionen und ihren Institutionen außengeleitet, und dass dies so war, war ihm völlig klar. Der moderne Mensch ist heute genauso außengeleitet. Es ist ihm vielfach nur nicht bewusst oder er würde es leugnen, weil er davon überzeugt ist, wahrhaft individualistisch zu leben. Das ändert aber nichts an der Tatsache, dass ein Großteil der Lebensformen, die heute als individualistisch angesehen werden, es im Grunde genommen gar nicht sind.

Der Individualismus ist ein unvollendetes Projekt. Bevor er nicht vollendet ist, besteht kein Anlass, ihn voreilig zu verabschieden. Um ihm in der modernen Massendemokratie überhaupt eine Chance zu geben, sich wirklich entfalten zu können, kommt es darauf an, ein neues kritisches Bewusstsein zu schaffen. Etwa davon, dass ein gelingendes Leben nicht davon abhängt, wie viele Klicks, *Likes* und *Follower* einer hat, sondern inwiefern er es schafft, in seinem Leben zu sein, wer er selbst sein kann und wer er sein will. Um echte Selbstbestimmtheit zu erlangen, ist es erst einmal unerlässlich, die Immunabwehr gegen die manipulative Kraft vor allem des Internets zu steigern. Das wird umso eher gelingen, je eher eine gesellschaftliche Diskussion darüber in Gang kommt, was eigentlich biografischen Erfolg in dieser Zeit ausmacht und was ihn ausmachen soll. Wie könnte eine Gesellschaft aussehen, in der er neu definiert ist jenseits der kommerziellen Ideale, jenseits von Konsum und dem alles bestimmenden Wettbewerb des Zählbaren? Wie könnte man ein Erfolgsverständnis stärken, das in der selbstbestimmten Entfaltung der einzelnen Persönlichkeit liegt und nicht mehr im ewigen Vergleich messbarer Sozialdaten? Die Grundfrage lautet: Wie gelingt Individualismus endlich, der ja im Grunde etwas Hocherfreuliches ist?

Konzept Eigensinn

Befreiung ist wieder, oder noch immer, die Antwort auf diese Frage. Befreiung nicht mehr von traditionellen Zwängen wie in alter Zeit, sondern Befreiung von der Tyrannei der Erfolgsbilder, die dem modernen Menschen übergestülpt werden und die er sich zueigen gemacht hat, ohne eigentlich zu wissen warum. Und dann? Wenn man über ein gelungenes positives Konstrukt nachdenkt, das den Namen »Individualismus« wirklich verdient hätte, könnte man bei dem landen, was Hermann Hesse Eigensinn genannt hat. Dieser Eigensinn bedeutet nicht mangelnde Mannschaftsdienlichkeit, wie auf dem Fußballplatz, sondern Teamplayer zu sein und doch sich selbst treu zu bleiben. Ein so verstandener Eigensinn ist die Essenz eines Individualismus, der davor gefeit ist, sich nur Fremdbilder anzueignen, der die Orientierung am Außen ablegt und der dem Ich dort, wo es gefährdet ist, zum Durchbruch verhilft.

Hermann Hesse war einer, der ein ganzes Leben lang darauf bedacht war, sich diesen wohlverstandenen Eigensinn zu bewahren. Wenn man heute seine Bücher wieder liest, dann klingen seine Worte wie aus einer anderen Welt. In einem Aufsatz von 1917 schreibt er: »Einzig der Eigensinn ist es, der nach von Menschen gegebenen Gesetzen nicht fragt. Wer eigensinnig ist, gehorcht einem anderen Gesetz, einem einzigen, unbedingt heiligen, dem Gesetz in sich selbst, dem Sinn des Eigenen.« Hesse war ein großer Hüter des Eigensinns. Als solcher wurde er von seinen Lesern immer wieder dann entdeckt, wenn sie ihn in ihrer eigenen Zeit, in ihrem eigenen Leben gefährdet sahen. Hesse gab neue Orientierung, vor allem dann, wenn alte Ordnungen und Glaubenswelten zerbrochen waren. Nach dem Ersten Weltkrieg etwa oder wieder in den Sechzigern und Siebzigern, als er zum Guru einer ganzen Generation wurde, die ein neues Wohlstandsdenken und die falsche Autoritätsgläubigkeit der traumatisierten Nachkriegsgesellschaft überwinden wollte. Und heute? Alles spricht dafür, dass der Individualismus in einer Krise steckt, einer Krise, in der Hesse wieder zu Wort kommen könnte. Diese Krise des Individualismus in der Gegenwart lässt sich mit vielen Schlagworten umschreiben: Entsolidarisierung und Zerfall von Gemeinschaftssinn auf der einen Seite, Selbstoptimierung und Perfektionismus bis zur »Erschöpfung des Selbst« (Alain Ehrenberg) auf der anderen. Sie äußert sich auch in einem Gefühl der Desillusionierung und einem neuen Pragmatismus, der sich gerade in der jungen Generation beobachten lässt. Die Entwicklungspsychologin Andrea Kleeberg-Niepage von der Europa-Universität Flensburg hat in ihren Untersuchungen zu Zukunftsvorstellungen von Kindern und Jugendlichen im interkulturellen Vergleich gezeigt, dass gerade viele der Generation, die mit dem Internet aufgewachsen ist, eine eigentümlich glatte Existenz anpeilen, Protest und Eigensinn vermissen lassen, dafür aber höchst funktionalistisch vorgeht. Man erkenne zwar durchaus kritisch, wie und wo sich die Gesellschaft fehlentwickle, das münde aber nicht in einen Kampfgeist, der die Verhältnisse verändern will, resümierte sie in einem Interview in *Psychologie Heute*, sondern vielmehr in Strategien, trotz aller Widrigkeiten die eigenen materialistisch-bürgerlichen Ziele zu erreichen.

Was würde Hermann Hesse dazu sagen? Was würde er all den Hipstern und »jungen Milden« sagen? Der pseudoindividualistische Erfolg, den einer darin sieht, im sozialen Vergleich zu Seinesgleichen besonders gut abzuschneiden – egal, ob materiell oder was sein Sozialprestige anbelangt –, man hat bei Hesse den Eindruck, er interessierte ihn nicht. Nicht in seinem persönlichen Leben – und auch nicht in dem seiner Romanfiguren. Das Sich-Vergleichen mit anderen, der Kampf um den sozialen Triumph, das soziale Scheitern oder der Aufstieg – bei Balzac, bei Thomas Mann, in tausend bürgerlichen Romanen spielen diese Themen eine zentrale Rolle. Nirgendwo bei Hesse. Dagegen ist einer der zentralen Begriffe in seinem Denken der der »Selbstbestimmung« des Menschen, und damit verbunden: ein selbstbestimmtes Leben, das für ihn immer Synonym für ein gelungenes Leben ist. Aber wofür einer bestimmt ist, das muss er erst einmal herausfinden. Und so wird nicht so sehr das eigene Lebensziel, das einer anpeilt, schließlich erreicht oder verfehlt, sondern vielmehr den *eigenen Weg* zu finden, zu Hesses großem Thema, im Grunde seit seinem Erstling *Peter Camenzind*, den der gerade 27-Jährige 1904 veröffentlichte. In jedem seiner Werke danach findet sich die Auseinandersetzung mit der Idee einer im Grunde lebenslangen Suche nach sich selbst wieder. Am schönsten komponiert hat er diesen Stoff vielleicht in *Narziss und Goldmund*, seiner Erzählung, die er 1930 veröffentlicht hat. Die beiden Protagonisten sind Antagonisten, der Geistesmensch und der Sinnenmensch. Beide suchen sie, jeder auf seine Weise, nicht nach Reputation, Prestige, sozialer Anerkennung im Leben – sondern immer nur nach dem für sie richtigen Weg. Das Hesse-Thema heißt immer: Inwieweit bleibe ich mir treu? Inwieweit entferne mich von mir? Inwieweit folge ich dem eigenen Selbst oder verliere es? In *Narziss und Goldmund* steht dazu der bekenntnishafte Schlüsselsatz: »Denn indem ein Mensch mit den ihm von der Natur gegebenen Gaben sich zu verwirklichen sucht, tut er das Höchste und einzig Sinnvolle, was er kann.«

Hermann Hesse zeigt: Das Merkmal von Eigensinn ist nicht etwa ein alternativer »gegenabhängiger« Lebensentwurf, also Individualität als krampfhaft vollzogener Negativabdruck gängiger Klischees, sondern viel mehr der souveräne Verzicht auf jede Orientierung an der Norm. Das eigene Leben nicht wie das Absolvieren eines eng gesteckten Parcours mit vorgegebenem Ziel zu erfassen, sondern es, trotz aller Zwänge, als eine offene Veranstaltung zu begreifen, die immer neue Entscheidungen erfordert – das ist so recht in seinem Sinn. Eigensinn heißt, offen zu sein, nicht zu wissen, auf was es hinausläuft, und daher immer: wissen wollen, ausprobieren, was richtig ist – und dazu auch den Mut zu haben. So wie es der französische Philosoph Michel Foucault in einem Interview einmal formuliert hat, als er bekannte: »Ich halte es nicht für erforderlich, genau zu wissen, was ich bin. Das Wichtigste im Leben und in der Arbeit ist, etwas zu werden, das man am Anfang nicht war. Wenn Sie ein Buch beginnen und wissen schon am Anfang, was Sie am Ende sagen werden, hätten Sie dann noch den Mut, es zu schreiben? Was für das Schreiben gilt und für eine Liebesbeziehung, das gilt auch für das Leben überhaupt. Das Spiel ist deshalb lohnend, weil wir nicht wissen, was am Ende dabei herauskommt.« Ihr seid nicht da, würde Hesse heute sagen, um von den Segnungen der kapitalistischen Konsumwelten zu profitieren und den anderen pausenlos vorzuführen, wie viele der Trophäen, die es dort zu gewinnen gibt, ihr schon in Händen haltet. Nein, schreibt er: »Ihr seid da, um ihr selbst zu sein. Ihr seid da, damit die Welt um diesen Klang, um diesen Ton, um diesen Schatten reicher sei.«

Nur, dem eigenen Sinn zu folgen, das war immer schon ein schwerer Weg. Dem Eigensinn zu folgen, das ist dem modernen Menschen suspekt, weil er sich so oft selbst misstraut. Die »Angst vor dem Innern«, sagt Hesse, sie hält ihn ab. Umgekehrt denken viele, man macht ja nichts falsch, wenn man es so macht, wie es alle machen. Und so verhalten sie sich dann. Man tut, was alle tun, weil es alle tun. Tradition und bürgerliche Konvention haben immer versucht, den Menschen zu uniformieren, ihn zurechtzustutzen und abzurichten auf Gehorsam und soziale Effizienz auf Kosten seiner individuellen Rechte und Bedürfnisse. Am Ende so sehr, dass wirkliche Selbstbestimmung zu erlangen, ein großes, vielleicht das größte unvollendete Projekt der Moderne geblieben ist. Eigensinn ist der Gegenentwurf zu jener modernen Knechtschaft der angepassten Rundumoptimierung, der sich das Ich heute so sehr wie noch nie unterwirft. Aber auch Eigensinn »gehorcht«. Nicht der kapitalistischen Gesellschaft und ihren Idealen, sondern der eigenen inneren Stimme.

Dass es sich lohnt, mehr Eigensinn zu wagen, wissen vor allem Menschen, die am Ende ihres Lebens stehen und zurückblicken. *Wenn ich mein Leben noch einmal zu leben hätte* überschrieb die 85-jährige Nadine Stair einen kleinen Brief, aus dem oft zitiert wird. Im Rückblick auf ihr langes Leben bereut sie darin nicht so sehr, was sie getan, sondern viel mehr, was sie nicht umgesetzt hat: »Könnte ich mein Leben nochmals leben, dann würde ich das nächste Mal riskieren, mehr Fehler zu machen. Ich würde entspannter, lockerer und humorvoller sein. Ich würde nur sehr wenige Dinge ernst nehmen. Ich würde mehr verreisen. Und ein bisschen verrückter sein. Ich würde mehr Berge erklimmen, mehr Flüsse durchschwimmen und mehr Sonnenuntergänge betrachten. Ich würde mehr spazieren gehen und mir alles besser anschauen. Ich würde öfter Eis essen und weniger Bohnen. Ich hätte mehr echte Schwierigkeiten als eingebildete. Müsste ich es noch einmal machen, ich würde einfach versuchen, immer nur einen Augenblick nach dem anderen zu leben, anstatt jeden schon viele Jahre im Voraus. Könnte ich noch einmal von vorne anfangen, würde ich viel herumkommen, viele Dinge tun und mit sehr wenig Gepäck reisen, würde ich im Frühjahr früher und im Herbst länger barfuß gehen. Und ich würde öfter die Schule schwänzen. Ich würde mir nicht so hohe Stellungen erarbeiten, es sei denn, ich käme zufällig daran. Auf dem Rummelplatz würde ich mehr Karussell fahren, und ich würde mehr Gänseblümchen pflücken.«

Eigensinn, das lehrt Hermann Hesse, ist nicht nur etwas für ein paar Exaltierte, Übermütige oder schlicht sozial Unverträgliche, nicht nur etwas für Lady Gaga und ein paar New Yorker Performance-Künstler, sondern etwas für alle. Eigensinn ist am Ende gelebte Freiheit, auch oder erst recht, wenn er auf den Eigensinn der anderen trifft.

Aber kann das gut gehen, eine Gesellschaft der Eigensinnigen? Individualismus bedeutet, egal in welcher Form, Selbstbezogenheit, Abgrenzung, Entfremdung. Wir müssen einander fremd werden, um mit uns selbst vertraut sein zu können. Entfremdung von den anderen ist die notwendige Bedingung dafür, seinem Ich zu folgen und ihm gemäß leben können. Aber kann der moderne Mensch, der seinem Eigensinn gehorcht, dennoch solidarisch sein? Schließt sich beides nicht aus? Oder geht es doch zusammen? Ein wohlverstandener Eigensinn, das ist die Antwort, ist Voraussetzung auch für soziale Freiheit. Erst wer sich findet, sich bejaht, ganz zu sich steht, erst wer sich selbst liebt, wird fähig, sich neu und freiheitlich zu verbinden. Ein solch ausgeprägter und selbstbewusster Individualismus ist somit nicht, was Solidarität in der Gesellschaft verhindert, sondern erst, was ihn ermöglicht: Eine Gesellschaft der eigensinnigen Individuen braucht es, um die Sache der alten Brüderlichkeit neu voranzubringen.

Sozialismus der Eigensinnigen

Der Sozialphilosoph Axel Honneth hat in seiner Schrift *Die Idee des Sozialismus* seiner persönlichen Sehnsucht – und der vieler anderer – nachgegeben, und sich diesen schillernden Begriff noch einmal vorgenommen, der wohl keinen, der über die moderne Demokratie nachdenkt, loslässt. Er hat den alten Sozialismus auf einen neuen Prüfstand gestellt und die Chance für einen Relaunch dieser einst so weltmächtigen Idee ausgelotet, die aber spätestens mit dem Jahr 1989 für viele obsolet geworden und seither fast schon von einem Tabu der Illegitimität umgeben ist, will man sich zu ihr bekennen. Honneth hat eine Ehrenrettung des Sozialismus versucht, wohl wissend um den Missbrauch und die Gräueltaten, die in seinem Namen verübt wurden und so gewaltig sind, dass sich viele entschieden haben, auf den Begriff zu verzichten, wenn man über eine bessere Zukunft für die demokratische Gesellschaft spricht. Honneth kehrt zu den Wurzeln dieser durch und durch humanen Grundidee zurück und geht dabei das Wagnis ein, wenn nicht ihre politische Realisierung zu fordern, so doch neu und unbefangen darüber nachzudenken, was von richtig verstandenen sozialistischen Ideen für eine moderne Gesellschaft an Gutem und Hilfreichem ausgehen könnte. Es scheint, er hat allen Anlass dazu angesichts eines in der heutigen Zeit täglich wachsenden Unbehagens am kapitalistischen System, das politisch außer Kontrolle geraten ist, aber scheinbar als unabänderlich hingenommen wird und längst die Fortexistenz der freien Demokratie bedroht. Hat der Sozialismus bei so viel Entsetzen über radikal entgrenzte Märkte, Finanzspekulationen und all die neoliberalen Exzesse, die inzwischen viele Errungenschaften des modernen Sozialstaats hinweggespült haben, nicht doch eine neue Chance verdient?

Honneths Grundannahme lautet: Die Freiheit aller, sie ist erst dann verwirklicht, wenn sie sich mit der Brüderlichkeit verbindet, wenn in ihr auch die Solidarität verwirklicht ist. Freiheit ist nicht nur die Freiheit des privaten Egoismus, sondern es gibt eine soziale Freiheit – eine Freiheit des Mit- und Füreinanders. Ja, man kann sogar sagen: Ist sie erst realisiert, ist Freiheit überhaupt verwirklicht. Für Honneth bedeutet das keineswegs, dass die »erste« Freiheit, die Befreiung, die die Unabhängigkeit des Individuums realisiert, von Übel wäre, also jene Idee, die dem alten Liberalismus so wichtig war, die Freiheit des Sich-Absetzens aus knechtenden Bindungen oder Zumutungen, die Freiheit, sich das Recht zu nehmen, man selbst zu sein. Diese Freiheit gilt Honneth als Grundvoraussetzung von Freiheit überhaupt. Sie wird von ihm nicht kassiert, sondern ausdrücklich begrüßt, bedarf aber einer entscheidenden Erweiterung. Honneth wehrt sich gegen die Reduzierung des Freiheitsbegriffs auf unumschränkte individuelle Bewegungsfreiheit auf Märkten und Selbstverwirklichungsfeldern – und nimmt das in unserer Zeit unterdrückte oder vielfach vergessene soziale Element in den Blick. Seine These ist letztlich: Erst die soziale Freiheit, die Bindungen eingeht, in der alle miteinander handeln, in der sich alle austauschen, sich ergänzen und sich einigen, um zu einer für alle besten Lösung zu kommen, erst das ist Freiheit im wahrsten Sinn des Worts. Freiheit gibt es erst in der Gemeinschaft von Freien, die füreinander einstehen, Verantwortung übernehmen, die sich wechselseitig in ihrer Freiheitsverwirklichung helfen und unterstützen. Freiheit gibt es nur in der Freiheit mit anderen. Die Freiheit des anderen, so könnte man zuspitzen, ist die Bedingung der eigenen Freiheit. Im Miteinander, das ist die zentrale Erkenntnis, schränkt sich die individuelle Freiheit nicht ein, sondern vergrößert, ja, vollendet sich erst.

Um das Problem zu beheben und mehr soziale Freiheit zu etablieren, setzt Axel Honneth an den Agenturen an, die Bewusstsein schaffen, zunächst an den Akademien – und dort bei den Wirtschaftswissenschaften. Er schlägt vor, die fachliche Ausbildung des ökonomischen Akademikernachwuchses grundsätzlich zu überdenken. Anstatt eine reine instrumentelle Ausbildung zur Profitmaximierung zu leisten, müssten sich die Wirtschaftswissenschaften wieder auf ihre Wurzeln besinnen, auch Fragen der Ethik in den Blick nehmen, sich wieder, wie einst im 19. Jahrhundert, als eine historische Wissenschaft verstehen, die die gesamte Organisationsform der Gesellschaft berücksichtigt und die Macht der Wirtschaft selbst immer nur im Kontext des sozialen Ordnungsgefüge erkennt – statt nur taugliche Rezepte zu liefern, wie sich Renditen und Kapitalerträge vermehren lassen. Dadurch verspricht er sich eine Änderung der herrschenden Wirtschaftsideologie, die wiederum wertebildend in die Gesellschaft hineinwirkt.

Das ökonomische Verständnis ist jedoch immer nur Teil eines umfassenden Bildungsbegriffs. Es geht also auch darum, Bildung neu zu definieren und vor allem einem schleichenden Bedeutungswandel entgegenzuwirken, der sich in den letzten Jahrzehnten immer stärker durchgesetzt hat. Die neoliberale Gesinnung begünstigt inzwischen eine Bildungsidee, die mit derjenigen vergangener Tage nicht mehr viel gemein hat. Für den deutschen Idealismus war sie noch ganz klar, die Idee eines humanistischen Bildungsideals, eine Idee, der es um den Menschen geht, die ihn über Erkenntnis zum rechten sittlichen Tun führt, aber auch zum »echten Leben« und so erst richtig zum Menschen macht. In der neoliberalen Weltanschauung ist Bildung etwas ganz anderes geworden, eher so etwas wie eine instrumentelle Größe, ein Mittel. Mehr Zugang als Ziel. Zugang, aber nicht, wie man denken könnte, im Sinn des Eintretens für ein Ideal, welche Lebensform eigentlich dem Menschen entspricht, sondern weit eher im angloamerikanischen Sinn von »Access«, im Sinn eines möglichst unumschränkten Zugangs zu Daten und Informationen, die wiederum maximale Profite bescheren sollen. Eine solche rein betriebswirtschaftliche Bildung – die inzwischen fast alle akademischen Bereiche erfasst hat, eine verkürzte Bildungsidee, die sich fast ausschließlich an der Verwertbarkeit und unmittelbaren Ummünzung von Wissen in praktisch ökonomische Effizienz orientiert – ist heute das politische Ziel, die alte humanistische Idee dagegen vergessen oder verpönt.

Eine neue Bildungsidee ist eines, mehr konkrete Teilhabe das andere. Je mehr Mitbestimmung im Wirtschaftssystem einer Gesellschaft erreicht ist, umso eher kann die Idee einer sozialen Freiheit als politischer Entwurf der Praxis taugen. Es geht um mehr soziale Mobilität, um die Realisierung von echter Durchlässigkeit, um konkrete Mittel, die gläserne Decke zu durchstoßen, die nach wie vor weite Teile der demokratischen Gesellschaft von reellen Aufstiegschancen ausschließt. Es geht um das alte Thema der Sicherstellung von mehr Teilhabe an Bildungs- und Aufstiegschancen für alle – als Teil sozialer Gerechtigkeit und Befriedung. Aber nicht nur, denn hinter all diesen Gedanken scheint am Ende ein neues, altes Menschenbild auf, das wieder selbstbewusst in Konkurrenz tritt mit jenem des modischen Neoliberalismus. Es ist dies die Idee eines Menschen, der so frei und individualistisch wie nur möglich ist, und dennoch die Idee der Freiheit aller bewahrt.

Werte-Achtsamkeit und politische Sitten

Einer der ganz frühen Theoretiker dieser sozialen Freiheit war kein anderer als der auf diesen Seiten so oft zitierte Alexis de Tocqueville. Er ist nicht der konservative Skeptiker der modernen Demokratie, zu dem ihn so viele abstempeln wollten, sondern vielmehr ein großer Verfechter, ja, Bewunderer dieses sozialen Freiheitsbegriffs. Nicht weniger als eine Form der Knechtschaft nennt er die auf Privatismus und Ökonomie reduzierte egoistische liberale Idee, die er in seiner Zeit in den Vereinigten Staaten von Amerika am Werk sieht.

Dort, im Stammland der modernen Demokratie, hat Tocqueville aber auch gesehen, wie Brüderlichkeit unter Eigensinnigen funktionieren könnte und davon berichtet. Er wusste, wie schwer es ist, Gemeinsinn und bürgerliches Engagement dauerhaft zu bewahren. Denn nur selten, vornehmlich in schweren Krisen, die eine Gesellschaft erschüttern, wird die Lethargie, die sonst herrscht, durchbrochen. Fehlen diese Anlässe, etwa in den Zeiten von Wohlstand und satter Schläfrigkeit, so lehrt die Geschichte, vergessen die meisten nur zu schnell, wie sich diese Solidarität und das Eintreten füreinander anfühlen. Man kehrt zurück in das alte Gefühl der Unverbundenheit.

Im Leben ist es oft wie in der Politik. Solange alles rund und routiniert verläuft, fällt es schwer, all das Kostbare zu erkennen, was man erreicht und errungen hat. Wie gut es dem modernen Menschen geht, weiß er meistens erst wieder, wenn das Selbstverständliche bedroht ist oder er es schon verloren hat. Das ist aber keineswegs nur ein individuelles Phänomen. Auch ganze Gesellschaften können vergessen, wie gut es ihnen geht. Gerade heute scheint sich der Mensch der modernen Massendemokratie so sehr an seine Freiheit gewöhnt zu haben, dass sie ihm schon fast als Belanglosigkeit erscheint. Die Freiheit in der Demokratie mit all ihren Vorzügen scheint so normal geworden zu sein, dass vielen das Bewusstsein abhandengekommen ist, sie sei eine Errungenschaft, die es immer neu zu verteidigen gilt.

Der Aufstieg rechtspopulistischer Parteien in ganz Europa ist nicht allein auf die irrationalen Reflexe auf Flüchtlingsströme, Migration oder irgendeine Form dessen zurückzuführen, was manche »Überfremdung« nennen, und auf die angeblichen Ängste, die sie auslöst, sondern viel mehr darauf, dass die Freiheit in der Demokratie von vielen gar nicht mehr als ein sonderlich wertvolles Gut empfunden wird, sondern als gesetzt gilt. Anders ließe sich nicht erklären, warum sie so viele Wähler aus »Protest« aufs Spiel setzen, indem sie reaktionäre Parteien unterstützen, denen Freiheit, Gleichheit und Brüderlichkeit nicht viel wert zu sein scheinen, jedenfalls viel weniger als

Autoritarismus, Intoleranz und nationale Außenabschottung. Der Wert eines Gutes zeigt sich erst im Verlust. Viele Beispiele in der Geschichte illustrieren dies. Erst in ihrer höchsten Gefährdung, ja, mehr noch, als sie die Deutschen verloren, ja, leichtfertig verspielt hatten, wurde ihnen nach zwölf Jahren NS-Diktatur klar, was für ein immenses Glück selbst diese zerbrechliche Weimarer Republik war, die viele zuvor noch voller Überheblichkeit verspottet hatten. Es stellt sich die Frage, muss eine Demokratie erst wieder in einen Zustand der existenziellen Gefährdung kommen, damit sich ihre Mitglieder wieder bewusst machen, wie wertvoll sie ist?

Der Schweizer Psychoanalytiker Carl Gustav Jung geht so weit, Krisenlagen als geradezu notwendig für Veränderungsprozesse vorauszusetzen. »Ohne Not verändert sich nichts«, schrieb er, »am wenigsten die menschliche Persönlichkeit. Sie ist ungeheuer konservativ, um nicht zu sagen träge, nur scharfe Not vermag sie aufzujagen.« Und schon bei Sigmund Freud steht: »Wir sind so eingerichtet, dass wir nur den Kontrast intensiv genießen können, den Zustand nur sehr wenig.« Dennoch, die Frage stellt sich: Wie kann man schätzen lernen, was man hat, ohne das schmerzhafte Erlebnis seines Verlustes durchleben zu müssen, ohne das hohe Gut zu gefährden, das man errungen hat? Offenbar ist ein lebendiges Bewusstsein unabdingbar. Der moderne Mensch muss wissen um den Wert der Demokratie, in der er lebt, und davon, dass sie nicht selbstverständlich ist. Die modernen Demokratien brauchen keine Einsamkeitsministerien, sondern ein neues Bewusstsein. Es geht darum, die Ursachen der Vereinsamung des modernen Menschen anzugehen, und nicht darum, die Konsequenzen zu verwalten.

Alexis de Tocqueville hat schon in der Mitte des 19. Jahrhunderts darüber nachgedacht, wie die soziale Freiheit »nachhaltig« gemacht werden kann, wie sie in jedem einzelnen verankert werden kann, damit sie nicht einfach erlischt, wenn für sie nicht mehr gekämpft wird. Wie kann man sie bewahren, dauerhaft und beständig machen, um zu verhindern, dass sie nicht wie ein schöner Traum ist, den man nachts träumt, aber schon am nächsten Morgen vergessen hat? Die Methode verdichtet sich, zumindest für den praktischen

Philosophen Tocqueville, in einem altertümlichen Wort: Versittlichung. Das Gemeinwohl in der Demokratie garantieren nicht Gesetze, das hat er immer wieder betont, sondern Sitten, die sich über unmittelbares und fortwährendes politisches Handeln in den Bürgern eines Gemeinwesens ausbilden und so gewissermaßen zu ihrer zweiten Natur werden. Wenn sich soziale Freiheit über die Sitten verfestigt, ist ihm nicht bang um die Zukunft der Demokratie. In die heutige Sprache übersetzt, heißt das: Es geht um ein lebendiges Geschichtsbewusstsein und um eine neue Werte-Achtsamkeit, um eine öffentliche Kultur, die sich immer wieder klarmacht und zu Bewusstsein bringt, was wir an dieser freiheitlichen und gleichen Demokratie haben – und was durch all den Systemprotest und die allgemeine Radikalisierung des Individuums für alle auf dem Spiel steht.

Ich kann auch anders!

Wenn in der italienischen Oper das große Liebesabenteuer nicht gut ausgeht oder auch nur suboptimal endet, geht am Ende die Hauptdarstellerin oder ihr männliches Pendant gerne ins Kloster, um Schuld zu sühnen oder den eigenen Ehrverlust zu verkraften – oder schlicht um einfach Gutes zu tun. Auch eingefleischte Individualisten, oft ganz ohne jeden konkreten Sündenfall, tun in ihrem Leben oft etwas ganz Ähnliches. Viele von ihnen machen erfahrungsgemäß auch ganz ohne handfeste Midlife-Crisis immer wieder eine unerwartete, erstaunliche Wandlung durch. Sie satteln um, ganz ohne Ehrverlust und Schamgefühl. Künstler werden plötzlich Altenpfleger oder kümmern sich um Jugendliche, Kreative gehen in den Entwicklungsdienst, der ewige Performer in uns entdeckt seine soziale Ader. Wo man zuvor in der Ich-AG rund um die Uhr alles gegeben hat, um sich zu verwirklichen, wird plötzlich eine biografische Veränderung vollzogen. Die meisten von uns scheinen von diesem Wandel zu profitieren. Und sie machen eine weittragende wie folgenschwere Entdeckung: In jedem von uns schlummert nicht nur das Selbstverwirklichungs-Gen, sondern auch das soziale Gen, das sich irgendwann regt und sich, wie dasjenige, welches das Ich steuert, genauso verwirklichen will. Beide haben ihr Recht, und beide könnten nebeneinander gut miteinander auskommen. Es ist alles nur eine Frage der Ausgewogenheit, der Abstimmung und Gewichtung.

Der individualistische Mensch ist nicht der Egoist, zu dem ihn der Kapitalismus machen will. Das zeigt sich immer wieder in allen möglichen Krisen – oder im politischen Kampf. Krisen wecken das Solidaritätsempfinden in Menschen. Bei Naturkatastrophen, Lawinenunglücken oder Überschwemmungen packen Tausende Menschen spontan mit an, ohne dass man sie dazu erst auffordern müsste. Wenn Menschen auf die Straße gehen, wie in Russland, in Myanmar, in Hongkong, in den Vereinigten Staaten von Amerika oder auch bei uns, für ihre Freiheit und gegen die Knechtschaft kämpfen, für die Wahrheit und gegen die Lüge, wenn sie sich für eine klimafreundliche Politik lautstark Gehör verschaffen, für soziale Gerechtigkeit oder gemeinsam gegen die Diskriminierung von Minderheiten aufstehen, dann fühlen sie die alten Zusammengehörigkeitsgefühle wieder aufsteigen. Sie erleben, wie sie Isolation und Vereinzelung, wie sie die Einsamkeit des modernen Menschen durchbrechen. In jedem Menschen steckt das Gen der Selbstentfaltung, aber ganz genauso das Gen des Zusammenhalts, das Gen der Freiheit.

Literatur

Britta Bannenberg, Amok. Ursachen erkennen, Warnsignale verstehen, Katastrophen verhindern, Gütersloher Verlagshaus, Gütersloh 2010.

Christoph Bartmann, Die Rückkehr der Diener, Hanser, München 2019.

Thilo Baum, Mach Dein Ding!, Eichborn, Frankfurt a. M. 2010.

Andreas Bernard, Komplizen des Erkennungsdienstes. Das Selbst in der digitalen Kultur, Fischer, Frankfurt a. M. 2017

Pierre Bourdieu, Die feinen Unterschiede. Kritik der gesellschaftlichen Urteilskraft (1979), Suhrkamp, Frankfurt a. M. 1. Auflage 1987.

Dagmar Burkhart, Ehre. Das symbolische Kapital, dtv, München 2002.

John T. Cacioppo, Einsamkeit, Springer, Berlin/Heidelberg 2019.

Elias Canetti, Masse und Macht (1960), Fischer, Frankfurt a. M. 1980.

Elisabeth Currid-Halkett, The Sum of Small Things. A Theory of the Aspirational Class, Princeton University Press, Princeton (NJ) 2017.

Daniel Defoe, Robinson Crusoe, Insel, Frankfurt a. M. 1. Auflage 1973.

Émile Durkheim, Der Selbstmord (1897), Suhrkamp, Berlin 2019.

Hans Volkmar Findeisen, Joachim Kersten, Der Kick und die Ehre. Vom Sinn jugendlicher Gewalt, Kunstmann, München 1999.

Charlotte Förster, Justus Loring, Der moderne Spießer, Tropen, Stuttgart 2014.

Erich Fromm, Die Furcht vor der Freiheit, dtv, München 1990.

Hans-Ulrich Gumbrecht, Crowds, Klostermann, Frankfurt a.M. 2020.

Joseph Hanimann, Vom Schweren. Ein geheimes Thema der Moderne, Hanser, München 1999.

Thomas Hax-Schoppenhorst (Hg.), Das Einsamkeits-Buch, Hogrefe, Bern 2019.

Kathleen M. Heide, Young Killers. The Challenge of Juvenile Homicide, Sage, Thousand Oaks (CA) 1998.

Kirsten Heisig, Das Ende der Geduld. Konsequent gegen jugendliche Gewalttäter, Herder, Freiburg 2010.

Noreena Hertz, Das Zeitalter der Einsamkeit. Über die Kraft der Verbindung in einer zerfaserten Welt, Harper Collins, New York 2021.

Hermann Hesse, Eigensinn macht Spaß, Insel, Frankfurt a.M. 1986.

Eric Hoffer, Der Fanatiker. Die Pathologie des Parteigängers (1951), Rowohlt, Reinbek 1965.

Axel Honneth, Die Idee des Sozialismus, Suhrkamp, Berlin 2. Auflage 2020.

Jürgen Kaube, Otto Normalabweicher. Der Aufstieg der Minderheiten, Zu Klampen, Springe 2007.

Andrea Köhler, Lange Weile. Über das Warten, Insel, Frankfurt a.M. 2007.

Michel de Montaigne, Über die Einsamkeit, in ders.: Essais, hrsg. von Hans Stilett, Eichborn, Frankfurt a.M. 1998, S. 124–129.

Edgar Allen Poe, Der Mann der Menge, in ders., Grube und Pendel und andere Erzählungen, Insel, Frankfurt a.M. 1978.

Andreas Reckwitz, Die Gesellschaft der Singularitäten, Suhrkamp, Berlin 2019.

David Riesman, Die einsame Masse, Rowohlt, Reinbek 1958.

Markus Schroer, Das Individuum der Gesellschaft, Suhrkamp, Frankfurt a. M. 2001.

Richard Sennett, Verfall und Ende des öffentlichen Lebens. Die Tyrannei der Intimität, Fischer, Frankfurt a. M. 1996.

Georg Simmel, Philosophie des Geldes (1900), Suhrkamp, Frankfurt a. M. 1989.

Max Stirner, Der Einzige und das Eigentum (1845), Reclam, Stuttgart 2011.

Peter Strasser, Umdrehen und Weggehen. Ein Ethik der Abwendung, Braumüller, Wien 2020.

Lars Svendsen, Philosophie der Einsamkeit, BUP University Press, Berlin 2016.

Charles Taylor, Das Unbehagen an der Moderne, Suhrkamp, Frankfurt a. M. 1995.

Henry D. Thoreau, Walden oder Hüttenleben im Walde (1854), Diogenes, Zürich 2004.

Alexis de Tocqueville, Über die Demokratie in Amerika (1835 und 1840), Zwei Bände, Manesse, Zürich 1987.

Thorstein Veblen, Theorie der feinen Leute (1899), dtv, München 1981.

Max Weber, Die protestantische Ethik. Eine Aufsatzsammlung, hrsg. von Johannes Winckelmann, GTB, Gütersloh 1984.

Harald Welzer, Selbst denken. Anleitung zum Widerstand, Fischer, Frankfurt a. M. 2014.

Ludgera Vogt, Zur Logik der Ehre in der Gegenwartsgesellschaft, Suhrkamp, Frankfurt a. M. 1997.